总第67集

行政执法与行政审判

中华人民共和国最高人民法院
行政审判庭 编

中国法制出版社
CHINA LEGAL PUBLISHING HOUSE

图书在版编目（CIP）数据

行政执法与行政审判．总第67集／中华人民共和国最高人民法院行政审判庭编．—北京：中国法制出版社，2018.5（2020.5重印）

ISBN 978-7-5093-9414-4

Ⅰ.①行… Ⅱ.①中… Ⅲ.①行政执法-中国-丛刊②行政诉讼-审判-中国-丛刊 Ⅳ.①D922.11-55②D925.318.2-55

中国版本图书馆CIP数据核字（2018）第091311号

责任编辑 周琼妮（zqn-zqn@126.com） 熊林林（xionglinlin@zgfzs.com） 封面设计 蒋 怡

行政执法与行政审判（总第67集）

XINGZHENG ZHIFA YU XINGZHENG SHENPAN（ZONG DI 67 JI）

编者/中华人民共和国最高人民法院行政审判庭

经销/新华书店

印刷/北京京华虎彩印刷有限公司

开本/710毫米×1000毫米 16开 印张/15 字数/200千

版次/2018年6月第1版 2020年5月第2次印刷

中国法制出版社出版

书号 ISBN 978-7-5093-9414-4 定价：68.00元

北京西单横二条2号

邮政编码 100031 传真：010-66031119

网址：http：//www.zgfzs.com **编辑部电话：010-66067023**

市场营销部电话：010-66033393 **邮购部电话：010-66033288**

（如有印装质量问题，请与本社印务部联系调换。电话：010-66032926）

目 录

司法文件

最高人民法院关于行政机关在星期六实施强制拆除是否违反《中华人民共和国行政强制法》第四十三条第一款规定的请示的答复

(2016) 最高法行他81号

安徽省高级人民法院:

你院《关于孙邦柱诉房屋强制拆除一案如何适用〈中华人民共和国行政强制法〉第四十三条第一款的请示》收悉。经研究，答复如下:

依照《中华人民共和国行政强制法》第四十三条第一款及第六十九条的规定，行政机关不得在星期六实施强制拆除，但情况紧急的除外。

此复

最高人民法院

二〇一七年十二月二十日

最高人民法院关于计划生育法律、法规溯及力适用问题的电话答复

（2016）最高法行他2号

浙江省高级人民法院：

你院《关于单独夫妇违法生育二孩社会抚养费征收行政案件法律适用问题的请示报告》收悉。经本院审判委员会民事行政专业委员会研究，现以电话方式答复如下：

关于单独夫妇违法生育二孩社会抚养费征收行为的合法性问题，不宜简单以“从旧兼从优”的一般原则予以处理。要充分考虑政策变化、新法实施和地方差异等因素，对十八届三中、五中全会相关决定公布后、新法实施前已作决定，或者新法实施后发现此前违法生育等情形，行政机关酌情减免的，应予支持；各地就此出台具体规定的，可依法适用；办理相关行政非诉案件特别是实施强制过程中，要充分考虑被执行人的违法情节、负担能力和生活经济状况等因素，酌情采取措施或依法中止、终结执行；要加强与有关部门的沟通配合，尽可能采取协调、调解等方式化解争议。

此复。

最高人民法院

二〇一七年三月十五日

理解与适用

《最高人民法院关于加强和规范人民法院国家司法救助工作的意见》理解与适用

刘合华　何君　袁钢　徐超

党的十八届三中全会通过的《中共中央关于全面深化改革若干重大问题的决定》明确提出，"健全国家司法救助制度"。2014 年 1 月，中央政法委联合最高人民法院等部门制发《关于建立完善国家司法救助制度的意见（试行）》（中政委〔2014〕3 号，以下简称《中央政法委意见》），为各地开展国家司法救助工作提供了政策指导。为加强和规范审判、执行中对困难群众的国家司法救助工作，维护当事人合法权益，促进社会和谐稳定，2016 年 7 月 1 日，最高人民法院发布了《关于加强和规范人民法院国家司法救助工作的意见》（以下简称《意见》），该意见进一步明确了司法救助的概念、司法救助申请、救助金的标准、拨付救助金的程序和救济等，该意见一方面推动国家司法救助制度的法治化，推动各地法院建立统一的司法救助处理机制，另一方面落实配套资金，完善对因遭受犯罪侵害或民事侵权等无法获得有效赔偿、生活困难的当事人的国家司法救助制度。

一、制定《意见》的背景、原则和依据

（一）制定《意见》的背景

司法救助制度源于国家对涉诉涉法纠纷困难群众的关怀和保护，是法治国家尊重和保障人权，维护社会公平正义的重要方式。我国司法救助制度的

产生与发展，始终是以加强对生活面临急迫困难的当事人的司法救济为核心。近年来，人民法院为了保障生活面临急迫困难群众的权益，将刑事被害人救助、执行救助、涉诉涉法信访救助以及民事侵权案件受害人救助纳入国家司法救助范畴。特别是党的十八届三中全会通过的《中共中央关于全面深化改革若干重大问题的决定》，要求完善人权司法保障制度，健全国家司法救助制度，党的十八届四中全会通过的《中共中央关于全面推进依法治国若干重大问题的决定》进一步指出健全司法救助体系，保证人民群众在遇到法律问题或者权利受到侵害时获得及时有效的法律帮助，这就将建立完善司法救助制度作为全面深化改革、全面推进依法治国的重要目标之一。为此，最高人民法院印发的《人民法院第四个五年改革纲要（2014—2018）》，将“推动完善司法救助制度”作为司法改革的重要任务之一，要求推动各地法院建立统一的司法救助处理机制，落实配套资金，完善对因遭受犯罪侵害或民事侵权等无法获得有效救济、生活困难的当事人的国家司法救助制度。

（二）制定《意见》的原则

《意见》的起草主要坚持以下原则：

一是依据现有规范原则。按照党中央的决定和中央政法委、最高人民法院规范性文件开展起草工作，确保《意见》与中央深化改革精神保持一致，确保《意见》的实施能够加强和规范人民法院国家司法救助工作。

二是尊重保障人权原则。注重尊重和保障人权的基本原则，在条款设计上，突出保障申请人的权利，强调国家机关依法履行职责。

三是坚持开门立规原则。在起草中，尊重其他国家机关职权，积极开展沟通，吸收各机关和部门的意见和建议。

四是注重可操作性原则。《意见》的起草充分考虑方便救助申请人、救助机关司法适用的需求，确保国家司法救助制度运行的高效便捷。

（三）制定《意见》的依据和路径

2014 年 1 月，《中央政法委意见》不仅明确界定了国家司法救助对困难群众应急生存照顾的性质，而且将国家司法救助的内涵从刑事诉讼扩展至民事诉讼、执行、涉诉信访等领域的应急困难救助，即确立了“国家司法救助”的概念，这为新常态下司法救助制度法治化指明了方向。制定《意见》就是为了在审判、执行中落实《中央政法委意见》确定的“切实做好司法过程中对困难群众的救助工作”，站在维护当事人合法权益，促进社会和谐稳定的高度，从加强和规范两个角度，结合人民法院工作实际，对关于人民法院国家司法救助工作提出的意见。由于我国并未就国家司法救助进行立法，因此人民法院关于司法救助工作的规范，适宜制定政策性司法文件，无法制定司法解释。并且，由于《意见》中包含加强和规范国家司法救助工作的内容，还对“国家司法救助”概念进行了统一规范的使用，因此最终采用《最高人民法院关于加强和规范人民法院国家司法救助工作的意见》的名称。

此外，在《意见》起草过程中，最高人民法院健全国家司法救助工作小组对全国法院国家司法救助开展情况进行了全面系统调研，形成了《人民法院构架司法救助调研报告（2009—2013 年）》，对国家司法救助现状、经验问题以及法治化路径等进行了分析。在此基础上，健全国家司法救助工作小组依据《中央政法委意见》，参考各省政法委、高院出台的司法救助意见、《最高人民法院关于规范涉诉信访司法救助工作的意见（试行）》《最高人民检察院关于贯彻实施〈关于建立完善国家司法救助制度的意见（试行）〉的若干意见》，起草制定了《意见》。

二、国家司法救助的内涵和范围

（一）国家司法救助的内涵

对于人民法院而言，司法救助最初是指对向人民法院提起民事诉讼、行政诉讼，但经济确有困难的当事人，人民法院实行诉讼费用的缓交、减交、免交，以保障其正常行使诉讼权利，维护合法权益的法律制度。1999 年 6 月 19 日，最高人民法院针对 1984 年出台的《民事诉讼收费办法（试行）》，作出《〈人民法院诉讼收费办法〉补充规定》，第一次正式提出了司法救助的概念。2000 年 7 月，最高人民法院颁布的《关于对经济确有困难的当事人予以司法救助的规定》对司法救助作了初步系统的规定，使得我国司法救助工作第一次走上了正轨。该规定的第二条定义：“本规定所称司法救助，是指人民法院对于民事、行政案件中有充分理由证明自己合法权益受到侵害但经济确有困难的当事人，实行诉讼费用的缓交、减交、免交。”同时，第三条列举了当事人具有 11 种情形之一的，可以向人民法院申请司法救助。2005 年 4 月，最高人民法院对该规定进行了修订，内容有所增加，明确 14 类当事人可以向人民法院申请司法救助，操作性得到一定的加强。2006 年 12 月 8 日，国务院颁布《诉讼费用交纳办法》，直接将司法救助上升为一项基本原则，并在总结原有司法救助制度和实践经验的基础上作了更为详细、具体的规定，较以往更加完善。

对于人民法院而言，司法救助的概念首先出现在民事诉讼费用管理领域，是作为诉讼费用的缓收、减收和免收的特定概念。从党的十八届三中全会报告中的“健全国家司法救助制度”，再到党的十八届四中全会报告中的“健全司法救助体系”，文件中词语的变化，恰好说明了司法救助体系不仅体现在“要让那些权利受到侵害但是因经济困难打不起官司的人，能打得起官司，打得赢官司”的诉讼费缓、减、免的司法救助，而且体现在对因犯罪行为侵害得不到赔偿的刑事被害人和其他因诉讼而导致生活困难的人给予的事后救助，即对无法通过诉讼获得有效赔偿的困难群众给予应急生存照顾的国家司法救助。

对于中央政法委、财政部、最高人民检察院、公安部和司法部等政法机关而言，在《中央政法委意见》颁布之前，并未存在和使用过诉讼费用缓、减、免意义上的司法救助概念。为保持概念统一，便于规则适用，与其他机关相协调，依据司法实践，人民法院应当统一使用“国家司法救助”的概念，专指“对受到侵害但无法获得有效赔偿的当事人，由国家给予适当经济资助，帮助他们摆脱生活困境”的相关制度，由政法委、财政机关、检察机关、法院、公安机关和司法行政机关共同实施。具体而言，司法救助与国家司法救助是一个平行的概念，两者不是种属关系，是在国家责任概念下的子概念。即，国家责任包括了法律援助、司法救助、国家司法救助、国家赔偿、社会救助等①。

（二）国家司法救助的救助范围

《意见》第一条明确，国家司法救助的适用范围是在人民法院的审判、执行工作中，第三条中与《中央政法委意见》的适用范围一致，即对刑事被害人及其近亲属的救济、对民事侵权受害人的救济、对执行案件受害人的救济、对涉法涉诉信访人的救济四类。

人民法院国家司法救助工作按照救助的时间节点进行分类，可以分为立

---

① 为行文方便，以下如无特指，国家司法救助、司法救助、救助等概念均指国家司法救助。

案救助、审判救助、执行救助、信访救助。此前，各地法院出于维稳压力及经费有限的缘故，通常将国家司法救助工作的重心放在信访阶段，多数地方法院都认为信访救助运行的效果并不佳，甚至一些地方法院认为应当取消人民法院的国家司法救助工作。为了确保国家司法救助效果，人民法院将通过正确把握救助时机，来提升国家司法救助制度的法治化水平。即，将国家司法救助提前至立案、诉讼和执行阶段，减少信访阶段的救助。

人民法院国家司法救助工作按照救助原因进行分类，可以分为刑事司法救助、民事司法救助、行政司法救助、国家赔偿司法救助、执行司法救助等。这一分类将“维稳”救助转变为“维权”救助，符合“国家司法救助案件司法化、救助制度法治化”的发展方向。在《中央政法委意见》颁布之前，人民法院的国家司法救助主要是刑事被害人和执行救助，其他类型的救助一般都纳入信访救助范围中，这在客观上制约了救助制度法治化，故应当对救助进行类型化，将相关救助从信访救助中剥离开。为了更好地回应现实的需要，在对全国法院近三年司法救助情况进行调研的基础上，2015 年 5 月，最高人民法院印发《关于印发〈关于人民法院案件案号的若干规定〉及配套标准的通知》，首次对司法救助案件的案号进行了系统的规定，将司法救助案件分为刑事司法救助案件（司救刑）、民事司法救助案件（司救民）、行政司法救助案件（司救行）、国家赔偿司法救助案件（司救赔）、执行司法救助案件（司救执）和涉诉信访司法救助案件（司救访）六类。

与《中央政法委意见》规定相一致，《意见》第三条第一款第（八）项规定，“当事人因生活面临急迫困难提出国家司法救助申请，符合下列情形之一的，应当予以救助：……（八）人民法院根据实际情况，认为需要救助的其他人员”。为保障生活困难群众的生存权，人民法院可以在行政诉讼和国家赔偿案件中进行国家司法救助。在行政诉讼和国家赔偿的司法实践中，司法救助是普遍存在的。行政诉讼和国家赔偿程序中有时会有部分困难群众权益受到侵害，但依据现有规定难以得到赔偿，如无罪的人被刑事拘留后，依法难以获得赔偿；又如执行回转程序中无法得到执行回转，困难群众无法以执行错误为由获得国家赔偿。对于这些情形下的困难群众，人民法院在实践中通常是予以司法救助的。并且，行政诉讼、国家赔偿程序中的困难群众较之于民事、执行程序中的困难群众，由于受到了公权力的侵害，更应得到司法关怀。人民法院可以将行政诉讼、国家赔偿程序中的困难群众纳入救助对象，人民检察院也可以将国家赔偿程序中的困难群众纳入救助对象，这与中央政法委的规定及规定的精神是相一致的。

三、国家司法救助工作的基本原则

《意见》第二条规定了人民法院国家司法救助工作的基本原则。

1. 坚持公正救助原则。这与《中央政法委意见》“严格把握救助标准和条件，兼顾当事人实际情况和同类案件救助数额，做到公平、公正、合理救助，防止因救助不公引发新的矛盾”的规定相一致。

2. 坚持及时救助。这与《中央政法委意见》“对符合救助条件的当事人，办案机关应根据当事人申请或者依据职权及时提供救助，确保及早化解社会矛盾”的规定相一致。

3. 坚持辅助性救助。《意见》第二条第二款规定：“对同一案件的同一救助申请人只进行一次性国家司法救助。对于能够通过诉讼获得赔偿、补偿的，一般应当通过诉讼途径解决。”

4. 坚持属地救助。《意见》第二条第三款规定：“人民法院对符合救助条件的救助申请人，无论其户籍所在地是否属于受案人民法院辖区范围，均由案件管辖法院负责救助。”在司法实践中，可能会出现相关法院之间推诿处理国家司法救助的情形。笔者认为，根据案件所处诉讼程序，结合救助申请人提起救助的时间，还是比较容易确定案件管辖法院。有法院曾建议对“案件管辖法院”予以明确，规定“由案件一审法院或执行法院负责救助”。如此规定，会出现处于二审的案件，或者二审生效的再审案件的实际管辖法院，与接受司法救助申请的法院不一致的情形。

5. 坚持联动救助。结合司法实践中凸显的问题和有些地方试行效果良好的经验，《意见》第二条第三款新增了联动救助原则，即“在管辖地有重大影响且救助金额较大的国家司法救助案件，上下级人民法院可以进行联动救助”。联动救助原则是为了解决上下级人民法院在共同处理同一当事人就同一案件提出司法救助申请时责任不清或者所需救助金额较高的问题。上下级法院联动救助仅限于影响重大且救助金额需求量较大的司法救助案件，一般只针对特殊、个别案件实施，具体实施方式仍需上下级法院配合实施，暂无法作细致规定，一般由上级法院主导进行。

四、国家司法救助的对象

（一）应予救助的对象

《意见》第三条第一款规定了人民法院在刑事、民事、执行案件中的国家司法救助的对象。该款是根据《中央政法委意见》中应予救助的对象进行的相应规定。

1. 未作修改或者只作“造成”和“致使”语词调整的四种情形，即“（二）刑事案件被害人受到犯罪侵害危及生命，急需救治，无力承担医疗救治费用的”，以及“（五）举报人、证人、鉴定人因举报、作证、鉴定受到打击报复，致使其人身受到伤害或财产受到重大损失，无法通过诉讼获得赔偿，陷入生活困难的；（六）追索赡养费、扶养费、抚育费等，因被执行人没有履行能力，申请执行人陷入生活困难的；（七）因道路交通事故等民事侵权行为造成人身伤害，无法通过诉讼获得赔偿，受害人陷入生活困难的”。

2. 适用范围从刑事侦查、刑事诉讼缩小到刑事诉讼的三种情形，删去《中央政法委意见》中“因案件无法侦破造成生活困难的”的表述，将相应条款修改为“（一）刑事案件被害人受到犯罪侵害，造成重伤或者严重残疾，因加害人死亡或者没有赔偿能力，无法通过诉讼获得赔偿，陷入生活困难的；……（三）刑事案件被害人受到犯罪侵害而死亡，因加害人死亡或者没有赔偿能力，依靠被害人收入为主要生活来源的近亲属无法通过诉讼获得赔偿，陷入生活困难的；（四）刑事案件被害人受到犯罪侵害，致使其财产遭受重大损失，因加害人死亡或者没有赔偿能力，无法通过诉讼获得赔偿，陷入生活困难的”。

3. 保留的兜底条款，实施主体由“党委政法委和政法各单位”具体落实为“人民法院”。《意见》第三条中均有“生活困难”的表述，“生活困难”一般是指家庭成员中有孤寡老人、接受义务教育的儿童、没有固定生活来源的残疾人或者家庭主要劳动力因重大疾病、意外事故丧失劳动能力，致使家庭没有生活来源或者家庭收入不能维持户口所在地或经常居住地最低生活标准等情形。国家司法救助的申请人是否满足“生活困难”的条件，需要在具体司法救助工作中评估、衡量，不宜以社会救助标准进行一刀切的规定。在司法实践中，多以救助申请人的生活困难证明为重要参考，另见《意见》第十条。

（二）刑事被害人救助

《意见》第三条第一款第（一）项至（四）项是关于刑事被害人救助的相关规定，与2009年3月，中央政法委员会、最高人民法院、最高人民检察院、公安部、司法部、财政部、民政部、人力资源和社会保障部联合印发的《关于开展刑事被害人救助工作的若干意见》中的规定基本一致。在实际司法实践中，会出现因证据不足宣告被告人无罪的案件以及久侦不破的案件，被害人或其近亲属因侵害行为造成生活困难的情形，该情形可以根据不同情况适用第（三）、（四）、（五）项。对于第（一）、（三）项中均有“因加害人死亡”而致使被害人及其依靠被害人收入为主要生活来源的近亲属无法通过诉讼获得赔偿，陷入生活困难的表述，但是司法实践中，一般加害人死亡案件不会进入审判程序。第（二）项中刑事案件被害人受到犯罪侵害生命并急需救助的情形，在法院审理阶段也极少出现。第（四）项中“刑事案件被害人受到犯罪侵害，致使财产遭受重大损失”中“重大损失”如何界定的问题，这属于法官自由裁量权的范围，应结合案件具体进行认定，因此《意见》中未作更细规定。

（三）举报人、证人、鉴定人救助

《意见》第三条第一款第（五）项是对举报人、证人、鉴定人救助的相关规定，完整保留了《中央政法委意见》的规定。在司法实践中，对举报人、证人、鉴定人的救助一般是由刑事侦查机关，即公安机关和检察机关来实施。在审判中，人民法院需要对因作证、鉴定受到打击报复，致使人身受到伤害或财产受到重大损失，无法通过诉讼获得赔偿，陷入生活困难的证人、鉴定人实施国家司法救助。该项中的“人身受到伤害”应该包括最高人民法院、最高人民检察院、公安部、国家安全部、司法部发布的《人体损伤程度鉴定标准》中规定的轻微伤、轻伤和重伤，还应该包括死亡的情形。如举报人、证人、鉴定人因举报、作证、鉴定受到打击报复而死亡，依靠其收入为主要生活来源的近亲属无法获得赔偿，陷入生活困难的，应该纳入国家司法救助的范畴。

（四）执行救助

《意见》第三条第一款第（六）项是执行救助的相关规定，在追索赡养费、扶养费、抚育费等案件中，因被执行人没有履行能力，申请执行人陷入生活困难的，应当予以救助。该项规定是落实《中央政法委关于切实解决人民法院执行难问题的通知》（政法〔2005〕52号）规定的“探索建立特困群体案例执行的救助办法。各地可积极探索建立特困群体案件执行的救助基金，对于双方当事人均为特困群体的案件，如刑事附带民事赔偿、按一定程序给予申请执行人适当救助，解决其生活困难，维护社会和谐稳定”。在司法实践中，《意见》规定为“追索赡养费、扶养费、抚育费”等案件，结合国家司法救助的经验，也可以扩大至追索社会保险金、劳动报酬、经济补偿金、抚恤金等案件的申请执行人。

（五）民事侵权救助

《意见》第三条第一款第（七）项是民事侵权救助的相关规定。该项与《中央政法委意见》规定一致，规定为“因道路交通事故等民事侵权行为”造成人身伤害案件的受害人。在司法实践中，除道路交通事故之外，医疗事故、工伤事故、产品质量事故或者其他民事侵权行为的受害人均可纳入国家司法救助的范畴。同对举报人、证人、鉴定人的救助，如因民事侵权行为造成被侵权人死亡的，依靠其收入为主要生活来源的近亲属无法获得赔偿，陷入生活困难的，也应该纳入国家司法救助的范畴。

（六）涉诉信访救助

《意见》第三条第二款是根据《中央政法委意见》中的“涉法涉诉信访人，其诉求具有一定合理性，但通过法律途径难以解决，且生活困难，愿意接受国家司法救助后息诉息访的，可参照执行”进行的相应规定，根据人民法院审判、执行工作的特点，进行了范围缩限，即将“涉法涉诉信访”修改为“涉诉信访”。2014年3月，中共中央办公厅、国务院办公厅印发了《关于依法处理涉法涉诉信访问题的意见》，该意见要求：健全国家司法救助制度。各级政法机关要在党委和政府的领导和支持下，统筹解决信访群众的法律问题和实际困难。对于因执法问题给当事人造成伤害或损失的，依法予以纠错、补偿。

2014年3月，为认真贯彻中央改革涉法涉诉信访工作机制要求，最高人民法院办公厅印发了《关于进一步推进涉诉信访工作机制改革的若干意见》，提出改革涉诉信访工作机制，切实把解决涉诉信访问题纳入法治轨道。

“诉求具有一定合理性，但通过法律途径难以解决的”一般是指以下情形：一是法律政策变化或司法程序的原因，案件经过多次审理改判，致使当事人遭受损失；二是案件确有错误，但不属于国家赔偿范围；三是案件有瑕疵但不足以改判，当事人因此遭受损失；四是当事人举证不能、证据收集困难，或法律规定不明确等原因导致败诉，但当事人确实因此遭受损失等情形。

当事人必须“愿意接受国家司法救助后息诉息访”，因为人民法院涉诉信访司法救助工作，一方面是解决当事人面临的生活困难，另一方面也是当前化解涉诉信访案件的重要辅助手段，当事人接受救助后不息诉息访，有悖涉诉信访司法救助的宗旨。因此，要求当事人接受国家司法救助后息诉息访，既是对其作出的道义方面的约束，也是人民法院实施救助的前提条件。

本款对涉诉信访司法救助只作原则性规定，由于涉诉信访司法救助案件数量较多，亟须对实践进行规范，并且最高人民法院曾制定《关于规范涉诉信访司法救助工作的意见（试行）》，在具体适用中可参照该试行意见。

（七）不予救助的对象

《意见》第四条规定了人民法院国家司法救助的例外情形。本条是根据《中央政法委意见》中关于不予救助的情形进行的相应规定。

1. 未作修改保留的两种情形，即“（一）对案件发生有重大过错的”和“（五）生活困难非案件原因所导致的”。

2. 适用范围从刑事诉讼扩大到审判、执行的两种情形，即将“无正当理由，拒绝配合查明犯罪事实的”修改为“（二）无正当理由，拒绝配合查明案件事实的”，将“故意作虚伪陈述或者伪造证据，妨害刑事诉讼的”修改为“（三）故意作虚伪陈述或者伪造证据，妨害诉讼的”。

3. 对用语进行调整的三种情形：

（1）将“在诉讼中主动放弃民事赔偿请求或拒绝加害责任人及其近亲属赔偿的”修改为“（四）在审判、执行中主动放弃民事赔偿请求或者拒绝侵权责任人及其近亲属赔偿的”，一方面将“诉讼”修改为本意见中规范的“审判、执行”的用语，另一方面，采用在民事侵权案件中规范的侵权责任人的概念取代加害责任人的称谓；

（2）将“通过社会救助措施，已经得到合理补偿、救助的”修改为“（六）已经通过社会救助措施，得到合理补偿、救助的”，目的是强调救助申请人获得合理补偿，救助的现实性，不能因为救助申请人可能获得其他补偿，就将该申请人列为不予救助对象，暂停或者终止国家司法救助程序；

（3）将“对社会组织、法人，不予救助”修改为“（七）法人、其他组织提出救助申请的”，因为国家司法救助对象限定为公民，并且“社会组织、法人”跟民事法律中“公民、法人和其他组织”表述一致。

4. 增加兜底条款，即“（八）不应给予救助的其他情形”。

有意见建议加入部分不予救助的情形，例如：因违法信访被治安处罚、刑事处罚、拒不悔过的；组织参加团伙信访串联信访的；明确表示获得救济金也不息诉罢访的；等等。这些情形实际与可以给予司法救助的涉诉信访规定不符，因此无须重复表述。

五、国家司法救助的救助方式和救助金

（一）救助方式

《意见》第五条规定了人民法院国家司法救助的救助方式，即国家司法救助以支付救助金为主要方式，并与思想疏导相结合，与法律援助、诉讼救济相配套，与其他社会救助相衔接。该条与《中央政法委意见》规定一致。

数据显示，2014 年、2015 年，中央财政每年下拨 7 亿元，地方各级财政分别配套安排救助资金 17.7 亿元、22.4 亿元用于国家司法救助资金。2014 年，共救助 80042 人。

（二）救助标准

《意见》第六条规定了人民法院国家司法救助的救助标准。其中第一款规定了救助金的一般标准，将《中央政法委意见》“各地应根据当地经济社会发展水平制定具体救助标准，以案件管辖地上一年度职工月平均工资为基准，一般在 36 个月的工资总额之内”落实为“救助金以案件管辖法院所在省、自治区、直辖市上一年度职工月平均工资为基准确定，一般不超过三十六个月的月平均工资总额”。

在司法实践中，案件管辖地的设区的市并不一定按时、按期公布上一年度职工月平均工资。本款具体规定为省级人力资源和社会保障部门和统计部

门每年按期公布的上一年度职工月平均工资，既是便于司法适用，避免适用省市两级不同标准而引发争议，又是人民法院国家司法救助的实际做法。

《意见》第六条第二款规定了救助金的特殊标准，将《中央政法委意见》“损失特别重大、生活特别困难，需适当突破救助限额的，应严格审核控制，救助金额不得超过人民法院依法应当判决的赔偿数额”落实为“损失特别重大、生活特别困难，需适当突破救助限额的，应当严格审核控制，救助金额不得超过人民法院依法应当判决给付或者虽已判决但未执行到位的标的数额”。本款根据司法实践情况，将国家司法救助金的特殊标准从单一的审判环节，扩大到审判、执行环节。

关于救助标准，在征求意见时有完全相反的两种意见。第一种意见认为救助标准较低，有意见认为，刑事附带民事诉讼判决赔偿金额往往较低，救助数额不能超过判决数额，不利于发挥司法救助可能带来的促成当事双方达成调解协议、严格控制死刑适用的功效；还有意见认为，救助标准不太适合对刑事被害人及其家属的救助，不足以解决被救助人的实际生活困难，并建议再增加一款“刑事案件的救助申请人的救助金额可适当超过”，可以根据申请人的实际，给予其超出法院判决的数额。第二种意见认为救助标准过高，有意见建议以12个月工资总额为限，或者以未执行到位的标的数额的50%为限。从国家司法救助性质为应急困难性质，并非要求弥补申请人的实际损失，同时与《中央政法委意见》标准保持一致，因此作此规定。

（三）救助金额确定

《意见》第七条关于救助金额确定的综合因素，将《中央政法委意见》规定落实为“救助金具体金额，应当综合以下因素确定：（一）救助申请人实际遭受的损失；（二）救助申请人本人有无过错以及过错程度；（三）救助申请人及其家庭的经济状况；（四）救助申请人维持其住所地基本生活水平所必需的最低支出；（五）赔偿义务人实际赔偿情况”。该条将《中央政法委意见》中的“损害结果”修改为“损失”，这也与国家司法救助金以支付救助金为主要方式保持一致。

此外，本条第（二）项“救助申请人本人有无过错以及过错程度”与第四条第（一）项不予救助的情形“（一）对案件发生有重大过错的”需要配合适用。如申请人对案件发生有过错，但是未达到重大过错的程度，人民法院仍可以决定给予救助金，但是应当根据情况适当降低救助金额。至于是否构成“重大过错”，这属于法官自由裁量权的范围，应结合案件具体进行认定。

六、国家司法救助的救助程序

（一）救助的启动程序

《意见》第八条规定了人民法院国家司法救助的启动程序。

第八条第一款前半部分根据《中央政法委意见》中的“（一）告知。人民法院、人民检察院、公安机关、司法行政机关在办理案件、处理涉法涉诉信访问题过程中，对符合救助条件的当事人，应当告知其有权提出救助申请”，具体规定为：“人民法院审判、执行部门认为案件当事人符合救助条件的，应当告知其有权提出国家司法救助申请。”

第八条第一款后半部分根据《中央政法委意见》中的“（二）申请。救助申请由当事人向办案机关提出；刑事被害人死亡的，由符合条件的近亲属提出”，具体规定为：“当事人提出申请的，审判、执行部门应当将相关材料及时移送立案部门。”

第八条第二款规定了国家司法救助的统一受理机制，即：“当事人直接向人民法院立案部门提出国家司法救助申请，经审查确认符合救助申请条件的，应当予以立案。”该款规定是在借鉴社会救助经验的基础上，结合司法实践进行的规定。即，2014 年出台的民政部、教育部、财政部、人力资源社会保障部、住房城乡建设部、国家卫生计生委《关于贯彻落实〈社会救助暂行办法〉的通知》，其中明确规定“建立健全‘一门受理、协同办理’机制”。故人民法院的司法救助受理可借鉴社会救助的统一受理机制，做到让困难群众“求救有门”。而人民法院的案件实行立审分离，统一司法救助的受理只涉及人民法院内部机构工作的衔接，较之于社会救助的统一受理更为方便有效。

在以往的司法实践中，国家司法救助的启动都是由案件承办人告知救助申请人提出救助申请，这就在一定程度上决定了司法救助是以原办案法官为中心，而不是以困难群众为中心，其标准多是办案法官“认为生活困难应给予救助”，而不是“生活确有困难”，因此必然也存在“人情救助”或者是困难群众无法获得救助的情形。而统一受理机制可以从以往实践中“法官认为群众生活困难”转变为“群众生活确有困难”，从而切实发挥司法救助生存照顾的功能。概括而言，统一救助受理机制，具有以下四个作用：第一，保障困难群众的权益。人民法院在启动阶段给予救助申请人充分的程序性保护，确保困难群众顺利进入司法救助程序。第二，规范救助受理的申请程序。人民法院通过确定司法救助的受理部门，明确受理救助的条件，可以有效减少救助申请无门的情形，规范司法救助的启动程序。第三，科学统计申请司法救助的数量。司法救助作为一项工作，在之前的司法实践中都是从属于案件审理的附属工作，无法进行科学统计，更无法进行救助管理，而由立案部门统一受理并编案号后，可以科学统计申请司法救助的数量，为健全司法救助制度提供确凿的数据基础。第四，实现规模经济效益。统一救助的受理机制，指定立案部门受理救助申请，可以提高人民法院司法救助受理工作的效率和方便困难群众的救助申请，从而实现规模经济效益。作为试点单位，天津高院统一司法救助的受理已经取得良好的法律效果和社会效果。

（二）救助的申请程序

《意见》第九条和第十条规定了国家司法救助的申请程序。

第九条第一款根据《中央政法委意见》中的“（二）申请……申请一般采取书面形式。确有困难，不能提供书面申请的，可以采用口头方式”，规定为“国家司法救助申请应当以书面形式提出；救助申请人书面申请确有困难的，可以口头提出，人民法院应当制作笔录”。该款增加了对于口头方式提出申请，应当制作笔录的规定。

第九条第二款和第三款根据《中央政法委意见》中的“（二）申请……申请人应当如实提供本人真实身份、实际损害后果、生活困难、是否获得其他赔偿等相关证明材料”，规定为“救助申请人提出国家司法救助申请，一般应当提交以下材料：（一）救助申请书，救助申请书应当载明申请救助的数额及理由；（二）救助申请人的身份证明；（三）实际损失的证明；（四）救助申请人及其家庭成员生活困难的证明；（五）是否获得其他赔偿、救助等相关证明；（六）其他能够证明救助申请人需要救助的材料。救助申请人确实不能提供完整材料的，应当说明理由”。该两款规定采用列举的方式进一步细化申请材料的规定，同时与对同一案件中申请人只能进行一次性救助的原则相符，要求申请人在其他赔偿之外，需要提供获得其他救助的相关证明。

《意见》第十条规定了生活困难证明的概念，即：“救助申请人生活困难证明，主要是指救助申请人户籍所在地或者经常居住地村（居）民委员会或者所在单位出具的有关救助申请人的家庭人口、劳动能力、就业状况、家庭收入等情况的证明。”

本条是对《中央政法委意见》“（二）申请……申请人应当如实提供本人真实身份、实际损害后果、生活困难、是否获得其他赔偿等相关证明材料”中的“生活困难”进行的必要解释，同时也是结合了司法实践中的经验进行的相应规定。

此外，在本意见中，根据部分法院的建议，区分使用“当事人”和“申请人”的称谓。已经进入司法救助程序的当事人，包括提交救助申请的当事人以及领取司法救助金的当事人统称为“申请人”或者“救助申请人”；虽符合司法救助条件但未申请司法救助的当事人称为“当事人”或者“案件当事人”。

（三）救助的处理程序

《意见》第十一条规定了国家司法救助的处理程序。本条规定符合中央深化改革的发展方向，是根据《中央政法委意见》中的“（一）明确工作机构。各地成立由党委政法委牵头，财政和政法各单位等共同参加的国家司法救助领导小组，负责研究制定国家司法救助的制度规范和配套措施，测算资金需求，定期检查各单位工作落实情况。政法各单位应当指定专门机构或者人员负责救助工作”进行的相应规定。

本条规定借鉴了人民检察院改革的经验。《最高人民检察院关于贯彻实施〈关于建立完善国家司法救助制度的意见（试行）〉的若干意见》明确规定，“人民检察院各相关部门在国家司法救助工作中要各司其职、相互配合、形成合力。职务犯罪侦查、侦查监督、公诉、监所检察、民事行政检察、控告检察、刑事申诉检察等办案部门对符合救助条件的当事人，应当告知其有权提出救助申请。刑事申诉检察部门依规定受理救助申请，也可以依据职权启动救助程序，其他办案部门应当将相关材料及时移送刑事申诉检察部门。刑事申诉检察部门在规定期限内，作出是否给予救助和具体救助金额的意见，报检察长审批”。

本条规定在结合司法实践的基础上，遵循了司法实践发展的规律。实践中司法救助的处理机制存在四种形式：一是原案件承办人提出救助意见并层报领导审核、签批；二是由业务庭室研究提出意见后，经院指定的审判业务部门审查并报领导小组审批同意；三是确定金额，分别由业务庭室负责和院指定的审判业务部门审查并报领导小组审批同意；四是由院指定的审判业务部门专门负责，直接作出救助与否的决定。司法救助处理部门的分散造成了司法救助混乱，影响救助工作的开展。为了解决该问题，各地在根据《中央政法委意见》制定实施办法时，多数规范了统一的司法救助办理（管理）部门。

《意见》第十一条第一款规定了司法救助委员会的组成和职能，即“人民法院成立由立案、刑事审判、民事审判、行政审判、审判监督、执行、国家赔偿及财务等部门组成的司法救助委员会，负责人民法院国家司法救助工作。司法救助委员会下设办公室，由人民法院赔偿委员会办公室行使其职能”。

《意见》第十一条第二款和第三款规定了司法救助委员会的常设部门和职责，即“人民法院赔偿委员会办公室作为司法救助委员会的日常工作部门，负责牵头、协调和处理国家司法救助日常事务，执行司法救助委员会决议及办理国家司法救助案件”，“基层人民法院由负责国家赔偿工作的职能机构承担司法救助委员会办公室工作职责”。

本条确定了人民法院国家司法救助的统一处理机制，这是较优的机制设计，且符合法治精神的发展趋势。概括而言，统一司法救助处理机制具有以下几点价值：

第一，规范救助标准和救助对象。司法救助工作分散于多个案件承办部门，不利于统一救助标准和对象，从而导致同一法院对相似情形作出不同决定。

第二，统筹救助资金和救助需求的合理配置。在救助资金有限的情况下，统一的救助机构根据实际情况在众多申请救助人中筛选受助对象，可以量入为出，避免法院内各部门各自为政影响统筹协调，从而实现公平合理救助，提高资金利用效果，防止司法救助资金超过经费保障或司法救助资金闲置。

第三，实现法院内部的合理分工。统一的救助机构和人员，可有效解决目前司法救助工作中的分工混乱问题，更能够明确责任，通过统一的救助机构提供的司法救助服务，如救助决定的作出、救助资金的申请、救助与否的释明、救助资金的支付等，有助于案件承办部门将精力集中于案件的审理中。

并且，统一的司法救助处理机制，也有利于在法院内部各个部门之间的司法救助进行衡平，防止司法救助只集中于涉诉信访救助。

第四，实现司法救助的专业化。当下，司法救助工作受政策影响较大，统一司法救助机构不仅可以熟悉救助政策的发展，而且可以通过处理大量司法救助案件积累经验，从而实现司法救助的专业化。并且，由于司法救助的专业化，可以缩短处理周期，提高司法救助工作的及时性，确保有困难的当事人及时得到救助。

第五，统一司法救助有利于做好与其他保障的衔接。司法救助工作能否发挥成效，不仅取决于法院自身救助工作的开展，还取决于司法救助与其他保障能否有效衔接，如法律援助、社会救助。统一司法救助机构，统一对外交流合作窗口，有利于与相关部门工作衔接，加强与上级单位的沟通和对下级单位的工作指导。

第六，形成法院司法救助的合力。法院内部司法救助分散于各个部门，就会各自为政，缺少司法救助工作的长远规划，无法形成司法救助工作合力，比较突出的是无法有效推进立法和资金保障。实践中，天津等高院通过统一司法救助机构，明确职责，负责与相关党委、政法委、政府部门等单位联系协调，以争取司法救助的尽快审批和救助金的及时到位及发放，为法院审判执行工作的顺利开展提供了有力保障。

（四）救助的决定程序

《意见》第十二条规定了人民法院国家司法救助决定程序。本条是根据《中央政法委意见》中的“（三）审批。办案机关应当认真核实申请人提供的申请材料，综合相关情况，在10个工作日内作出是否给予救助和具体救助金额的审批意见。决定不予救助的，及时将审批意见告知当事人，并做好解释说明工作”进行的相应规定。

1. 决定期限。“救助决定应当自立案之日起十个工作日内作出。案情复杂的救助案件，经院领导批准，可以适当延长。”在征求意见中，有意见认为十个工作日的期限太短，实践中难以完成。由于《中央政法委意见》中明确了“10个工作日”的要求，为与规定保持一致，并同时满足实践工作需要，借鉴诉讼时效的一般规定，《意见》增加了“案情复杂的救助案件，经院领导批准，可以适当延长”的规定，没有简单确定为“三十个工作日”或“六十个工作日”。

2. 决定形式。“办理救助案件应当制作国家司法救助决定书，加盖人民法院印章。国家司法救助决定书应当及时送达。”根据《意见》确定的司法救助统一处理机制，从立案、处理、决定、送达到公开是完整的案件处理程序，国家救助决定应当制作司法救助决定书。根据《最高人民法院关于规范涉诉信访司法救助工作的意见（试行）》的规定，涉诉信访救助中可以采用司法救助通知书的形式。本款中只是明确规定办理救助案件应当制作司法救助决定书，对于不符合救助条件的或具有不予救助情形的案件，虽然规定应将决定及时告知当事人，但并未要求制作不予司法救助决定书。

3. 不予救助的告知与公开。“不符合救助条件或者具有不予救助情形的，应当将不予救助的决定及时告知救助申请人，并做好解释说明工作。”司法公开已经成为司法改革的必由之路，亟须进一步加强和完善。最高人民法院发布的《关于司法公开的六项规定》规定了立案公开、庭审公开、执行公开、听证公开、文书公开和审务公开。但是至今仍未有司法救助公开的规定。人民法院作为司法公开的主体，应转变观念、更新理念，以创新社会管理保障公平正义为己任，以不断满足人民群众的新要求、新期待为出发点，以改革创新的精神为动力，不断将司法公开向纵深推进。目前，多数法院没有将予以救助的结果公开，甚至有些法院在救助时与当事人签订了保密协议，但也有部分法院将救助结果公示。笔者认为，将救助结果公开，不仅可以保障符合救助条件的当事人获得救助，而且是对人民法院司法救助工作的监督和制约，可以防止人民法院对不符合救助条件的当事人滥施救助，对获得救助的当事人而言，也是一种制约和监督，可以在一定程度上防止其滥用、挥霍救助金。也有意见担心救助结果公示，可能会导致更多负面后果，若将不予救助的结果公示，也可能激化矛盾，事倍功半。因此，《意见》并未作明确规定。笔者认为，人民法院可以根据工作实际，合理确定公开范围和时机。长远来看，应逐步扩大公开范围，增强公开的及时性。对于大多数予以救助的结果，给当事人送达司法救助决定书或者通知书并通报其户籍所在地或者经常居住地的村（居）民委员会或者其所在单位即可。

七、国家司法救助金的发放程序

《意见》第十三条和第十四条规定了人民法院国家司法救助的救助金发

放程序。

（一）救助金的支付

《意见》第十三条规定了人民法院国家司法救助金的支付程序。本条是根据《中央政法委意见》中的“（四）发放。对批准同意的，财政部门应及时将救助资金拨付办案机关，办案机关在收到拨付款后2个工作日内，通知申请人领取救助资金。对急需医疗救治等特殊情况，办案机关可以依据救助标准，先行垫付救助资金，救助后及时补办审批手续”进行的相应规定。

本条考虑到与财政部门的衔接，因此规定为“决定救助的，应当在七个工作日内按照相关财务规定办理手续。在收到财政部门拨付的救助金后，应当在二个工作日内通知救助申请人领取救助金。对具有急需医疗救治等特殊情况的救助申请人，可以依据救助标准，先行垫付救助金，救助后及时补办审批手续”。

（二）救助金的发放

《意见》第十四条规定了人民法院国家司法救助金的发放程序。

1. 一次性发放原则。第十四条第一款规定：“救助金一般应当一次性发放。情况特殊的，可以分批发放。”本款规定的救助金一般一次性发放，符合《中央政法委意见》中一次性救助的原则。司法实践中，对于是一次性发放还是分批发放的问题，各地法院做法不一致，大部分法院采取的是一次性发放，有些法院采取分期分批发放，对于本条的规定，在征求意见时也存在争议。特别是在涉诉信访救助案件中，有些当事人拿到救助金后违背息诉息访承诺而继续上访；有些当事人挥霍、滥用救助金，救助金用尽后继续上访。分期分批发放能够对当事人起到约束作用，如果不息诉息访，可以按照事先约定停止发放尚未发放的救助金。本款规定以分批发放为例外，可以使当事人对尚未发放的救助金具有期待性，从而约束、打消其继续上访的可能性；各地法院可以在具体救助中，综合评估当事人的情况，来选择发放方式。

2. 释明责任。第十四条第二款前半部分规定“发放救助金时，应当向救助申请人释明救助金的性质、准予救助的理由、骗取救助金的法律后果，同时制作笔录并由救助申请人签字”。这里规定了人民法院在发放救助金时的释明责任。向当事人做释明工作，不仅体现了人民法院司法为民的宗旨，让当事人感受到司法的人文关怀，更重要的是提醒当事人要合理审慎地使用救助金，一定程度上对其起到约束作用。

3. 发放监督程序。第十四条第二款后半部分规定“必要时，可以邀请救助申请人户籍所在地或者经常居住地村（居）民委员会或者所在单位的工作人员到场见证救助金发放过程”。这里规定了对救助金发放过程进行监督的内容。实践中，有些救助申请人在获得司法救助金后使用效果并不好，因此，通过邀请救助申请人所在地基层组织工作人员当场见证的方式，可起到督促、引导、制约救助申请人合理使用救助金的作用。

4. 委托发放程序。第十四条第三款规定：“人民法院可以根据救助申请人的具体情况，委托民政部门、乡镇人民政府或者街道办事处、村（居）民委员会、救助申请人所在单位等组织发放救助金。”依托基层组织、民政部门或者救助申请人所在单位发放救助金，充分发挥其贴近救助申请人生活、熟悉救助申请人情况的便利条件，利于多元化解案件矛盾，实现司法救助的效果最大化。

八、国家司法救助的保障机制

《意见》第十五条和第十六条规定了人民法院国家司法救助的保障机制。

（一）救助资金的筹集

《意见》第十五条规定了人民法院国家司法救助资金的保障。本条是根据《中央政法委意见》中的“（一）国家司法救助资金的筹集。坚持政府主导、社会广泛参与的资金筹措方式。各地国家司法救助资金由地方各级政府财政部门列入预算，统筹安排，并建立动态调整机制。已经建立的刑事被害人救助资金、涉法涉诉信访救助资金等专项资金，统一合并为国家司法救助资金。中央财政通过政法转移支付，对地方所需国家司法救助资金予以适当补助。同时，各地要采取切实有效的政策措施，积极拓宽救助资金来源渠道，鼓励个人、企业和社会组织捐助国家司法救助资金”进行的相应规定。

本条第一款规定：“各级人民法院应当积极协调财政部门将国家司法救助资金列入预算，并会同财政部门建立国家司法救助资金动态调整机制。”在国家司法救助资金的筹集，合并刑事被害人救助资金、涉法涉诉信访救助资金等专项资金，统筹安排，动态调整等方面，财政部门起主要作用，因此人民法院应当采取积极协调的方式来保证司法救助金列入预算。

本条第二款规定："对公民、法人和其他组织捐助的国家司法救助资金，人民法院应当严格、规范使用，及时公布救助的具体对象，并告知捐助人救助情况，确保救助资金使用的透明度和公正性。"本款规定人民法院具有积极落实拓宽救助资金来源渠道，鼓励个人、企业和社会组织捐助国家司法救助资金的义务。在司法实践中，对于募集社会捐助资金，应当设立专项资金，确保专款专用。专项资金如何合理放置，应根据实际情况依法进行，较为合适的方式是将专项资金放在公益组织的账户上。例如，北京市海淀区人民法院、上海市高级人民法院是将专项资金放在中华慈善基金会和上海市儿童基金会的账户上。

（二）救助资金的监督

《意见》第十六条规定了人民法院国家司法救助资金的监督。本条是根据《中央政法委意见》中的"（二）资金管理和监督。各级政府财政部门严格资金管理，确保管好、用好救助资金。政法各单位在年度终了1个月内，向救助领导小组报送当年发放救助资金的明细情况，接受纪检、监察和审计部门监督，确保专款专用。对个人、企业和社会组织捐助救助资金的，应当告知救助的具体对象，确保资金使用的透明度和公正性"进行的规定。因此，本条明确规定："人民法院司法救助委员会应当在年度终了一个月内就本院上一年度司法救助情况提交书面报告，接受纪检、监察、审计部门和上级人民法院的监督，确保专款专用。"

九、国家司法救助的监督机制

《意见》第十七条至第二十条规定了人民法院国家司法救助的监督机制。

（一）救助信息共享

《意见》第十七条第一款规定了人民法院国家司法救助的信息共享机制。本款是根据《中央政法委意见》中的"（二）加强组织协调。各地各有关部门要在当地党委、政府统一领导下，各司其职、相互配合、形成合力。政法各单位按照职责范围和案件管辖分工，分别对救助申请进行审批。案件需移送下一办案环节或其他政法单位的，办案机关应将国家司法救助有关材料随案卷一并移送"进行的相应规定。并且，这里对于人民法院司法救助信息共享的要求，也与人民法院加强信息化建设的发展方向相一致。

因此，本款规定为："人民法院应当加强国家司法救助工作信息化建设，将国家司法救助案件纳入审判管理信息系统，及时录入案件信息，实现四级法院信息共享，并积极探索建立与社会保障机构、其他相关救助机构的救助信息共享机制。”实践中，此规定对于促进国家司法救助“大数据”平台建设和数据分析，实现司法救助科学发展，避免多头重复救助、救助不均衡等不良现象，具有重要意义。

（二）上级法院的指导和监督

《意见》第十七条第二款规定了上级法院对下级法院国家司法救助工作的指导和监督。本款结合司法实践情况，规定为“上级法院应当对下级法院的国家司法救助工作予以指导和监督，防止救助失衡和重复救助”。

此外，对司法救助决定是否有权申请复议，在司法实践中多未实行复议制度，但是从加强对司法救助的监督角度，不羁束司法实践发展，原则性规定了上级法院对下级法院的监督。

（三）对救助工作人员的监督

《意见》第十八条规定了对救助工作人员的监督机制。本条是根据《中央政法委意见》中的“（三）责任追究。对截留、侵占、私分或者挪用国家司法救助资金的单位和个人，违反规定发放国家司法救助资金造成重大损失的单位和个人，骗取国家司法救助资金的相关人员，严格依纪依法追究责任，并追回救助资金”进行的相应规定。

本条从批评教育、纪律处分和刑事责任三个层面规定了人民法院工作人员的法律责任，规定为“人民法院工作人员有下列行为之一的，应当予以批评教育；构成违纪的，应当根据相关规定予以纪律处分；构成犯罪的，应当依法追究刑事责任：（一）滥用职权，对明显不符合条件的救助申请人决定给予救助的；（二）虚报、克扣救助申请人救助金的；（三）贪污、挪用救助资金的；（四）对符合救助条件的救助申请人不及时办理救助手续，造成严重后果的；（五）违反本意见的其他行为”。

上述关于第（一）、（二）和（三）项情形中，相关责任人员在主观上是故意；而第（四）项“不及时办理救助手续”，相关责任人员在主观上是过失，依据《人民法院工作人员处分条例》的规定，人民法院工作人员过失造成的损害，需要以后果严重为要件，因此第（四）项还规定了“造成严重后果”要件，至于何种情形构成“造成严重后果”则属法官自由裁量权。

（四）对其他相关人员的监督

《意见》第十九条规定了对其他相关人员的监督机制。本条是根据《中央政法委意见》中的“（三）责任追究。对截留、侵占、私分或者挪用国家司法救助资金的单位和个人，违反规定发放国家司法救助资金造成重大损失的单位和个人，骗取国家司法救助资金的相关人员，严格依纪依法追究责任，并追回救助资金”进行的相应规定。

根据《意见》第九条第二款的规定，“救助申请人及其家庭成员生活困难的证明”是国家司法救助的必要条件。如果在出具生活困难证明方面，救助申请人所在单位或者基层组织虚假出具证明，则会扰乱司法救助的正常秩序，涉嫌骗取国家司法救助资金。因此，本条规定为“救助申请人所在单位或者基层组织等相关单位出具虚假证明，使不符合救助条件的救助申请人获得救助的，人民法院应当建议相关单位或者其上级主管机关依法依纪对相关责任人予以处理”。

（五）对救助申请人的监督

《意见》第二十条规定了对救助申请人的监督机制。本条是根据《中央政法委意见》中的“（三）责任追究。对截留、侵占、私分或者挪用国家司法救助资金的单位和个人，违反规定发放国家司法救助资金造成重大损失的单位和个人，骗取国家司法救助资金的相关人员，严格依纪依法追究责任，并追回救助资金”进行的相应规定。

1. 执行款的扣除。第二十条第一款规定：“救助申请人获得救助后，人民法院从被执行人处执行到赔偿款或者其他应当给付的执行款的，应当将已发放的救助金从执行款中扣除。”本款规定反映了国家司法救助应急救困的性质，也符合人民法院有关执行的规定。

2. 骗取救助金的处理。第二十条第二款规定：“救助申请人通过提供虚假材料等手段骗取救助金的，人民法院应当予以追回；构成犯罪的，应当依法追究刑事责任。”对于救助申请人骗取救助金的情形，人民法院追回救助金是符合国家司法救助的基本要求的。

3. 救助金的追回。第二十条第三款规定：“涉诉信访救助申请人领取救助金后，违背息诉息访承诺的，人民法院应当将救助金予以追回。”本款规定与《最高人民关于规范涉诉信访司法救助工作的意见（试行）》相符。

十、国家司法救助的衔接机制

《意见》第二十一条规定了国家司法救助的衔接机制。本条是根据《中央政法委意见》中的"国家司法救助……与法律援助、诉讼救济相配套，与其他社会救助相衔接"与"（三）建立衔接机制。对于符合司法救助条件的当事人就人身伤害或财产损失提起民事诉讼的，人民法院应当依法及时审查并减免相关诉讼费用，司法行政部门应当依法及时提供法律援助，保障困难群众充分行使诉讼权利。对于未纳入国家司法救助范围或者实施国家司法救助后仍然面临生活困难的当事人，符合社会救助条件的，办案机关协调其户籍所在地有关部门，纳入社会救助范围"所进行的相应规定，是在《意见》第八条和《最高人民关于规范涉诉信访司法救助工作的意见（试行）》的基础上，进一步作出的具体操作规定。

2014 年3 月19 日，中共中央办公厅、国务院办公厅印发了《关于依法处理涉法涉诉信访问题的意见》，该意见要求：健全国家司法救助制度。各级政法机关要在党委和政府的领导和支持下，统筹解决信访群众的法律问题和实际困难。对于因执法问题给当事人造成伤害或损失的，依法予以纠错、补偿。对于因遭受犯罪侵害或民事侵权，无法经过诉讼获得有效赔偿，造成当事人生活困难，符合救助规定的，及时给予司法救助。对于给予司法救助后仍然存在实际困难的，通过民政救济、社会救助等方式帮助解决实际困难。

根据司法实践情况，人民法院需要做好司法救助与社会救助的衔接，因此，本条规定"对未纳入国家司法救助范围或者获得国家司法救助后仍面临生活困难的救助申请人，符合社会救助条件的，人民法院通过国家司法救助与社会救助衔接机制，协调有关部门将其纳入社会救助范围"。

（作者单位：最高人民法院赔偿办）

新问题探究

行政诉讼类型化转型中明示拒绝行为审理规则的重构

——以新行政诉讼法实施后某直辖市300件行政诉讼案件为样本的考察

霍振宇　钱　佳

行政明示拒绝行为司法审查的标准与规则在我国审判实践中素有争议，时至今日，审查技术仍难谓成熟，裁判标准的统一亦不容乐观。甚至，在一些诸如循环诉讼、权利保护不足、救济不充分等老生常谈的问题上，依然瞻前顾后、摇摆不定，未见实质性突破。修正后的行政诉讼法及其司法解释虽在文本层面对明示拒绝行为的案件种类和判决类型归属提供了更为明确的指引，但审判实践中的种种问题似乎未见明显改观。文本表达与司法实践的差异势必促成深刻的反思与检讨，而修法及司法解释制定中所折射出的行政诉讼类型化转型这一趋势则为进一步的思考提供了更为宽广的理论背景。

一、行政诉讼类型化转型与履行之诉的确立

（一）行政诉讼类型化转型

毋庸置疑，修正前的行政诉讼法是以撤销之诉为中心，以对行政行为合法性审查为标准展开的，并无类型化置喙的余地。即使司法实践中出现了若干新类型的行政诉讼，也只是零散地，成碎片化地分布于审判经验之中，而无从登堂入室，使法律文本为其提供起码的诉讼规则。此后，最高人民法院一直通过制定司法解释，发布指导性、典型性案例等形式，不遗余力，试图

逐步建立起可供实践操作的诉讼类型化审理规则。新修正的行政诉讼法以诉讼末端判决方式层面类型化的设计，使这部法律较之于修正前在诉讼类型上初具规模。而相比于新法对诉讼类型化不甚明朗的态度，司法解释再次勇于担当，使行政诉讼类型化趋势从新法的“幕后”走向“前台”，有学者评价“诉讼类型化是新法司法解释所力推的一项制度，整部司法解释都浸润着浓郁的类型化情节”①，并不为过。事实上，即便是新法司法解释的主要制定者，对此亦毫无讳言，坦陈：“新司法解释第三条对于具体诉讼请求的明确，就是强调诉讼的类型化。”② 的确，根据当事人的诉讼请求划分诉讼类型，适用于不同的审理规则，并形成相对应的判决方式，是最为科学的分类标准，能够体现对当事人诉权的切实尊重和有效保障，从而促进行政争议的实质性化解。本文将上述行政诉讼类型在我国制度文本中发展变化的过程称之为类型化转型，言其转型，一来强调此转变方兴未艾，尚在途中；二来为明确未来发展的坚定方向。目下，行政诉讼类型化建设正处于新旧交替的变革时刻，破茧的关键在于通过司法实践有意识地探索与积累。

（二）履行之诉的确立③

行政诉讼法修正前，如果说还存在一种不同于撤销之诉的审理规则，那一定是当时所谓的行政不作为之诉或履行法定职责之诉。这种朴素的类型化萌芽起源于其与撤销之诉间的巨大差异，撤销之诉的诉讼规则几乎完全无法适用于行政行为不存在的行政不作为案件。伴随着给付行政、服务行政的兴起，审判实践中，行政不作为案件的比重日渐呈现扩张趋势，此类案件中的争议也层出不穷，其中之一就在于行政不作为案件的范围，亦即哪些案件属于行政不作为案件，作为与不作为如何准确界分？这一问题困扰司法实务界多年，直至新法修正，司法解释出台，方有定论。新法及司法解释不仅确立了义务之诉与给付之诉，更兼将明示拒绝行为纳入其中，从而形成一个较为完备的履行诉讼类型体系。首先，在受案范围层面，新法第十二条规定的“申请行政许可，行政机关拒绝或者在法定期限内不予答复”“申请行政机关

---

① 章志远：《行政诉讼类型化时代的开启》，载《中国审判》，2015 年第 10 期。

② 李广宇：《新行政诉讼法司法解释读本》，法律出版社 2015 年版，第 28 页。

③ 本文未采大陆法系学说通行的义务之诉与一般给付之诉的上位概念——给付之诉，而是沿用我国司法实践中通行的履行之诉的概念，内容涵盖新法规定的义务之诉与给付之诉。

履行保护人身权、财产权等合法权益的法定职责，行政机关拒绝履行或者不予答复”“认为行政机关没有依法支付抚恤金、最低生活保障待遇或者社会保险待遇”等案件，均可归于履行诉讼类型之中；其次，诉讼请求层面，新法司法解释第二条中“请求判决行政机关履行法定职责或者给付义务”一项，作为履行诉讼类型得以确立的明显标志；最后，判决方式层面，新法第七十二条、第七十三条及司法解释第二十二条、第二十三条分别明确了履行诉讼的判决方式并加以细化。不难发现，新法及其司法解释在履行诉讼的类型化构建上，付出了相当的精力，从而使履行诉讼得以摆脱传统中狭隘的行政不作为案件类型，逐步发展成为足以与撤销诉讼比肩的一大诉讼类型。

（三）明示拒绝行为纳入履行诉讼范畴

明示拒绝行为作为履行之诉，至少在修法后的文本表达层面已无争议，对此，司法解释依然功不可没。事实上，行政诉讼法修正前后对于明示拒绝行为归属的表述并无明显变化。在受案范围部分，同样将“拒绝履行”与“不予答复”相提并论；在判决部分，旧法甚至更为清晰地表明两种情形：“被告不履行或者拖延履行法定职责的，判决其在一定期限内履行。”然而，理论上对于明示拒绝行为诉讼类型归属的争论却从未止歇，司法实践中对于此类案件的审理与裁判方式更是多种多样。为进一步澄清误区，新法司法解释第二十二条、第二十三条明确规定了拒绝行为适用履行的判决方式，从而将新法中有关明示拒绝行为在受案范围部分的表述有机勾连起来，形成一个前后呼应的整体，准确界定了该行为的诉讼归属，这也与大陆法系主要国家、地区诉讼类型中义务之诉项下“否定决定之诉”“拒绝申请之诉”同出一源，体现了先进立法经验的交流与共享。但文本中清晰的表达并不必然意味着实践中标准的统一，真实的状况还有待近距离的实证考察。

二、明示拒绝行为司法审查的实践考察

（一）新法实施前的状况

行政诉讼法修正前，明示拒绝行为的诉讼类型归属是在行政作为与不作为的区分这一语境下展开的。审判实践中通常的一个判断标准是，行政机关如果没有在法定期限内作出具有终结行政程序意义的决定，就构成行政不作

为。以此标准考察，明示拒绝行为显然是被排除于行政不作为之外的。法院往往将明示拒绝行为作为具体行政行为审查，适用撤销重做或驳回诉讼请求的判决方式。但也存在不同的意见。

（二）新法实施一年来的状况

本文随机选取新法实施一年来某直辖市各级法院审理的300件明示拒绝行为类行政一审判决案件作为考察样本，涵盖行政复议不予受理、不予认定工伤、拒绝变更公房承租人、不予查处违法建设、不予治安处罚、拒绝颁发房产证、拒绝公开政府信息等领域，考察的对象以判决书为主，也涉及案件卷宗中的起诉书、谈话笔录、庭审笔录等材料，考察的内容主要集中于原告的诉讼请求、法院的审理模式和判决方式三个方面。

1. 诉讼请求

样本显示，对于明示拒绝行为，原告提出的诉讼请求包括以下几种类型：一是请求撤销该明示拒绝行为或确认该行为违法，并要求被告履行特定的作为义务，如请求撤销政府信息答复告知书，同时要求判令被告公开原告申请的政府信息，提出此类诉求的案件有132件，占样本总数的44%；二是请求撤销该明示拒绝行为或确认该行为违法，并要求被告重新作出答复或重新作出处理，如请求撤销行政复议不予受理决定，并对原告申请重新作出处理，提出此类诉求的案件有117件，占样本总数的39%；三是仅请求撤销该明示拒绝行为或确认该行为违法，提出此类诉求的案件有46件，占样本总数的15.3%；四是直接要求被告履行特定的作为义务，并未诉请撤销明示拒绝行为，提出此类诉求的案件仅有5件，占样本总数的1.7%。

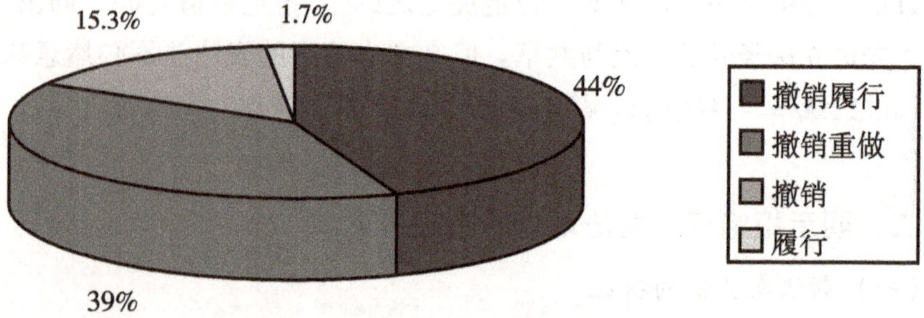

图1　诉讼请求类型示意图

通过对案件卷宗中原告的起诉状，立案庭、行政庭的谈话笔录、庭审笔录及判决书中原告诉称部分的考察，在原告诉讼请求方面有一个值得关注的现象，就是在有迹可循的范围内，一部分原告的诉讼请求是经过法院释明后更改过的。在样本中，至少有 21 件案件的原告在起诉之初仅提出直接要求被告履行特定的作为义务的诉讼请求，撤销明示拒绝行为的诉求是经过立案庭或审判庭法官释明后，在起诉书或谈话笔录或庭审笔录中增加的；另有 13 件案件的原告经释明后，删除了要求被告履行特定作为义务的诉讼请求，更改为重新作出处理的诉求或仅保留撤销明示拒绝行为的诉求。

经由上述考察并结合实践经验，不难发现，对于明示拒绝行为的起诉，有的诉讼请求是需要经过法院释明后更改的。然而，更改并非是基于诉讼请求不明确或旨在查明原告真实的诉讼意图，帮助其选择适当的诉种，而是尽量使诉求调整以对应某种判决类型，如撤销重做。对于直接提出要求被告履行特定作为义务的诉求，一般不被允许，而被要求增加撤销明示拒绝行为一项，除非原告坚持不更改诉求。这样看来，样本显示的对于明示拒绝行为原告提出的诉讼请求也许并不能完全反映原告真实的诉讼目的。

2. 审理模式

样本显示，有 292 件案件是按照审查明示拒绝行为合法性的审理模式进行审理的，即围绕明示拒绝行为作出的职权、认定事实及证据、适用法律、程序等几个方面内容进行审查，占样本总数的 97.3%；另外 8 件案件，法官在审查明示拒绝行为合法性的同时，对原告履责请求是否成立进行了较为详细的审查，审查内容包括被告是否具有相应的法定职责、原告申请是否符合法定条件、被告对职责的履行是否具有行政裁量权等方面，占样本总数的 2.7%。

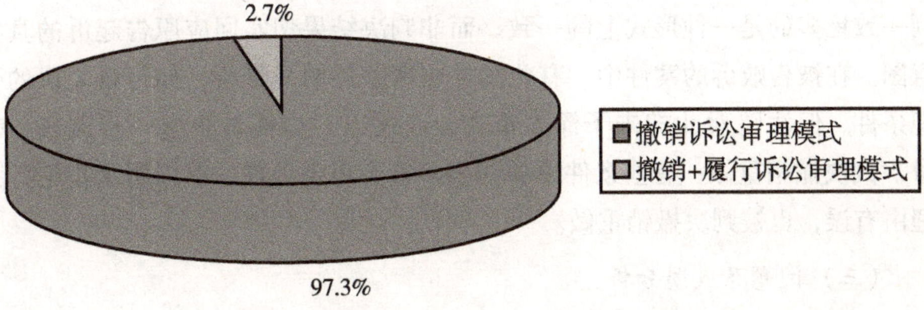

图 2　审理模式类型示意图

上述考察表明，对于明示拒绝行为类案件，法官通常按照行政行为合法性的审查模式进行审理，亦即按照撤销之诉的审理规则进行审理。对于原告要求履责的诉讼请求并不十分关注，只有个别案件对原告的履责请求进行了较为细致的审查。

3. 判决方式

样本显示，300 件案件无一例外在判决说理部分对明示拒绝行为的合法性作出了认定。被告败诉的 48 件案件中，判决主文均对明示拒绝行为予以撤销，即使原告没有提出此项诉讼请求的案件也不例外。对于原告要求被告履行特定作为义务的诉求予以支持的仅有 2 件，其余均判决撤销重做，而对特定履责请求未予支持的理由如出一辙，均系“尚需被告进一步调查、裁量”。判决驳回原告诉讼请求的 252 件案件中，驳回理由为明示拒绝行为不违反法律规定的有 161 件，驳回理由为原告提出的请求不符合法定条件的有 14 件，其余 77 件两种判决理由兼而有之。

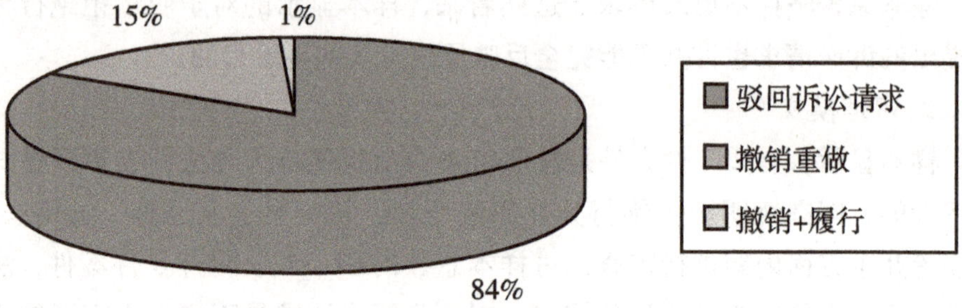

图 3　判决方式类型示意图

从诉判关系角度考察，样本中大多数案件能够实现诉判一致，但此种诉判一致更多的是一种形式上的一致，而非判决结果切实回应原告起诉的真实意图。在被告败诉的案件中，有些案件履责条件明显符合，如行政复议的受理条件，但法院对此却未予深入审查，而仅以“尚需被告进一步调查、裁量”判决撤销重做；有些案件原告明显不符合申请条件，但因明示拒绝行为理由有误，也被判决撤销重做。

（三）问题及成因分析

实证考察的结果显示，较之于新法实施前，明示拒绝行为的司法审查状况并未见明显改观。尽管法律文本将明示拒绝行为明确定位于义务之诉和给付之诉项下，并主要适用于履行判决。但实践状况与文本表达存在不小差距，主要表现在：其一，通过对诉讼请求的规制形成表象上的诉判一致，而非通过释明权的行使保障原告的诉讼权利；其二，通过对撤销重做判决的泛化适用遮蔽了原告的实质诉求，司法审查的重心由被告是否应当履行特定的义务不恰当地转化为明示拒绝行为的合法性；其三，借助“尚需被告调查或裁量”的判决理由，回避对履行条件是否满足的深入探究，而以司法权与行政权的楚河汉界为由，化繁为简，导致循环诉讼现象的出现。

如果说，在新法及司法解释实施前，对于明示拒绝行为司法审查的标准尚存争议，长期存在上述问题尚情有可原，为何新法实施后已近三年，司法实践依然我行我素，未见改观呢？本文认为，个中缘由主要在于：新法尤其是新司法解释致力于诉讼类型化的构建，但其并非一项制度、一个条文更新调整那样简单，而是涉及体系的构建与类型化思维的养成。长期以来，我国法官深受行政行为合法性审查、撤销诉讼中心主义、行政诉讼是客观诉讼等观念的影响，漠视原告诉讼请求，对于诉讼类型化理论在审判实践中的自觉运用更是阙如。新法及司法解释实施后，法律文本中虽然隐含了类型化的思路，但毕竟缺乏具体细致的强制性规则给予明确指引，按照目下的审判思路对待明示拒绝行为，并不能算是违法。正是上述因素的存在，造成大多行政法官对行政诉讼类型化思维的集体无意识，而偏好撤销重做的判决处理方式。

三、明示拒绝行为适用履行之诉的适当性

（一）理论基础

明示拒绝行为在法律文本中的皈依并不足以说明其适用履行之诉的正当性，尚需在理论层面予以证成。适当的诉讼类型的选择始于对原告诉求或诉讼标的的准确把握。明示拒绝行为虽然具备行政作为的基本样态，但本质上并不是行政行为，而更接近于事实行为。从原告实质诉求的角度考察，该行为与行政程序意义上的消极不作为在效果上并无不同，没有对既存的法律关系产生任何影响，未发生变更、消灭或创设法律关系的效果，亦即行政机关未行使形成权。而原告起诉从根本上看针对的也不是否定决定本身，而是要

求履行某种给付义务。[①] 相应地，法院的审理重点也应当围绕原告要求履行特定义务理由是否充分，被告是否具备履行条件等问题展开，而不能仅仅拘泥于明示拒绝行为的合法性审查。如果相对人希望通过诉讼排除一个包涵于行政行为中的负担，恢复到行为没有做出前的状态，其无疑应当选择撤销之诉，以消除既有行为的效力。原告对明示拒绝行为提起诉讼，显然不是要单纯地否定该行为的效力，而是借撤销该行为获得被该行为拒绝的给付，选择撤销之诉必定是不恰当的。而审判实践中，以行为形式和判决方式来确定诉讼种类，并进而对原告诉求加以规训，无异于倒果为因。

（二）明示拒绝行为适用撤销之诉的问题

对于明示拒绝行为，法院若以撤销之诉的方式审理，势必脱离原告实质诉求，专注于明示拒绝行为之合法性。即使明示拒绝行为违法，但不排除拒绝行为结果正确，原告履行之诉请不能成立的情形存在。由于撤销之诉的审理方式对履行请求的忽视，原告最终得到的很可能是几经撤销重做后的一个内容与结论均合法的明示拒绝行为，于其自身的诉讼利益无补。不如在首次诉讼中，直截了当地通过履行之诉明确原告的实质诉求能否获得支持。再者，撤销重做的判决方式难以明确重新作出何种具体内容的行为，给行政机关预留了较大的自主空间，原告最终能否得到实质救济完全取决于行政机关的进一步反应，不免陷于“撤销—重做—拒绝—诉讼”的不良循环。

（三）撤销判决应作为明示拒绝行为司法审查的辅助判决方式

的确，明示拒绝行为的存在使撤销判决的适用有所依凭，然而，却不应喧宾夺主。撤销重做的判决方式在某种程度上对明示拒绝行为诉讼类型的归属起到了一定的误导作用。毋庸置疑，撤销判决之于撤销之诉，消除负担行为的效力，无异于珠联璧合。而撤销重做判决通常而言不适用于撤销之诉，因为对于违法的负担行为，撤销即意味着救济的充分性，责令重做反而是画蛇添足。撤销重做判决恰恰在履行之诉中找到了用武之地，履行判决之前，明示拒绝行为需要借力其撤销；裁判时机尚不成熟时，需要借力其作出中间判决。即便如此，也不应否定此种判决方式在履行之诉中的附属地位。明示拒绝行为的撤销毕竟是履行之诉的附属环节，而原告履行请求能否成立才是

① ［德］弗里德赫尔穆·胡芬：《行政诉讼法》，莫光华译，法律出版社2003年版，第283页。

履行之诉审查的核心内容。我国既往的司法实践中，因明示拒绝行为对应撤销重做判决，便将其作为撤销之诉，并着重审理明示拒绝行为之合法性，显然是犯了逻辑上的错误。

四、明示拒绝行为审理规则的重构

（一）起诉规则

明示拒绝行为的起诉规则包括受案范围、管辖、当事人资格、诉讼请求、起诉期限等几个方面，其中，原告资格与诉讼请求对于类型化视角下的明示拒绝行为较为关键，有进一步探讨的必要。

1. 原告资格

与私法上权利义务一般总处于并存和对应状态不同，公法并非旨在谋求个人利益之满足，而主要在于实现公共利益之保护。公法规范虽规定行政机关一定的义务，但并不能据此认为个人对其有公法上的权利，私人对行政机关并不享有概括的、一般的公权力发动请求权或行政介入请求权。只有在公法规范并非单纯以维护公益为目的，而兼有保护私人利益之意旨的情形下，个人才能获得公法上的权利，从而具备向行政机关请求具体作为、不作为或容忍的法律资格，并于权利受到侵害时，可以请求司法救济。反之，如果公法规范并不具有保护个人利益的目的，个人虽可因行政机关公法义务的履行而获得某种利益，但此种利益并非法律所保障，而仅系公共利益之反射，在法律上不具有公法请求权，也不能请求司法救济。显然，公法权利或受法律保护之利益的存在是获得对明示拒绝行为诉权的前提要件。不具有受法律保护的利益，虽通过举报获得针对个人的否定性答复，从而具备答复相对人的地位，也不能因此获得诉权，因为被诉答复对其权利义务并不产生实质影响。

2. 诉讼请求

对明示拒绝行为提起的诉讼，法院应当充分尊重原告的诉讼请求，并通过释明权的行使，尽力探求原告诉讼的真实意图，以助其实现诉讼目的，而非随意对原告诉求加以规制。毕竟，原告的诉讼请求，决定着诉讼类型、审理方向和判决内容。对于诉讼请求问题，审判实践中呈现着较为混乱的局面。一方面，我国受行政诉讼是客观诉讼的观念影响颇深，并不重视原告的诉讼请求；另一方面，诉讼当事人的诉讼能力、法律知识水平参差不齐，诉讼请求并不规范。通过行使释明权，指引原告根据自身诉讼利益与目的明确和规范诉讼请求固然重要，准确定位诉讼请求的实际范畴则更为迫切。在德国法上，所谓诉讼请求，就是原告通过诉讼究竟想获得什么。[①] 法院审理行政案件不得超越或遗漏诉讼请求，但不受诉讼请求表述的限制。法院不仅可以通过释明，要求原告提供准确、无歧义的诉讼目标，甚至可以在综合分析原告在诉讼中所提出的全部主张和理由的基础上查明其真实的诉讼请求并予以确定，只要请求可以查明且原告没有有意地排除。如此定位诉讼请求，对于规范判决类型的适用，最大限度实现诉判一致具有重要意义，值得借鉴。

（二）实体审理规则

1. 审查行政主体是否负有行政作为义务

行政作为义务通常来源于法律、法规规定，也可源自行政行为本身，如行政机关制定的规范性文件、行政合同的约定、行政承诺、先行行为、行政复议决定以及对具体行政行为的执行等。对于后者，法院有必要附带审查作为义务来源的行政行为自身的合法性及有效性，如果设定作为义务的行政行为存在违法、无效或明显不当的情形，则不应认定行政主体负有行政作为义务。

2. 审查行政作为义务的履行条件是否已经具备

行政机关虽负有行政作为义务，但若作为义务的履行条件尚不具备，不作为的现实状态并不构成违法，或者说，行政机关没有履行当事人期待的作为义务是有正当理由的。行政作为义务的具体化是义务履行的一个基础性条件，只有在个案设定的具体情境中，才能够形成可以实际履行的特定化义务内容。行政作为义务履行的另一个基础性条件是不存在客观上的阻却因素。不可抗力是最具正当性的履行阻却因素，行政不能作为并不具有违法性与可归责性。由于具有特定内容的作为义务的形成对具体情境的要求极为严格，因此，仅泛泛讨论作为义务的一般履行条件并不充分，有必要采取类型化的方式，探讨不同情境下特定作为义务的履行条件，以最大限度关照审判实践中多样化的形态。

① 龙非：《“受诉讼请求约束”原则的可鉴之处——解读德国〈行政法院法〉第八十八条》，载《新疆社科论坛》2012 年第 1 期。

（1）许可满足型

许可满足型案件大体对应的是应申请行政行为的明示拒绝，如行政机关拒绝行政许可申请等情形。该类案件的履行条件较为明确：一是合法的申请。申请的瑕疵，如申请超期、内容不明确、错列申请人、被申请机关有误、行政机关未收到等，都可能导致此类案件的履行条件不充分。二是法定许可的条件符合。法律、法规对于许可、登记等行为均规定了较为明确的条件，而且行政机关通常不具有裁量余地，如果符合法定条件，就应当履行特定的职责。

（2）危险防止型

危险防止型案件通常是指行政机关对存在于自然界或社会上之危险及第三者行为所生之危险，未能适当行使规制或取缔权限致生损害的情形。[①] 对此类案件，法律往往赋予行政机关针对具体情形作出相应处置的裁量余地，如判定拒绝行为构成不履行特定义务违法，需具备裁量余地压缩向作为义务转化的具体条件，如被侵害的法益重大、危险的迫切性、对危险的发生具有预见的可能性、防止损害结果发生的可能性、行政权发动的期待可能性等[②]。行政裁量收缩的适用条件较为严格，只有在特定的情形下，才能压缩裁量空间，推导出行政机关行政法上的义务。

（3）举报查处型

举报查处型案件介于许可满足型与危险防止型之间，在审判实践中有不小的存在空间。其表现形式通常是举报人认为与自身相关的权益遭受违法行为的侵害，要求相关行政机关立案查处，而行政机关认为违法事实不存在，并以此为由答复举报人。例如，劳动违法行为的举报、要求拆除违法建设的举报、要求工商处罚的举报、非法占地的举报等。与危险防止型案件类似，举报查处型对应的是依职权行政行为，其作为义务的履行不以申请为要件，但相关人的举报却是行政机关知悉违法行为可能存在的必要途径。此类案件中涉及的法益并不要求十分重大，不利影响的消除也不必然非常迫切，但被举报行为存在违法性，行政机关依法应当作出处理则是查处义务的履行条件。

---

① 王和雄：《论行政不作为之权利保护》，三民书局股份有限公司1994年版，第279页。

② 参见王和雄：《论行政不作为之权利保护》，三民书局股份有限公司1994年版，第280－300页。

3. 审查行政主体是否未履行或未充分履行特定作为义务

行政主体未履行或未充分履行行政作为义务的形态，并不仅仅体现在标志着行政程序完结的最终实体决定作出环节。行政作为义务在行政过程中表现为一种义务系列，分散于一个完整行政程序的不同阶段：首先是立案或受理前的程序启动审查义务；其次是受理后到作出最终决定前的程序性义务，主要包括调查取证、告知权利、听取陈述、申辩、采取强制措施等；再次是作出正式决定阶段的义务；最后是执行阶段的义务。[①] 当然，这些义务的履行并不都是可以单独分离出来通过履行之诉予以保障的，例如，受理后到决定前程序性义务缺失的问题通常以程序违法的撤销之诉规制。但有些独立性较强的阶段性义务，如受理、行政决定的执行，如果存在未履行或未充分履行的明示拒绝情形，有必要通过履行之诉寻求救济。

（三）裁判规则

履行判决在适用中最为关键的问题就是法院应当如何确定行政机关履行职责的内容，既恪守司法与行政两权合理的界限，又能有效保护当事人合法权益。有必要在尊重当事人诉讼请求的基础上，细化履行判决对行政事务介入的不同强度，从而建立起相应的裁判标准。

一般认为，履行判决通过以下两种面目呈现：一是答复判决，即判令行政机关限期作出答复或处理。至于履行的具体内容，不作指定。其适用于行政机关具有裁量权或事实有待于进一步查清的情形。二是实体性履行判决，如判令行政机关限期履行查处职责、受理申请、作出工伤认定结论、颁发证照等。其适用于裁判时机成熟的情形，即案件事实已经明确，原告申请的是羁束行为，无裁量余地或裁量已缩减为零。[②] 关于案件事实明确性的判断，应当首先确定行政作为义务所对应的法定要件事实，如果该事实在审理过程中业已查明，则法院可以以此为基础进行实体性履行判决。如果该事实尚未达到明确程度，法院可以根据自身权限通过调取证据主动查明未尽事实，以促使裁判时机成熟。但若案件事实的查清非法院权限能力所及，而有赖于行政机关的进一步调查，或事关其他行政机关的意见或专业性判断，那么，法

---

① 参见陈骏业：《不履行、拖延履行法定职责的一种学理阐释》，载《法商研究》2004 年第 2 期。

② 参见［德］弗里德赫尔穆·胡芬：《行政诉讼法》，莫光华译，法律出版社 2003 年版，第 443－447 页。

院还不能在判决中明确履行的具体内容。此外，还要考虑尊重行政机关对事实问题的首次判断权，如果行政机关通过不予受理等方式拒绝启动行政程序，那么其势必尚未对实体问题行使首次判断权，故法院虽可在条件成熟时判令行政机关受理申请，启动行政程序，却不宜主动介入审查实体问题，并在自行调查的基础上直接判令作出实体决定内容。① 关于裁量问题的判断，不仅要通过分析法律规范发现裁量存在的空间，还需根据具体的情境考察裁量收缩、转化为作为义务的情形。一般而言，应申请行政行为或授益行政行为，法律通常都规定了较为明确的履行条件，条件符合，行政机关就应履行相应的给付义务，较少有裁量存在的余地。而对依职权行政行为，法律通常都赋予行政机关较大的裁量空间，以应付突发多变的个案情形。因此，判断是否存在作为义务就必须深入具体的个案情境，通过法律规定、公众期待、行政执法能力、客观条件等相关因素的综合考量，最终对判决中能否明确具体的履行内容作出合乎个案实情的准确判断。

表1 明示拒绝行为审理规则示意表

起诉规则	审理规则	裁判规则
1. 管辖； 2. 受案范围； 3. 诉讼行为能力； 4. 诉讼请求； 5. 原告资格（诉权）； 6. 被告适格； 7. 起诉期限； 8. 基本事实依据； 9. 无重复起诉； 10. 未被生效判决羁束； 11. 其他。	1. 行政主体是否负有行政作为义务； 2. 行政作为义务的履行条件是否已经具备； 3. 行政主体是否未履行或未充分履行特定作为义务； 4. 明示拒绝行为是否合法。	1. 不符合起诉条件——裁定驳回起诉； 2. 履行请求不成立，明示拒绝行为合法——判决驳回诉讼请求； 3. 履行请求不成立，明示拒绝行为违法——判决确认明示拒绝行为违法，驳回履行请求； 4. 明示拒绝行为违法，事实未清或有裁量余地——判决撤销明示拒绝行为，责令被告重新作出处理； 5. 明示拒绝行为违法，案件事实明确，无裁量余地或裁量压缩为零——判决撤销明示拒绝行为，责令被告改行特定义务。

① 参见刘井玉：《论履行法定职责判决的改革和完善》，载《行政执法与行政审判实务——行政裁决与行政不作为》，人民法院出版社2005年版，第445－447页。

五、结语

在我国行政诉讼类型化转型的过程中，我们或许不能太过寄望于立法明定的诉讼类型制度，不妨转而关注如何通过实践的积累，使裁判者逐步养成类型化的思维模式，并建立起细而微的类型化审理规则。借此，荡涤长期以来定于一尊的惯习与惰性，以精致的司法产品为诉讼当事人提供有效且无漏洞的权利救济，最终使行政诉讼类型制度在我国落地生根，破茧成蝶。

（作者单位：北京市第四中级人民法院　北京市第二中级人民法院）

行政协议纠纷案件司法审查若干问题探析

——基于审判实践的几点思考

王旭军　任晓莉

随着政府职能的转变，行政协议（通常又称为行政合同）作为一种新型行政管理方式在行政领域得到了广泛运用，并在行政法治中发挥着越来越重要的作用。修改后的《行政诉讼法》明确将行政协议纳入了行政诉讼受案范围，行政协议通过行政诉讼程序审理有了明确的法律依据。司法实践证明，修改后的《行政诉讼法》实施之初，即出现了一定数量诉行政机关行政协议的案件。而因行政协议具有相对性及平等性等合同性质，在诉讼中呈现出不同于单方行政行为的特征，修改后的《行政诉讼法》却并未对具体的审查规则作详尽规定，在现有行政诉讼法的框架下，如何发挥行政审判职能，有效审查行政协议案件，进而规范行政机关行政协议这一新型管理行为，成为行政审判亟须解决的问题。本文立足于审判实践，结合现有立法规定，具体分析了行政协议纠纷案件在审查中存在的主要问题，并提出了解决该类案件的些许不成熟建议。

一、行政协议纠纷案件司法实践状况

（一）受案数量占一定比重，所涉类型多样，成为一类新型案件

修改后的《行政诉讼法》将行政协议纳入行政诉讼受案范围，使得行政协议以新类型案件通过行政诉讼方式进入人民法院。自修改的《行政诉讼法》实施后，包头中院即出现了诉行政协议的案件，2015 年共受理各类行政协议案件 16 件，占全年所受理行政诉讼案件的 16.5%；2016 年至今共受理 24 件，占所受理行政诉讼案件的 11.59%。在确立行政协议诉讼制度之初，

即出现一定比重的行政协议案件，主要原因为：一方面，新法实施前行政协议类案件并非不存在，而是作为民事案件予以受理，新法实施后，这类案件进入行政诉讼，如政府与相对人签订的施工合同、房屋补偿协议等。另一方面，近年来地方政府进行城市规划项目建设，出现了大量土地房屋征收。实践中，因签订房屋征收补偿协议后反悔或认为政府补偿主体错误而提起诉讼的案件占了行政协议案件的大多数。

从审判实践看，行政协议案件所涉类型主要有招商引资协议、土地房屋征收补偿协议、公共工程施工合同、国有土地使用权出让合同、确认土地出让成交确认书等。所诉行政协议案件中当事人的诉求亦多样，包括确认协议无效、请求继续履行、赔偿等。

（二）通过行政诉讼相关规则审查行政协议，更能制约行政机关行政权的行使

由于我国尚处于依法治国的初级阶段，行政权力刻意采用行政协议手段，在追求执法目的实现的同时，损害相对人权利的情况并不罕见，例如：房屋征收补偿协议案件中，行政机关与相对人签订补偿安置协议后，逾期未交付房屋，相对人请求继续履行协议；招商引资协议中，政府允诺办理征地程序，因法律或政策调整，无法继续履行，相对人请求继续履行或请求解除并赔偿。从近两年来审理的行政协议案件的裁判结果看，因行政机关原因导致协议无法履行而判决赔偿的案件有 8 件，因相对人证据不足驳回诉讼请求的有 14 件，因相对人签订协议后反悔裁定或原告无诉讼主体资格驳回原告起诉的有 10 件，判决撤销行政协议的有 7 件，判决确认无效的有 1 件。通过行政诉讼对行政协议的审查，更为有效地监督了行政权的行使、保障了相对人的合法权利，在某种程度上亦有助于促进行政机关依法行政。

（三）行政协议案件的审理难度较大，给行政审判带来一定挑战

修改后的《行政诉讼法》[①] 及《最高人民法院关于适用〈中华人民共和

① 该法第十二条规定："人民法院受理公民、法人或者其他组织提起的下列诉讼：……（十一）认为行政机关不依法履行、未按照约定履行或者违法变更、解除政府特许经营协议、土地房屋征收补偿协议等协议的；……"

国行政诉讼法〉若干问题的解释》[①]（以下简称《适用解释》）以立法形式对行政协议的审理作出了规定，使得行政协议作为一种特殊行政行为受制于司法审查，对行政审判而言具有重大意义。但因现有立法仍缺乏具体的审查规则，也给人民法院带来一定挑战，如在审理中涉及的受案范围问题、具体审查规则问题、诉讼主体资格问题、适用法律依据问题等[②]，给当前行政审判造成一定困惑，亟须研究明确。

二、行政协议案件审查中存在的主要问题

（一）如何把握行政协议的受案范围

关于行政协议的受案范围，主要体现于修改后的《行政诉讼法》第十二条第一款第（十一）项[③]及《适用解释》第十一条[④]的规定。从以上规定看，行政协议的受案范围仅明确列举了政府特许经营协议、土地及房屋征收补偿协议，对于其他行政协议只是以兜底条款的形式予以规定，并未加以明确，而且其所规定的行政协议概念中的"为实现公共利益或者行政管理目标"在实践中难以把握，虽然给司法实践留有一定探索空间，但由于行政协议与民事协议的法律属性难以区别，一些协议是行政协议还是民事协议本身就存有争议，在行政协议纳入行政诉讼受案范围之初，给行政审判带来一定挑战。

而实践中，当事人因其他行政协议提起行政诉讼的案件较为常见，应否作为行政协议纳入行政诉讼受理范围，如果不受理，又有何法律依据，是直接面临的问题。例如，A公司诉B政府招商引资协议案中，B政府认为所签订的协议仅明确了B政府负有协助办理相关手续的义务，并未涉及合同主要权利义务，对协议的履行并不占主导地位，不属于行政协议，A公司提起行政诉讼因不符合行政诉讼受案范围而应当予以驳回。而A公司则认为所签订的协议即为行政协议，是政府基于实现公共利益的管理目标，引进A公司进行大量投资，现协议无法履行，提起行政诉讼符合行政诉讼法的规定。又如

---

① 该解释对行政协议的受理范围作了进一步明确，并对起诉期限、适用法律等作出了规定。详见该解释第十一条、第十二条、第十四条、第十五条、第十六条的规定。

② 该部分只将审理中遇到的一些问题指出来，在文章第二部分将具体分析。

③ 同注释①。

④ 第十一条第二款规定："公民、法人或者其他组织就下列行政协议提起行政诉讼的，人民法院应当依法受理：（一）政府特许经营协议；（二）土地、房屋等征收征用补偿协议；（三）其他行政协议。"

较为常见的国有土地使用权出让合同，在新《行政诉讼法》实施后是作为行政案件受理，还是仍然根据《最高人民法院关于审理涉及国有土地使用权合同纠纷案件适用法律问题的解释》作为民事案件受理，因缺乏法律的明确规定，仍存在争议，实践中各地的做法也不尽相同，在一定程度上影响了对该类案件的正确审理。

（二）现有的审查标准及举证责任规则不能有效审查行政协议

行政协议是一种兼具行政性与合同性双重属性的行为，修改后的《行政诉讼法》采取的仍然是以合法性为主导的审查标准以及由被告负主要举证责任的证明责任分配规则，无法兼顾行政协议的合约性，不能完全适应行政协议纠纷的解决，具体而言：

1. 从修改后的《行政诉讼法》第十二条第一款的表述看，行政协议案件中不仅有行政机关变更、解除等行政行为，也有不依法履行、未按照约定履行等违约行为。行政机关单方变更、解除协议涉及行政机关的行政优益权，更侧重对行政机关单方行为的审查，而且修改后的《行政诉讼法》所规制的审查对象为行政行为，行政协议纳入行政诉讼受案范围，当然应受制于对行政行为的合法性审查标准。但对于协议双方不履行或未按照约定履行协议的情形，则掺杂着合同性因素，采取合法性审查标准，则不能实现有效审查行政协议这一特殊行政行为的目的。

2. 同理，基于行政协议的双重属性，在行政协议纠纷案件的审查中，不仅要对行政机关的行为进行审查，而且须对相对人的行为进行审查，若简单适用由被告负举证责任的分配规则显然不公平。

（三）行政协议原告诉讼主体资格问题

修改后的《行政诉讼法》第十二条第一款第（十一）项规定，公民、法人或者其他组织认为行政机关不依法履行、未按照约定履行或者违法变更、解除政府特许经营协议、土地房屋征收补偿协议等协议的可以提起行政诉讼。对于该条文的规定，在实践中有以下几个问题需要明确：

1. 行政主体的原告主体资格

根据该条规定，行政协议只能是相对人诉行政机关，现行行政诉讼法并未赋予行政机关作为原告提起诉讼的权利。那么，如果相对人不履行行政协议所约定的义务，行政机关如何实现行政协议中的权益？一种观点认为，可以通过向法院申请非诉行政执行的方式，由人民法院作为行政非诉执行案件进行审查，以最终实现被征收人履行约定的目的。[①] 另一种观点认为，行政机关具有其行使职权所需要的特权，完全不需要通过法院寻求救济，自身即可实现。[②] 还有的观点认为，仅仅赋予相对人的原告主体资格而排除行政机关，违背了合同的相对原则和平等原则，不利于法院对行政协议的全面审查，建议通过对行政诉讼的单向性诉讼结构进行修正，赋予行政机关起诉权，将行政协议统一于行政诉讼途径解决，并对审理规则进行设计。[③] 那么，对于相对人不履行行政协议约定的义务，在现行《行政诉讼法》未对行政机关如何实现行政协议约定内容的情况下，是向法院申请强制执行行政协议，或是自行实现行政协议约定的内容，还是赋予行政机关原告主体资格，这是亟须明确的问题。

2. 协议相对人之外的第三人是否具备原告主体资格

王某等人诉某市人民政府房屋补偿协议无效案：某市人民政府与李某签订了房屋征收补偿协议，王某认为房屋归其所有，故诉某市人民政府与李某签订的房屋补偿协议无效。实践中，有的观点认为，根据《行政诉讼法》第十二条第一款第（十一）项的规定，行政协议案件中，仅限于相对人认为行政机关"不依法履行"、"未按照约定履行"或者"违法变更、解除"协议的才具有原告主体资格，在行政协议纳入行政诉讼受案范围之初，原告主体资格的范围不宜太过宽泛，而本案原告不属于该种情形，因此，不具有原告诉讼主体资格。第三人对签订补偿协议的主体有异议而诉协议无效是否有权提起诉讼，也是实践中遇到的问题。

（四）行政协议案件的法律适用问题

修改后的《行政诉讼法》并未对行政协议的法律适用作出专门规定，实践中有以下几个问题需要明确：

1. 如何理解《适用解释》第十四条的规定

行政协议的法律适用主要体现于《适用解释》第十四条的规定："人民

① 参见薛刚凌：《〈国有土地上房屋征收与补偿条例〉理解与运用》，中国法制出版社2011年版，第185页。

② 参见王名扬：《法国行政法》，中国政法大学出版社1988年版，第197－198页。

③ 李红霞：《关于行政合同司法救济制度的思考》，载《中共四川省委党校学报》2005年第3期。

法院审查行政机关是否依法履行、按照约定履行协议或者单方变更、解除协议是否合法，在适用行政法律规范的同时，可以适用不违反行政法和行政诉讼法强制性规定的民事法律规范。”该条中规定的在审判中可以对民事法律规范直接适用，为审查行政协议纠纷提供了明确的法律指引，但亦存在规定模糊、概括的问题，行政协议案件中既有单方变更、解除等行政行为，也有不依法履行、未按约定履行等违约行为，对此，是否须区别适用，以及如何具体适用民事法律规范，也是审判中面临的问题。

2. 行政协议的法律适用存在缺失

行政机关单方变更或解除协议，必须以行政法律规范为依据。但由于行政协议制度正在发展和完善过程中，相关法律规范对单方解除或变更协议的规定较少，对行政机关单方变更或解除协议如何适用法律进行审查则成为空缺。另外，根据现有立法规定，人民法院审查行政行为的法律依据主要是法律法规，可以参照规章。但实践中，行政机关签订协议除了依据法律法规、规章外，还依据了大量的非规范性文件，也即内部红头文件。[①] 对此，在审查协议时能否作为依据，也需要探讨明确。

3. 行政协议的判决方式上存有困惑

根据《适用解释》，行政协议的判决方式主要有确认协议有效、继续履行协议、赔偿、解除协议或者确认协议无效。而一般行政行为的判决方式有判决撤销、确认违法、确认无效。那么，行政协议能否判决撤销、确认违法，目前相关法律、司法解释没有规定。实践中，行政协议之诉多是原告诉请撤销被告与第三人签订的行政协议，对此，人民法院如何处理也是存在的一个问题。

三、对行政协议司法审查的几点建议

（一）正确界定行政协议的概念，逐步探索行政协议的受理范围

第一，要正确理解行政协议的概念，区分行政协议与民事协议，进而把握行政协议的受理范围。

---

① 余向阳、杜少俊、尹淑艳：《寻求权力规则与契约自由行为的平衡——重构我国行政合同司法审查制度之思考》，载《法制与社会》2013 年第 31 期。

正确界定行政协议的概念是厘清行政协议受理范围的前提。在行政协议纳入行政诉讼之初，在其发展还不是很成熟的情况下，应当根据现有立法对行政协议概念的规定，理解把握行政协议的受案范围。《适用解释》第十一条对行政协议的概念作了明确规定："行政机关为实现公共利益或者行政管理目标，在法定职责范围内，与公民、法人或者其他组织协商订立的具有行政法上权利义务内容的协议，属于行政诉讼法第十二条第一款第十一项规定的行政协议。"因此，要正确理解该规定。从该条对行政协议概念的界定看，行政协议需要具备三个要素：一是协议签订的一方主体须是履行法定职责的行政机关；二是签订协议的目的是实现公共利益或者是行政管理目标；三是协议的内容须具有行政法上的权利义务关系。① 在司法实践中，可以依据这三点并结合协议的内容进行判断。一般而言，对协议提起行政诉讼的情形，协议签订主体一方为政府不存在异议，但这仅能说明协议涉及行政权力，是否为行政协议，还须判断协议的目的是否为实现公共利益或者是行政管理目标，以及内容是否为行政法上的权利义务。对此，不能一概而论，因为在实现公共利益的同时，往往会伴有满足行政主体自身需要的情形，但公共利益须占主导地位。对于协议的内容是否涉及行政法上的权利义务，需要结合具体案件进行判断。如上文提到的 A 公司诉 B 政府招商引资协议案中，被诉协议约定政府一方的主要义务仅是"协助"办理相关手续，在既有政策范围内按照法律规定给予适当优惠，其权利、义务内容并不构成所谓的行政法上的主要权利、义务，因此，不宜认定为行政协议。② 而上文提到的国有土地使用权出让合同是否为行政协议，笔者认为其符合行政协议的三要素，协议的目的是"为了实现合理开发利用土地资源"的行政目标，而且协议内容涉及行政权的行使，合同双方是管理与被管理的关系，具有行政法律关系，应为行政协议，宜纳入行政诉讼受案范围审理，以监督行政机关的行政权的行使。

第二，积累审判经验，逐步探索行政协议的受案范围。

实践中，当事人所诉协议情况多样，而一些协议是行政协议还是民事协议，争论很大，对其法律属性亦很难界定，在立法未对其他行政协议明确列举，行政协议审查依据及审判经验不足的情况下，应逐步探索行政协议的受

---

① 李卫华：《论行政合同的涵义》，载《山东师范大学学报》2005 年第 50 卷第 4 期。

② 李福忠：《新行政诉讼法确立的行政协议诉讼制度初探》，载《山东审判》2015 年第 4 期。

理范围，不宜将所有涉及行政主体签订的协议均视为行政协议而纳入行政诉讼受理范围。建议在审判实践中关注行政协议案件，可以由最高院以指导案例、批复等形式逐步明确行政协议的受理范围，以逐步拓展行政协议的受理范围。

（二）根据行政协议的自身特征，确立合理的审查标准及举证责任分配规则

1. 确立合法性及合约性双重审查标准

行政协议案件审查标准的确定应考虑行政协议的自身特性，以有效解决行政协议纠纷为落脚点。基于此，行政协议案件的审查标准一方面应符合一般行政行为的特征，采取合法性审查标准；另一方面，也应遵循协议的合同性特征，在审查时采用合法性兼合约性双重审查标准。具体而言，对于行政机关在协议中行使的监督权、变更和解除行政协议、行政制裁权的行使、行政协议的程序等方面，采取合法性审查标准。① 对于协议本身的问题，如违约金数额、协议是否按照约定履行以及协议的解除等，应以合约性审查标准进行审查。②

2. 结合行政诉讼及民事诉讼中的证据规定，合理分配举证责任

行政诉讼确立的由行政机关承担举证责任主要是为了制约行政权，仅采用民事诉讼规则，很可能使诉讼程序陷于偏失，不利于维护行政相对人的合法权益。③ 而单单采取行政诉讼中由被告负主要举证责任的证明责任分配原则，亦不能实现对行政协议中合同性方面的审查。因此，应结合行政诉讼及民事诉讼中的证据规定，根据行政协议自身的特点，合理分配原被告之间的举证责任。具体而言，行政机关应就自身缔约权限、是否违反法律强制性规定、是否违反法定程序及行使行政优益权是否合法等问题承担举证责任；在协议涉及的违约责任及赔偿或补偿方面，双方当事人负同等证明责任，遵循民事诉讼法的“谁主张，谁举证”的举证规则。④

---

① 尤春媛、郭润生：《试论行政合同的司法审查》，载《山西大学学报》1997 年第 4 期。

② 余向阳、杜少俊、尹淑艳：《寻求权力规制与契约自由行为的平衡——重构我国行政合同司法审查制度之思考》，载《法制与社会》2013 年第 31 期。

③ 陈昭新：《试论行政合同的诉讼救济》，载《山东审判》2000 年第 5 期。

④ 陈茂春：《行政合同司法审查现状审视与现实路径分析》，载《行政与法》2015 年第 2 期。

（三）行政协议原告诉讼主体资格的确立

1. 行政主体的原告主体资格

我国现行《行政诉讼法》仍然采取的是单向性诉讼结构，行政诉讼的被告恒为行政机关，因此，即使相对人在行政协议签订后，不依法履行或未按照约定履行，行政机关也无法向人民法院提起行政诉讼，要求相对人履行行政协议。也即现有的行政诉讼制度与行政协议这种诉求不相契合，这种正当诉求在现有单向性诉讼结构中得不到有效回应。对此，在现有行政诉讼结构下，相对人不依法履行、未按照约定履行行政协议的，行政协议的行为即发生法律效力，修改后的《行政诉讼法》取消了“维持”判决，保留了“驳回诉讼请求”判决，更进一步表明，行政机关作出的行政行为一经送达即对行政相对人产生法律效力，无须人民法院通过判决再一次确认其合法及有效性。因此，行政机关可以申请人民法院强制执行行政协议，由人民法院作为非诉执行案件进行受理并进行审查，以此解决相对人不履行行政协议的问题。

2. 行政协议相对人之外第三人的原告主体资格

“协议”一般而言是双方合意的结果，如果发生争议，则由一方提起诉讼，但实践中确实存在如上文提到的征收补偿协议中，征收机关根据被征收人的陈述，即与其签订补偿协议，而可能造成真正的权利人权利受到侵害，如果仅对《行政诉讼法》第十二条第一款第（十一）项作文字解释，片面局限地理解其规定，而不赋予该类第三人诉讼权利，则将会导致真正的权利人得不到救济，进而无法实现法律的公平正义。因此，协议相对人之外的第三人是否具有原告主体资格，应当根据《行政诉讼法》中关于原告主体资格的相关规定确定，而不能仅仅依据该法第十二条第一款第（十一）项的规定断章取义。

（四）完善行政协议的法律适用规则

1. 对《适用解释》第十四条的理解认识

《适用解释》第十四条虽然规定可以直接适用民事法律规范，但又明确是在适用行政法律规范的同时，适用不违反行政法和行政诉讼法强制性规定的民事法律规范。因此，在审理行政协议案件时，在实体法方面，应当优先适用有关法律、法规或者规章的特别规定，没有特别规定的，适用合同法等民事法律规范的规定。[①] 而且，该条也反映出，对民事法律规范的适用并非毫无限制，如实践中有些行政机关以合同双方合意为由规避自身行政权的合法行使，在这种情况下，则应有别于民事合同，不能简单地适用相关民事法律规范的规定。

另外，针对《适用解释》第十四条难以把握确定的问题，建议可以通过司法解释明确指明适用民事法律规范的具体条款，以便于审判实践操作。当然，在现有立法情况下，根据该条规定，应结合具体情况选择行政协议纠纷的法律适用，例如，因行使行政优益权而引发的纠纷，应主要适用行政法律规范；因协议履行不能而引起的纠纷，则可以适用民事合同法律规范。[②]

2. 建议完善行政协议的相关程序性规定

当然，行政协议在我国行政诉讼中的发展才刚刚开始，规制行政协议的程序性规定更是少有，但行政机关在行政协议中享有诸如对合同的监督权、指挥权、单方面变更合同标的权、单方面解除合同权、单方面强制履行权等一系列特权。[③] 这些特权的行使往往会对相对人造成侵害，特别需要规制。因此建议制定行政协议的订立及履行程序的相关法律规定，尤其是针对行政机关单方变更、解除行政协议的情形，以更好地监督行政机关签订、履行行政协议。

（作者单位：内蒙古自治区高级人民法院　包头市中级人民法院）

---

① 袁杰：《中华人民共和国行政诉讼法解读》，中国法制出版社 2014 年版，第 44 页。

② 王春业：《论行政诉讼对民事诉讼法相关条款之适用——兼评新行政诉讼法第 101 条的规定》，载《上海交通大学学报》2015 年第 6 期。

③ 王瑞珠：《对行政合同认定标准的再认识》，载《公民与法》2013 年第 5 期。

行政协议有效性的司法审查研究

黄吉明

在人类管理公共事务的历史上，行政协议的运用使人类找到了通往善治的阶梯，实现了治理方式的刚柔并举，使公民有序参与政治、人人皆享治权在技术上成为可能，并可借此破解“主仆关系”名实难副的千古难题。[①] 行政协议是相对于刚性的单方行政行为而言的柔性行政管理方式。行政协议纳入我国行政诉讼的受案范围，一方面是一个重大突破，突破了行政诉讼单纯审查单方行政行为的局限，使行政协议这一双方行政行为也进入了司法审查视野，另一方面也带来了现实难题，行政协议没有单独立法，现有的法律规范没有行政协议审理规则方面直接可循的特别规定。行政协议的审理，基本上都要着眼于行政协议的有效性，因为有效性问题是确定协议条款是否对当事人具有法律约束力、是否应当履行和行政主体是否有权单方变更、解除行政协议的效力基础，因此，对于我国行政协议案件审判实践而言，研究分析行政协议有效性的审查路径和具体审查要件具有现实意义。

一、行政协议有效性审查的现实困难与规则价值

新修改的行政诉讼法将行政协议纳入行政诉讼的受案范围，是该法将单方的具体行政行为概念扩展为包括双方行为在内的行政行为大概念的一个具体诠释，规定了行政协议的履行和行政机关单方变更、解除行政协议的救济。[②] 与该法同时实施的司法解释又规定，当事人可以请求法院确认行政协

---

① 江必新：《中国行政合同法律制度：体系、内容及其构建》，载《中外法学》2012 年第 6 期。

②《行政诉讼法》第十二条第一款规定：“人民法院受理公民、法人或者其他组织提起的下列诉讼：……（十一）认为行政机关不依法履行、未按照约定履行或者违法变更、解除政府特许经营协议、土地房屋征收补偿协议等协议的；……”

议无效，[①] 也就是相对于行政诉讼法的相关规定，补充了除履行行政协议争议和单方变更、解除行政协议争议之外的行政协议有效性争议问题，以法律规范的形式将行政协议的有效性审查作为行政审判的一项新的工作内容。行政协议的有效性审查，就是人民法院在行政协议案件审理当中，对已经成立的行政协议依法审查其是否具备有效要件，以确定该行政协议效力状态的审判活动。

行政协议的自身特性和审判规则的指引缺乏，使人民法院对行政协议的有效性审查面临现实的两方面困难。一方面，从行政协议的特性看，行政协议具有两面性：一面是行政性，是行政主体在行政管理中为实现公共利益而达到的用权结果；另一面是合意性，是行政主体与相对人在一定民主协商基础上形成的一致结论，这种两面性特征决定了其有效性审查不是单纯的单方行政行为有效性审查，也不是纯粹的平等民事主体间的民事协议的有效性审查，而是要在遵循一定原则和规范基础上的一种交融式审查，这是一种混合性的困难。另一方面，从审查规则的规范指引看，没有法律规范对行政协议的有效要件作出全面的可直接适用的规定，没有法律规范对行政协议的有效性审查作出直接明确和可操作的规定，给予行政法官现成指引的，只有抽象的法律价值、法律原则，和散见于庞杂的单行行政法律规范和民事法律规范中的规定，这是一种空缺性的困难。

规则确立之初总是伴随着困难，但是规则的意义远大于困难，是规则之所以确立的理由。行政协议的有效性问题是行政审判实践中面临的现实存在的问题，人民法院对行政协议的有效性审查，是确定行政协议的履行和责任、监督行政机关行使单方变更、解除权等问题的前提和基础，是一个能托起整个行政协议诉讼制度的基础性审理规则，显然意义甚为重大。例如，四川省广元市中级人民法院审理的上诉人王开富与被上诉人广元市昭化区水务局履行行政协议纠纷一案，在确认被上诉人是否应当按照与上诉人签订的采砂权出让合同的约定退还上诉人河道清障保证金20万元及利息之前，先认定“该合同真实有效，不违反国家强制性规定”，将有效性问题作为协议履行和责任承担的前置性和基础性问题进行了审查。[②]

---

① 《最高人民法院关于适用〈中华人民共和国行政诉讼法〉若干问题的解释》第十五条第二款规定：“原告请求解除协议或者确认协议无效，理由成立的，判决解除协议或者确认协议无效，并根据合同法等相关法律规定作出处理。”

② 详见四川省广元市中级人民法院2016年6月12日作出的（2016）川08行终23号行政判决书。

二、行政协议有效性审查的基本路径与原则遵循

对行政协议的有效性审查，实际上是适用相关法律规范对行政协议的有效性进行评价的过程。因此，可以这么说，这一审查的基本路径，是如何确定现有相关法律规范的适用顺序和在何种考虑下适用现有相关法律规范。明确地说，要解决人民法院面临的前述混合性和空缺性两大困难，基本路径是确定法律适用原则：行政协议行政性的第一特性要求行政法律规范优先适用，着重解决混合性困难；在行政性前提下，适应行政协议合意性的特性，要求在行政法原则指引下兼用民事法律规范，着重解决空缺性困难。

（一）行政法律规范优先适用原则

行政协议具有行政性的一面，行政性是行政协议的第一属性，也就是说，行政协议的达成实际上是行政主体行使行政管理职权的结果。与民事行为的行使为追求个体私益的目的不同，行政行为的行使追求的目的是实现公共利益。所以行政协议本质上是行政行为，是行政行为则更侧重其合法性审查，而规范行政行为的“法”是行政法，故而人民法院在审理行政协议案件时，应当优先适用行政法律规范。

“优先适用行政法律规范的目的在于审查行政机关的行政行为是否遵循了合法的要求。例如，土地管理法和《国有土地上房屋征收与补偿条例》规定的征收补偿协议，法院在审查过程中，首先要确定该协议是否符合公共利益的需要，是否符合行政程序的要求……”[①] 行政协议既然属于行政行为的一种，那么，关于行政行为有效性的法律规定就要优先适用于行政协议的有效性审查。例如，《行政诉讼法》第七十五条规定认定无效行政行为的“不具有行政主体资格”“没有依据”的要件，[②] 应作为审查行政协议有效性的优先适用规范。四川省南充市中级人民法院在审理上诉人郑邦平、郑小露诉被上诉人南充市嘉陵区人民政府文峰街道办事处房屋拆迁补偿安置协议一案时，在认定房屋拆迁补偿安置协议是否应确认无效时，先确认该协议不具有《行政诉讼法》第七十五条规定的重大明显违法而无效的情形，再确认不具有

---

① 梁凤云：《行政协议案件的审理和判决规则》，载《国家检察官学院学报》第23卷第4期。

② 《行政诉讼法》第七十五条规定：“行政行为有实施主体不具有行政主体资格或者没有依据等重大且明显违法情形，原告申请确认行政行为无效的，人民法院判决确认无效。”

《合同法》第五十二条所规定的合同无效的情形，最终维持了一审作出的驳回要求确认上述房屋拆迁补偿安置协议无效的诉讼请求的判决。[①]

（二）行政法考量下的民事法律规范兼用原则

行政协议具有合意性的一面，合意性也是行政协议的一个属性，它给予了行政协议双方一定程度的民主协商过程。一定程度的民主协商体现了一定程度的平等性，这使行政协议有效性审查适用相关民事法律规范有了现实的可能。但是，对相关民事法律规范的适用，是在行政协议的行政性这一本质属性的前提下进行的，也就是说，人民法院在审查行政协议有效性时，在没有行政法律规范特别规定的情况下，需要从具体的行政协议出发，考量行政法的理念（如公共利益理念）、原则（如信赖保护原则），审慎适用民事法律规范。

从行政法的理念和原则看，行政协议涉及社会公众的公共利益，行政管理相对方甚至公众对该行政协议具有信赖利益，对其订立，国家作出了较多的限制性干预，法律规定了招标、拍卖等竞争性签订程序是这种限制性干预的一个体现，也就是说，法律对行政协议的订立的总体要求是较高的。与此不同，民事法律规范总体上给予民事行为、民事协议的是较高的意思自治，民事行为、民事协议的无效绝大多数也仅涉及民事主体私人之间，因此，对民事行为、民事协议的成立或订立的要求总体较低。因此，在没有行政法律规范对行政协议效力专门规定的情况下，可以适用《民法通则》和《合同法》中关于民事行为、民事协议有效性的法律规范，[②] 但是，在上述行政法理念、原则指引下，应当先适用对行政协议的订立要求更高的民事法律规范。例如，在意思表示方面，对于一方以欺诈、胁迫的方式使另一方作出的民事行为，《民法通则》规定为无效，而对于一方以欺诈、胁迫的方式与另一方订立的民事协议，《合同法》规定只有在损害国家利益时才为无效，在行政

---

① 详见四川省南充市中级人民法院2015年12月8日作出的（2015）南行终字第155号行政判决书。

② 《民法通则》第五十八条规定："下列民事行为无效：（一）无民事行为能力人实施的；（二）限制民事行为能力人依法不能独立实施的；（三）一方以欺诈、胁迫的手段或者乘人之危，使对方在违背真实意思的情况下所为的；（四）恶意串通，损害国家、集体或者第三人利益的；（五）违反法律或者社会公共利益的；（六）以合法形式掩盖非法目的的。无效的民事行为，从行为开始起就没有法律约束力。"《合同法》第五十二条规定："有下列情形之一的，合同无效：（一）一方以欺诈、胁迫的手段订立合同，损害国家利益；（二）恶意串通，损害国家、集体或者第三人利益；（三）以合法形式掩盖非法目的；（四）损害社会公共利益；（五）违反法律、行政法规的强制性规定。"

协议有效性审查中，若没有相关行政法律规范，考量行政法的理念和原则之后，则应先适用《民法通则》的规定，因为《民法通则》对协议订立的要求更高，能够对行政协议的订立给予更多的合理限制。

三、行政协议有效性审查的要件构成与审理规则

解决行政协议有效性审查中行民法律交融的混合性困难与可操作规范缺乏的空缺性困难，确定基本路径和法律适用原则解决了审查中的总体指导思想问题，还需构建审查要件与具体规则以为行政审判实践提供具体操作的方法。本文从行政诉讼法司法解释对行政协议的定义[①]总体归纳出主体、内容和程序三方面的有效性审查要件，三方面各有具体要件的再进行细分。

（一）行政协议有效性的主体审查

在民事协议领域，意思自治和契约自由原则精神贯穿其中，法律目的不是规制而是尽快促使协议双方达成交易，故而民事主体资格没有作为要件之一规定在合同法当中，法律因此对民事主体资格方面的容忍程度较高，没有过多的要求，例如，当事人超越自己事务经营范围而订立的合同并不因此必然被认定为无效。[②] 行政协议为实现行政管理目标，往往涉及公共利益，行政法依法行政原则贯穿其中，法律对行政协议主体的要求显然比对民事协议主体的要求高，特别是行政主体的职权方面，因此，对行政协议有效性的主体审查是区别于民事协议有效性审查的一个主要特征。

1. 具有协议职权与处置职权的行政主体

首先，行政协议的一方主体具有行政主体资格。行政主体资格的判断是行政诉讼中较常遇到的问题。行政协议的一方当事人一定是行政主体，该主体本身是行使行政管理职权的行政机关或者法律法规规章授权的组织。

其次，行政主体具有运用行政协议进行行政管理的职权，也就是该行政主体具有“协议职权”。行政主体的行政协议行为是行政行为的一种，亦应

① 《最高人民法院关于适用〈中华人民共和国行政诉讼法〉若干问题的解释》第十一条对行政协议定义为：行政机关为实现公共利益或者行政管理目标，在法定职责范围内，与公民、法人或者其他组织协商订立的具有行政法上权利义务内容的协议。

② 《最高人民法院关于适用〈中华人民共和国合同法〉若干问题的解释（一）》第十条规定：“当事人超越经营范围订立合同，人民法院不因此认定合同无效。但违反国家限制经营、特许经营以及法律、行政法规禁止经营规定的除外。”

当遵循依法行政和职权法定原则。对行政主体这方面的要求，类似于对单方行政行为合法性的审查，在行政诉讼中则有是否超越职权方面的审查，越权则无效。这一要件，要求行政主体对签订行政协议具有相应事项的管理职权，实际包含着行政管理中的管辖权问题，包括事务管辖权、区域管辖权和层级管辖权。例如，湖北省襄阳市中级人民法院在审理上诉人查得保与被上诉人南漳县城乡建设局及第三人钟明祖土地征收补偿协议纠纷一案时，认为“被上诉人南漳县城乡建设局是由南漳县人民政府确定的城北新区标准化学校征迁主体，负责该区域内的拆迁安置工作，其有权与安置补偿对象签订协议”。[①] 这里，“负责该区域内的拆迁安置工作”包含了事务、区域和层级管辖权，“有权与安置补偿对象签订协议”是协议职权。

最后，行政主体具有在法定授权范围和幅度内对行政协议所涉及事项进行处理的职权，也就是该行政主体具有“处置职权”。这一要件的要求，是行政协议存在协议性的基础，只有行政主体对行政协议所涉事项具有处置职权，其才能与另一方协议主体达成合意。行政主体不得通过行政协议的形式将不在职权范围内的越权行为“伪装”为协商基础上的合法行为，以扩大自己的行政职权。如果行政主体对其不能处置的核心职能进行处置，则其签订的行政协议无效。例如，税务机关不能处置其征税稽查的核心职权；再如，租税权、警察权及命令权被法国判例明确为与契约不相容的领域。

2. 具有履行协议所需资质的行政相对方

从行政相对方本身来看，其应当具有完全的行为能力。对于行为能力问题，行政法没有相关的法律规范，因此，要适用民事法律规范。《合同法》对行为能力的要求比《民法通则》的要求低一些，例如，无民事行为能力人和限制民事行为能力人依法不能独立实施的民事行为，《合同法》的认定是，无民事行为能力人签订的纯获利益的合同有效，限制民事行为能力人所签订的依法不能独立签订的合同效力待定，而《民法通则》认定为无效。行政协议的相对方主体的要件要求应当高一些，故应当适用《民法通则》关于行为能力的规定，无民事行为能力人、限制行为能力人，以及依法不能独立实施民事行为的人签订的行政协议无效。

---

① 详见湖北省襄阳市中级人民法院于2015年11月23日作出的（2015）鄂襄阳中行终字第128号行政判决书。

从行政相对方的履约能力来看，其必须具有履行行政协议所需的资质。行政协议往往涉及公共事务的经营管理，包含着公众、公共利益，相对方需要有特定资质、符合要求的经营管理条件和规模。例如，政府欲将公交事务交由某运输公司运营而签订行政协议，则该公司应当具备运营资格，具备一定的人员和车辆规模，若连有驾驶资质的驾驶员都没有，存在危及乘客安全甚至危及公共利益的风险，则显然该行政协议无效。

（二）行政协议有效性的内容审查

从司法解释对行政协议的定义看，行政协议具有行政法上的权利义务内容，一方面，行政协议内容表现为一系列行政法上的权利义务，行政协议的行政性属性要求其通过行政权利义务的履行实现行政管理目标，因此，行政协议内容首先应该考虑法律的限制和公共利益的要求；另一方面，行政协议内容又是一系列通过意思表示而形成的权利义务，行政协议的合意性要求这些权利义务是在自愿与合意的基础上形成的。

1. 行政协议内容合乎法律与公益

行政协议的内容应当遵循法律规范的规制。从行政协议内容合法的反面分析，以新修改的《行政诉讼法》第七十五条关于“重大且明显违法”的行政行为无效的规定为基准，行政协议内容违法也应达到“重大且明显”的程度。例如，教育部门在与免费师范生及实行师范生免费教育的教育部直属师范大学签订《师范生免费教育协议书》的行政协议时，该协议约定对教育部门的涉及协议相关事项的决定不得提起行政复议或者行政诉讼，则该行政协议内容剥夺了相对方的行政救济权和司法救济权，严重违反了行政复议法和行政诉讼法，应当认定为无效。

行政协议内容不得变相规避法律、违背公益。当前政府建设理念正转向服务型政府建设，政府方面也在进行行政管理方式的创新，增加了“柔性行政”的方式，即以行政协议的方式代替单方行政行为，这增加了人民法院审理行政协议案件的难度，哪些是以行政协议的方式进行的管理方式创新，哪些是利用行政协议变相规避法律、违背公益？实质上，若被代替的行政行为不具有有效性，则该行政协议亦无效。例如，为解决流动摊贩占道经营问题，城管部门将城区人行道和市政府道路划块竞价拍租，出价高者获得某摊位一定时间的使用权，与城管部门签订《临时占道协议》，并由城管部门发放经营许可证，在此，人行道和市政道路为开放的公用财产，不能对其使用权设定许可，城管部门以《临时占道协议》的外在形式和手段，变相设定的行政许可，违反了法律和公共利益。

2. 行政协议内容顺乎自愿与合意

行政协议的一个特性是协议性，协议性要求协议双方达成一致意见，即意思表示一致，行政协议是在协议双方自愿、合意的基础上形成的，若存在违背协议当事人特别是行政相对人真实意愿（如欺诈、胁迫）的情形，则协议可能因没有合意基础而丧失有效性。民事法律规范将一方当事人欺诈、胁迫另一方当事人的手段，区分侵害的不同利益，分为无效、可变更、可撤销等结果：若为侵害国家利益，则民事协议绝对地无效；若为侵害私利，则在民法意思自治的大原则之下，尊重当事人意愿，赋予当事人变更或撤销的权利。行政协议是以实现行政管理目标为追求的，是为公共利益之需要而达成的，若有行政主体侵害相对方而以胁迫等方式与之缔结，则不仅损害协议相对方的权利，更是对公共利益的损害，此时，不仅协议相对方有对协议有效性提出挑战的权利，而且应当不受合同相对性之限制，协议的利害关系人均应有权挑战而提起救济，申请确认协议无效。例如，河南省高级人民法院在审理上诉人新安县产业集聚区管理委员会与上诉人新安华峰中油销售有限公司、被上诉人新安县国土资源局、第三人卢书民确认拆迁违法及行政赔偿纠纷一案时，就该案的《拆迁补偿协议》的有效性问题，对意思表示进行了审查，认为华峰公司的意思表示不真实，“协议签订的时间、地点、参与人以及没收华峰公司涉案土地上的建筑及设施的行政处罚尚未被撤销、卢书民因有罪的刑事判决尚处于取保候审期间等多种因素并存，足以对华峰公司的决策者产生巨大的心理压力而接受显失公平的征地补偿协议”，故确认协议无效。①

（三）行政协议有效性的程序审查

行政协议的程序对行政协议实体价值的实现具有保障作用。我国没有专门的行政程序法，政府采购法、拍卖法、招标投标法等法律规定了行政协议订立应当遵循的告知程序、信息公开程序、听证程序、竞争性程序（招标、

① 详见河南省高级人民法院于2015年11月30日作出的（2015）豫法行终字第473号行政判决书。

拍卖等）等。[①] 从确定优质协议履行主体的角度看，遵循行政协议程序中的竞争性等程序，能够在多个符合履约条件的相对方中确定条件最优的，从而更能保证行政协议行政管理目标的充分、高效实现；从促成合法合意协议内容的角度看，遵循行政协议程序中的告知、协商、听证等程序，能够减少行政主体相对于协议相对方的实质不平等性，使协议相对方拥有与行政主体一定平等协商的基础，限制行政行为的随意性，尽量形成承载双方真实意思的协议条款，预防和减少争议的产生。

程序瑕疵、程序违法和重大程序违法是分别就程序事项对当事人实体权利影响从轻到重而言的。程序瑕疵对当事人的实体权利影响很小，故可作为行政行为的瑕疵指出而可不予以撤销或确认违法；程序违法对当事人的实体权利影响较大，构成行政诉讼法规定的撤销或确认行政行为违法的法定事由；重大程序违法对当事人的实体权利影响重大，可构成确认行政行为无效的理由。对当事人实体权利产生重大影响的程序事项影响行政协议的有效性，也就是说重大程序违法将导致行政协议被确认无效。例如，土地管理法规定，征收土地必须经国务院或者省级人民政府审批，若未经审批而实施征地，必将损害国家和公共利益，对土地所有者和使用者的土地权利产生重大影响，在此情况下签订的土地征收补偿协议将因重大程序违法而被确认无效。安徽省滁州市中级人民法院在审理原告马志海诉被告明光市人民政府、第三人明光市人民政府街道办事处拆迁行政协议一案时，认为被告违反了《土地管理法实施条例》第二十五条规定的程序，“在征收土地申报未被批复前即组织实施征收土地行为，且在马志海未提供有效权属证明的情况下，与马志海签订补偿安置协议，该补偿安置协议在签订时缺乏依据且违反法律程序，应确认无效”。[②]

综上所述，行政协议的有效性审查是一个在遵循基本路径和原则的前提下，对各有效要件进行分解审查的过程，该过程可以通过下图表示：

---

① 例如，《湖南省行政程序规定》第九十四条对订立行政协议的程序作出规定，即应当遵循竞争原则和公开原则，一般采用公开招标、拍卖等方式。招标、拍卖适用招标投标法、拍卖法、政府采购法等有关法律、法规、规章规定。

② 详见安徽省滁州市中级人民法院于2015年9月11日作出的（2015）滁行初字第10号行政判决书。

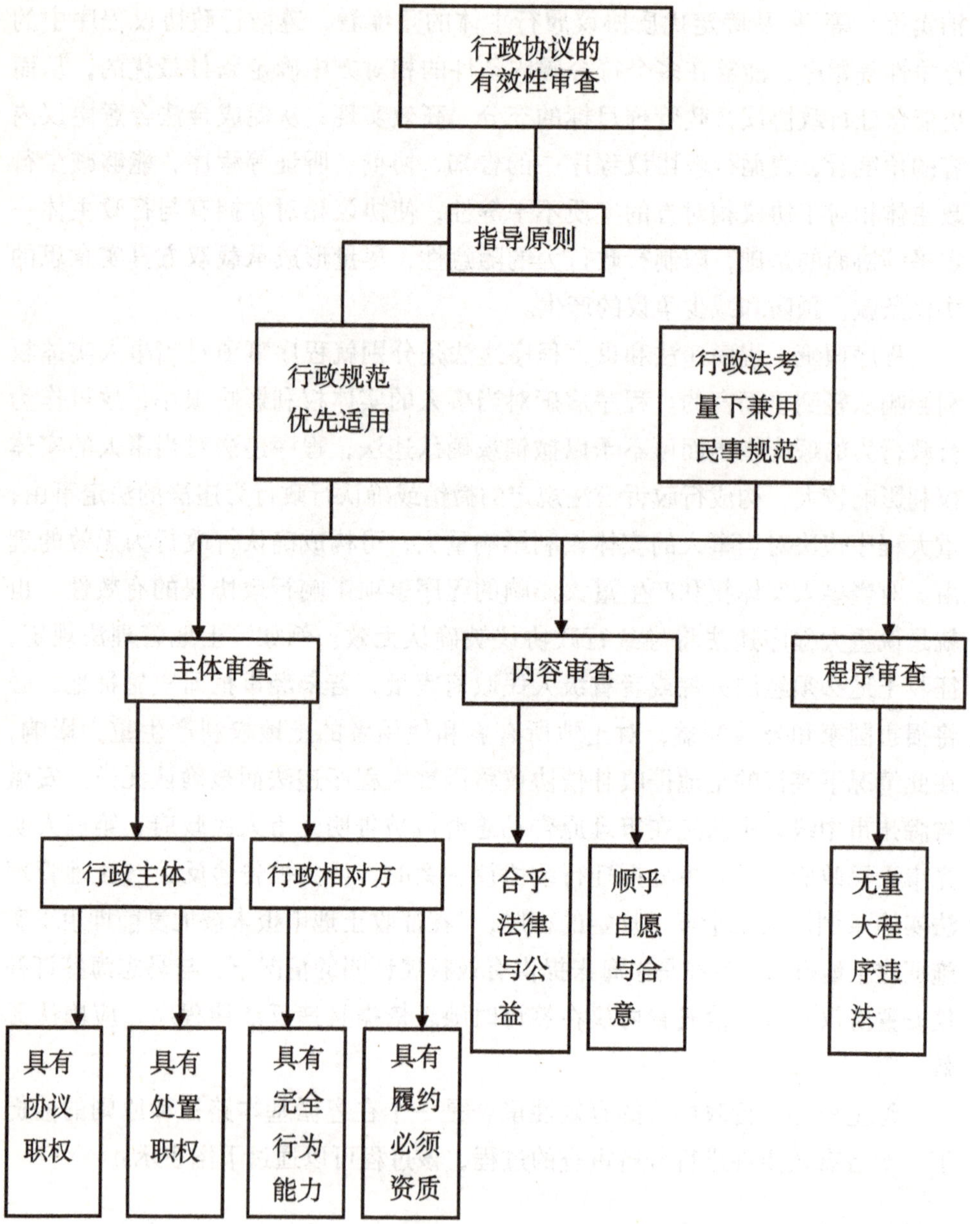

图1　行政协议有效性审查流程图

四、结语

归因于行政协议的行政性和合意性的两面性特征，行政协议有效性的审查客观上要求公私法审理规则的交融适用，因而需要完善公法规范与私法规范在有效要件规定方面的无缝衔接。期盼立法能够归纳可直接适用的行政协议有效审查要件，免去审判实践中的诸多审查操作上的烦琐。然而，立法并非一朝一夕能够完成，具体行政协议案件审判实践尚需进一步归纳总结。本文在此提出基本思路与框架，以期能对行政协议有效性审查法律制度的构建有所裨益。

（作者单位：福建省高级人民法院）

试论行政诉讼双被告制度配建与程序设计

郑文静

新《行政诉讼法》第二十六条第二款规定，经复议的案件，复议机关决定维持原行政行为的，作出原行政行为的行政机关（以下简称原行政机关）和复议机关是共同被告，由此确立了行政诉讼双被告制度。因现行行政审判体制存在缺陷，与双被告制度配套的改革尚未实现，而新《行政诉讼法》施行时日尚短，双被告制度实施诱发及面临的诸多新问题难以一时解决，不仅不利于该制度作用的发挥，亦制约行政审判的科学发展，甚至影响矛盾的有效化解及社会安全稳定。本文从该制度实施诱发及面临的问题出发，明确其功能定位，理顺行政审判与其他行政纠纷解决机制的关系和行政审判内部关系，从功能实现的角度探索与其配套的行政审判体制相关制度建设并对实施程序予以设计，为达到该制度的设立目的，并为新《行政诉讼法》的顺利实施及行政审判体制改革提供可资借鉴的路径与思考。

一、行政诉讼双被告制度实施之困

任何制度的设立均有其原因和目的，但制度可以在较短的时间内确立，却无法在较短的时间内实现。而且，法律虽然可以创设制度，却无法完全预料其实施诱发的新问题。实现行政诉讼双被告制度的设立目的，消减其不利影响，首先应从探讨该制度设立的原因出发。

（一）行政诉讼双被告制度设立的原因

行政复议是由具有复议权的行政机关作为第三方，居间解决因不服下级行政机关的行政行为，由公民、法人或其他组织申请而引起的下级行政机关与公民、法人或其他组织之间发生的行政争议，通过解决纠纷保护公民、法人或其他组织的合法权益，同时也实现对行政机关的监督。[1] 行政复议的功能是多元的，既是监督制度，又是救济制度，还是行政争议解决制度。从行政复议申请人、被申请人和行政复议机关构成的三方关系看，行政复议更多是一种解决行政争议的制度。[2]

但在实践中，行政复议却形同虚设：一方面，复议中行政争议由行政机关的上级机关决定，而上下级机关之间有千丝万缕的联系，行政复议有自身为法官的嫌疑，故行政相对人较少通过行政复议解决争议。2013 年全国人大常委会执法检查报告显示，在其执法检查的 15 个省份 1407 个县中，2011 年和 2012 年，分别有 306 个县和 277 个县行政复议案件数量为 0，有的县甚至从《行政复议法》实施以来没有办过一起行政复议案件。但这些县每年信访数量少的三四百件，多的上千件。[3] 为了尊重行政相对人和保障司法最终裁决，法律一般赋予行政相对人选择复议和诉讼的权利，而且在不服复议的情况下，有权提起诉讼。[4] 大多数行政相对人为避免内部不利影响，未经复议即提起行政诉讼，如笔者所在法院一年受理行政诉讼案件 346 件，只有约四分之一为复议后提起。另一方面，原《行政诉讼法》规定，复议机关维持原具体行政行为的，原行政机关为被告，复议机关改变原具体行政行为的，复议机关为被告。复议机关为避免成为被告，致使行政复议维持率非常高。以甘肃省为例，2011 年至 2012 年上半年全省审结的 724 件行政复议案件中，维持原行政机关决定（含驳回）的占审结案件总数的 69. 34% 。[5]

正是由于行政复议制度形同虚设，新《行政诉讼法》才设立了双被告制度，以强化对行政复议的监督，倒逼行政复议功能的发挥。但该制度的实施能否实现设立目的？又面临怎样的问题？

---

① 应松年：《把行政复议制度建设成为我国解决行政争议的主渠道》，载《法学论坛》2011 年第 5 期。

② 应松年：《把行政复议制度建设成为我国解决行政争议的主渠道》，载《法学论坛》2011 年第 5 期。

③ 杨海坤、朱恒顺：《行政复议的理念调整与制度完善——事关我国〈行政复议法〉及相关法律的重要修改》，载《法学评论》2014 年第 4 期。

④ 杨海坤、朱恒顺：《行政复议的理念调整与制度完善——事关我国〈行政复议法〉及相关法律的重要修改》，载《法学评论》2014 年第 4 期。

⑤《官员称部分行政机关怕当被告致复议维持率高》，载 http: //news. qq. com/a/20121130/000380. htm，于 2015 年 6 月 30 日访问。

（二）行政诉讼双被告制度实施的现实之困

制度设计的初衷是美好的，但双被告制度改变了原《行政诉讼法》中复议机关维持原行政行为时不受审查的旧状，形成了与原行政机关实质性的连坐局面，不仅诱发了诸多现实问题，而且导致行政审判面临多方困境。

1. 诱发的问题

从规范角度考察，双被告制度的实施诱发及面临以下两个问题：

一是行政诉讼地域集中化、进京化。《行政复议法》第十二条第一款规定，对县级以上地方各级人民政府工作部门的具体行政行为不服的，由申请人选择，可以向该部门的本级人民政府申请行政复议，也可以向上一级主管部门申请行政复议。新《行政诉讼法》司法解释第八条规定，原行政机关和复议机关为共同被告的，以原行政机关确定案件的级别管辖。新《行政诉讼法》第十八条规定，行政案件由最初作出行政行为的行政机关所在地人民法院管辖，经复议的案件，也可以由复议机关所在地人民法院管辖。行政相对人往往采取对自身最有利的管辖模式：首先向原行政机关的上一级主管部门申请行政复议，其次向复议机关所在地人民法院提起行政诉讼。由此导致行政诉讼案件的地域集中化：一是在省级区域内向上一级主管部门所在地法院集中；二是向各中央机关所在地法院集中，即在可以选择省级人民政府或国务院各部门复议时，选择向国务院各部门复议，导致全国各地经复议维持的案件涌入北京，而国务院各部门所在地的法院即成为案件集中地。

二是案件审理缺乏可操作性程序设计。新《行政诉讼法》实施后，陆续有双被告案件进入诉讼程序，但不论新《行政诉讼法》还是其司法解释对此规定均不尽完善，程序设计欠缺的问题更是不断显现，主要有：双被告的追加是在立案阶段还是案件审理阶段？立案阶段经释明原告不同意追加被告，案件审理时是否再次询问原告意见？法院依职权追加双被告时原告对该被告的行为无对应诉求如何裁判？不符合立案条件时是否针对原行政行为与复议行为一并不予立案或裁定驳回起诉？双被告如何应诉？案件庭审又如何架构？

2. 行政审判困境

双被告制度实施诱发及面临的以上问题容易导致以下行政审判困境：

一是行政审判资源严重失衡，在一定程度上突破级别管辖规定，制约行政审判科学发展。案件数量分配不均，在有些法院呈爆炸性增长，在有些法院急遽减少，审判力量难以适应案件数量变化，司法财力亦难以跟进。复议机关主要为县级以上地方人民政府和国务院部门，对这些机关所作的行政行为提起诉讼的案件应由中级人民法院管辖，但双被告案件以原行政机关确定案件的级别管辖，故以基层法院管辖为主，虽然复议行为基于原行政行为，但也在一定程度上突破了级别管辖的规定，制约了行政审判的科学发展。

二是耗费更多个人资源与社会公共资源。不论对原告还是被告，行政诉讼向特定地域集中导致的异地管辖均增加了交通成本、时间成本与诉讼难度，行政机关经济上虽然实力雄厚，但增加政府的经费开支，也间接地增加纳税人的负担。①

三是激化社会矛盾，影响社会稳定。诉讼参加人长距离流动容易产生社会矛盾，而诉讼成本增加，审理程序各地、各法院不一，导致固有矛盾无法化解时进一步激化。同时，原告中长期信访人占较大比例，其在一定区域聚集，易产生社会安全稳定隐患。

四是审判进程难以掌控，降低行政审判权威。因诉讼参加人路途遥远，加之节假日前后交通因素制约，案件审理难以顺利进行，审理期限容易被延长。同时，原告多牵涉信访事项，敏感时期更难联系沟通，而信访事项通过审理并不能有效解决，降低了行政审判权威。

二、基于公共选择理论的行政审判体制制度失灵及程序设计缺失

双被告制度实施诱发及面临问题，固然是因制度本身规定尚不完善，但根本原因则是各方主体选择自身利益最大化，体现公共选择理论规律。公共选择理论依据的是个人主义的方法论，从理性经济人假设出发，将个人作为行为主体的基本单位，将议会、行政机关以及利益集团的行为解释为由个人进行的行为的单纯汇集。② 趋利避害是人之常情，不论行政相对人、行政机关、社会团体还是司法机关，均遵循此规律，正是制度与人性的纠缠导致法律的失灵。双被告制度为行政审判体制的一环，行政审判体制主要指行政审判权在各系统之间的权限分工，包括行政机关与司法机关之间的外部关系和

---

① 吴晓：《从行政诉讼管辖改革看行政诉讼的出路》，载《政法学刊》2010 年第 3 期。

② 王敬波：《基于公共选择理论分析〈行政诉讼法〉的修改》，载《法学杂志》2015 年第 3 期。

司法机关的内部关系两个方面内容。[①] 双被告制度实施中产生的问题，正是公共选择下行政审判体制配套制度的失灵与程序设计缺失，主要体现在个人、社会、行政机关与行政审判的关系及行政审判内部关系四个方面：

第一，从个人与行政审判关系而言，信任机制缺失。社会转型造成阶层分化与贫富差距加大，加之各种腐败的瓦解力量以及社会自治组织的不发达，导致信任机制缺失。不论自身还是他人原因致利益受损，行政相对人均可归咎于行政机关，行政诉讼则是其谋求法外利益的手段。法律赋予个人自由选择权，个人选择自认为最有利的方式维护自身权益固然体现其维权意识的高涨，但维权方式却显失理性：司法救济并非唯一也非最终方式，脱离行政机关所在地域提起诉讼亦非最经济的途径。但因缺乏对各纠纷化解方式的信任，行政相对人寄希望于更高级别的行政机关及其所在地域的司法机关，或者多种救济途径相互印证，促生双被告制度功能偏差。

第二，从社会与行政审判关系而言，多元纠纷化解机制不健全。目前，为理论界所推崇或已经成为现实制度的纠纷解决多元化程序至少包括：小型审判、简易陪审团审判、调解、调停、微型审判、专家决定、仲裁、早期中立性评估、小额诉讼程序、集团诉讼程序、司法和解会议等。[②] 我国行政争议解决的方式却只有调解、仲裁、行政复议、行政诉讼以及功能异化的信访制度。很多行政争议并非行政管理行为诱发，而是由社会矛盾引起，如打架斗殴引发的治安管理案件，财产纠纷引起的房屋登记案件等。由于多元纠纷化解机制不能适应社会结构的调整，社会矛盾自我消解能力不足，且近年来信访制度弊端凸显，行政相对人试图通过脱离地方干预进行诉讼以达成诉求的愿望越来越强烈。

第三，从行政管理与行政审判关系而言，行政体制内部监督与纠纷化解功能未充分发挥。行政管理本身即具有定分止争的作用，行政机关却较少发挥此作用，而行政管理引发的纠纷行政机关也未及时化解。以某基层法院为例，四分之三以撤诉方式结案的行政案件均为原告提起诉讼后行政机关积极协调促进实质问题解决，而这些问题在行政管理过程中本就可以解决。如前

---

① 张树义：《行政诉讼法学》，中国政法大学出版社 2007 年版，第 41 页。

② 参见［美］史蒂文·苏本、玛格瑞特·伍：《美国民事诉讼的真谛》，蔡彦敏、徐卉译，法律出版社 2002 年版，第 205 页以下；刘敏：《英国民事司法改革的启示与借鉴》，载齐树洁主编：《英国民事司法改革》，北京大学出版社 2004 年版，第 507 页；范愉主编：《ADR 原理与实务》，厦门大学出版社 2002 年版，第 78 页以下。

所述，行政复议并未发挥其应有功效，才导致行政诉讼案件激增，并由行政相对人选择将复议机关的层级提高，进而实现行政及诉讼管辖的跨区域性。

第四，行政审判内部各项制度运行不畅。行政审判管辖以基层法院管辖为主，案件本就集中在经济发达以及城市化改造运动较为突出的地区，行政审判资源分配不均衡的矛盾在新《行政诉讼法》实施前尚未得到有效解决。双被告制度实施诱发的问题进一步凸显了行政审判管辖制度的不足。法院的人、财、物均受制于地方政府，行政诉讼中进行矛盾化解以及实现行政与司法的良性互动也需要地方政府的支持，行政审判的独立性颇受质疑。司法机关为减少管辖制度带来的审判压力以及得到地方政府的支持，不免从案件受理阶段即从程序上限制行政相对人的权利，案件审理中也多考虑行政机关与司法机关本身的诉讼成本，司法不公正的后果更是加剧现有的矛盾。

三、行政诉讼双被告制度的功能定位

布坎南说："人们要最大化自己的效用，因而，我们面临的挑战是尽可能按照亚当·斯密所描述的经济秩序的方式来建立或者重新建立一种把个人自利行为引向共同利益的政治秩序。"[①] 双被告制度意图将行政机关的自利行为引向社会共同利益，而其实施引发、面临的问题也由各主体自利行为的非共同一致性导致，明确双被告制度的功能定位，将个人、行政机关、司法机关引向共同利益，是进行相关制度配建及程序设计的基点，也是解决其实施中各问题的基本路径。

那么，双被告制度应具有哪些功能呢？行政诉讼是建立在权力分立、相互制约基础上的制度安排，是对行政权监督的制度。不可否认，诉讼天然具有解决纠纷的功能，其发起以解决纠纷为动机，行政诉讼也不例外。[②]《行政诉讼法》的修改能否直面人民群众对行政审判制度的新期待、能否超越简单的技术争论追求行政审判制度的根本性变革、能否通过法律修改真正"倒逼"法治政府建设，就成为衡量修法是否具有实际意义的基本标尺。[③] 双被

---

① 钟晓敏、高琳：《个人利益与社会公共利益——关于斯密原理、布坎南公共选择理论与赫维茨机制设计理论的比较研究》，载《财经论丛》2010 年第 1 期。

② 王霄艳：《〈行政诉讼法〉的权力制约功能及其演进与走向——基于十八届四中全会决定的考察》，载《甘肃理论学刊》2015 年第 1 期。

③ 戴中祥：《新〈行政诉讼法〉亮点解读》，载《武汉科技大学学报（社会科学版）》2015 年第 2 期。

告制度置于行政诉讼的框架之下，必然具有行政诉讼的天然功能，同时作为新设立的制度，又有其独立的价值。目的是全部法律的创设者，从双被告制度的设立原因及目的出发，双被告制度的功能至少应包括：

一是强化对行政复议的监督。此为双被告制度的直接功能，也是该制度设立的直接目的。行政诉讼不仅对原行政行为进行评判，还对复议行为进行评价，若原行政行为被确认违法、撤销、履行法定职责，复议决定必然被撤销，即便原行政行为没有问题，复议程序存在问题也会被确认违法。通过行政诉讼强化对复议行为的监督，能够促使复议机关规范自身行为，依法履行行政复议职能。

二是发挥行政复议功能。此为双被告制度的间接功能，也是该制度设立的主要目的。对复议行为监督还是在于促使复议机关发挥其功能，即由复议机关对原行政行为进行监督，维护行政相对人的合法权益，并实现行政争议的解决。随着经济社会的发展，民生问题必然突出，社会立法迅速增加，与此相关的行政与民事纠纷大量涌现，法院将难以承受其压力，发展行政司法势在必行。① 以“连坐”的方式倒逼改变行政复议形同虚设的局面正是双被告制度功能发挥的题中之义。

三是促进行政争议的解决。此为双被告制度的最终功能，也是该制度设立的根本目的，亦是行政相对人、行政机关及司法机关的共同利益所在。不论是行政复议还是行政诉讼，均致力于解决行政争议，新《行政诉讼法》更是将此作为立法目的。双被告制度让复议机关因原行政行为一同受审，可以让其积极参与行政争议的解决，为避免成为被告，更容易在复议阶段即实现涉案问题的实质性解决。

基于公共选择理论，双被告制度实施以来出现的问题无法自愈，而功能的实现与问题的解决均依赖相同的路径，即对相关配套制度进行改革与完善以及对案件审理的程序予以设计。

四、行政诉讼双被告相关制度的改革与完善

第一，完善行政复议制度。在行政争议救济途径的设计之初，行政救济

---

① 应松年：《把行政复议制度建设成为我国解决行政争议的主渠道》，载《法学论坛》2011 年第 5 期。

体系追寻的是“大复议、中诉讼、小信访”理念，此也符合这三个途径在理论上的特点、功能及地位。党的十八届三中全会有关全面深化改革和党的十八届四中全会有关全面推进依法治国的战略部署已深深地嵌入《行政诉讼法》的修改之中。可以说，如何发挥行政诉讼在推进国家治理现代化进程中的作用，是此次修改《行政诉讼法》所面临的“最大课题”。[①] 发挥行政复议解决行政争议的功能，单靠《行政诉讼法》无法激发行政复议机关内生动力，需要通过《行政复议法》的修改实现行政复议的全面再造，促使行政复议成为行政争议解决的主渠道。[②] 对各国行政法中行政复议与行政诉讼衔接关系的相关安排进行分析可知，不论是哪种类型的衔接模式，其都对内在标准的明确性进行了体现。也就是说，当事人在何种情况下能够直接提起行政诉讼，在何种情况下必须提出行政复议，在行政法中都有非常明确的规定。[③] 另外，还可以尝试设立行政复议委员会，让行政复议脱离行政机关上下级的制约，体现公平，促进行政复议功能的发挥。

第二，实现行政审判管理体制的改革。一是推动行政案件集中管辖。行政诉讼的管辖包括上下级人民法院之间的“级别管辖”和同级人民法院之间的“地域管辖”。相对应的集中管辖可以分为“提高审级的集中管辖”和“跨区域的集中管辖”。前者即通过提高行政诉讼案件的管辖级别来实现案件的集中，一方面表现为法院管辖的区域扩大，管辖的案件增多；另一方面表现为整个国家的行政审判层级的减少。以中级人民法院审理一审行政案件为主，能实现行政案件的集中，使案件审理脱离行政机关的干扰，又能以较少的法院和法官承担较多的审判任务，平衡上下级法院之间的诉讼负担。后者是通过一个法院审理若干个同一级别行政区域内的行政诉讼案件来实现案件的集中，主要是在审理层级不变的前提下，由少数法院审理不同区域的行政诉讼案件，这与提高层级必然导致的跨区域相区别。其可以根据区域大小、行政案件收案情况等灵活设置集中管辖法院，保证和平衡各法院的行政案件受理数量。[④] 行政诉讼案件实行集中管辖，能够在优化司法资源配置、形成

---

① 戴中祥：《新〈行政诉讼法〉亮点解读》，载《武汉科技大学学报（社会科学版）》2015 年第 2 期。

② 王敬波：《基于公共选择理论分析〈行政诉讼法〉的修改》，载《法学杂志》2015 年第 3 期。

③ 包亚军：《刍议行政复议与行政诉讼程序的衔接》，载《法制博览》2015 年第 2 期。

④ 叶赞平、刘家库：《行政诉讼集中管辖制度的实证研究》，载《浙江大学学报（人文社会科学版）》2011 年第 2 期。

行政审判良好格局、改善行政审判司法环境、维护司法公正、培养和建设行政审判专业法官队伍、提高行政审判水平等方面均取得良好的效果。[①] 二是推动省以下地方法院人、财、物统一管理。管辖改革只是斩断了地方政府直接干预行政审判的路径，而没有堵上借助地方政府进行干预的渠道。地方政府仍可通过他们之间的沟通联系对集中管辖法院间接地进行干预，也可通过上级机关对行政审判施加不当影响，甚至经过长期的互动、博弈，类似潜规则的制度安排可能形成异地政府之间的互惠性干预和上级政府对下级政府的自动化支持。省以下直管改革，将有可能从更高层面上改变现行审判体制，会给人民法院依法独立公正审判带来实质性利好。[②]

第三，健全多元纠纷化解机制。进一步深入贯彻多元化纠纷解决机制，可以大量化解纠纷，减轻法院面临的压力，也可以减轻行政管理的负担，实现纠纷的解决亦符合行政相对人的利益要求。由于中国社会的特殊性、地缘政治特点以及熟人社会特性，应充分利用当地村民委员会、居民委员会等基层自治组织的力量，实现人民调解、行业调解、行政调解的三位一体，将行政争议化解在当地，化解在诉前及诉讼中的各个环节。

第四，加强人大的有效监督。政府对法院的干涉，不是政府的肆意扩权，而恰恰是因为人大的缺位。要使政府和法院各司其职，各负其责，互不干涉，关键在于人大能处在最高的宪法地位上监督政府和法院，当政府越权干涉法院的审判权时有能力制止。[③] 人大不仅要监督行政审判是否依法、是否公正，还要监督行政机关对行政审判是否干预，避免行政相对人因对行政机关所在区域法院的不信任而进行地域管辖选择。

五、行政诉讼双被告案件审理的程序性操作规范

双被告案件审理程序性规定缺乏可操作性，不仅影响案件审理进程，而且各法院对实践中遇到的问题操作不一，容易与原告或被告产生不必要的矛盾。笔者从实践出发，对双被告案件审理中遇到的程序问题进行可操作性设

---

① 叶赞平、刘家库：《行政诉讼集中管辖制度的实证研究》，载《浙江大学学报（人文社会科学版）》2011 年第 2 期。

② 郭修江：《行政诉讼集中管辖问题研究——〈关于开展行政案件相对集中管辖试点工作的通知〉的理解与实践》，载《法律适用》2014 年第 5 期。

③ 吴晓：《从行政诉讼管辖改革看行政诉讼的出路》，载《政法学刊》2010 年第 3 期。

计，以期为该制度实施意见的出台提供建议。

第一，行政诉讼双被告的追加。并非所有原告在立案时就列明双被告，但以原行政机关和复议机关为共同被告系新《行政诉讼法》的硬性规定，同时该法第四十九条规定，提起诉讼应当有明确的被告和具体的诉讼请求，而司法解释还规定，原告只起诉原行政机关或者复议机关的，人民法院应当告知原告追加被告。因此，立案时应对可确定追加双被告的情形释明，并要求原告修改诉状，列明共同被告，并针对原行政行为和复议行为提出明确的诉讼请求。如果原告坚持不列共同被告，但起诉符合基本条件的，应先行立案。案件审理阶段发送应诉通知书之前由审判庭再一次向原告释明追加共同被告的法律规定，可较早确定被告及诉讼请求即固定诉状，及时通知双被告应诉，避免因双被告不同时期答辩拖延审判。若原告仍坚持不追加，则由法院在此阶段依职权追加，并对相应行为进行审查，依职权进行合法性判断并在判决主文中作出相应裁判。

第二，行政机关的应诉。行政诉讼程序要求对被告发送应诉通知书，因此，需分别向原行政机关及复议机关发出，并由其分别提出答辩状。原行政机关应就原行政行为进行答辩，而复议机关不仅对原行政行为合法与否承担法律后果，还对复议程序合法与否承担法律后果，因此复议机关应就原行政行为的合法性以及复议行为进行答辩，并就其主张在法定期限内提出证据。对于双被告是否可以委托同一诉讼代理人出庭应诉，实践中存在分歧，法律没有明文禁止。虽然双被告具有利益的一致性，但诉讼代理人对另一机关的业务并不熟悉，难以真正代表另一机关的利益。而行政诉讼具有监督行政行为的作用，新《行政诉讼法》对行政机关负责人不能出庭应诉的，要求委托机关工作人员出庭，同一诉讼代理人显然不可能为两行政机关的工作人员；庭审中同一诉讼代理人既进行举证，又对其举证进行质证，也不符合常理。因此，笔者认为，行政机关负责人不能出庭应诉的，双被告应分别委托代理人出庭。

第三，双被告案件的开庭审理。庭审程序随着双被告制度的实施也有所改变，这种改变主要体现在因当事人增加而增加相应的庭审事项。同时因原行政行为与复议行为的逻辑关系，庭审应先对原行政行为进行审查：一是在开庭审理时向原被告声明原告某某诉双被告案件开庭审理；二是对当事人身份核对时先对原告进行核对，再对原行政机关核对，而后对复议机关核对；

三是法庭调查阶段，首先由原告宣读起诉状，其次由原行政机关进行答辩，最后由复议机关进行答辩。证据出示阶段，一般情况下先由原行政机关出示证据，原告进行质证，再由复议机关质证，然后由原行政机关出示法律依据，并由原告及复议机关分别发表意见；而后由复议机关出示证据和法律依据，再由原告及原行政机关发表意见；最后由原告出示证据，两被告分别发表质证意见。法庭辩论及最后陈述则由原告、原行政机关、复议机关分别发表意见。

第四，裁判结果的统一。新《行政诉讼法》司法解释对双被告案件的实体审理结果作出了明确规定，原行政行为存在问题时复议机关必然承担败诉的后果，即便原行政行为合法有效，复议程序亦需要单独判断。但在原行政行为不符合立案条件时，复议行为如何处理却存在分歧：一种观点认为，复议行为系原行政行为的附随行为，原行政行为不符合立案条件裁定驳回原告起诉，对复议行为应一并驳回；另一种观点则认为，对原行政行为裁定驳回起诉，复议程序还需实体审查。笔者同意第一种观点。裁定驳回起诉是法院从程序上判断原告是否符合起诉条件，其起诉都不符合法定条件，更毋论对原行政行为及复议行为审查，且复议行为因原行政行为而存在，故可就原告的起诉一并裁驳。此外，有些行政相对人滥用管辖选择权，针对原行政行为与复议行为在不同法院分别提起诉讼，对此，后立案的法院应不予立案，而甄别此类重复起诉，还需要法院之间的及时沟通以及信息管理技术的进一步提高。

行政诉讼双被告制度是新设立的制度，其监督制约行政权的功能远未全面发挥出来。法官通过审理案件，可以把立法精神运用到具体的案件中，通过判决把法律所体现的价值表现出来，进而指引人们的行为。该制度现下虽受到制约，但随着司法改革的进一步深入以及行政审判体制改革的开展，其功能必然可实现。而作为司法工作者，除却应对该制度的完善进行有力的探索，还应在个案中积极进行价值引导，以促进该制度及新《行政诉讼法》的顺利实施。

（作者单位：北京市丰台区人民法院）

行政机关负责人出庭应诉的反思与制度构建

廖希飞

行政机关负责人出庭应诉（以下简称负责人出庭）被誉为破解行政审判难题的重要突破口，① 并最终通过新修改的《行政诉讼法》而得以法定化。② 然而，关于该制度的争议并未因其入法而止息，相反，由于《行政诉讼法》相关规定的模糊性和灵活性，导致人们对该制度存在理解和适用上的困难。负责人出庭到底应当负有何种功能，具有何种性质，如何反思《行政诉讼法》的相关规定，予以准确理解和适用，并构建符合法律精神和审判实践的负责人出庭制度，确保其落到实处，是一项迫切而艰巨的研究课题。

一、负责人出庭的主要功能定位

对负责人出庭认识的混乱源于对其功能定位的紊乱。科学定位负责人出庭的功能是合理构建负责人出庭制度的基础。不同的利益主体对该制度的主要价值期许是不同的，应当跳出各方利益和价值期待的局限性，充分发掘和发挥该制度符合法律精神的法治功能。

（一）负责人出庭的制度逻辑

法治的核心在于限制权力，保护权利。然而，我国法治推进路径是政府主导型的，政府既是法治的主要推动者，又是法治的主要规范对象。由于政府实行行政首长负责制，行政首长是政府这一矛盾角色主要的实质承担者。我国法治进程就在既寻求行政首长重视依法行政又规范行政首长依法行政之间背反性地展开着，其间必然杂糅某些具有人治色彩的法治思维与法治方式。

---

① 黄学贤：《行政首长出庭应诉的机理分析与机制构建》，载《法治研究》2012 年第 10 期。

② 《行政诉讼法》第三条第三款规定：被诉行政机关负责人应当出庭应诉。不能出庭的，应当委托行政机关相应的工作人员出庭。

建立负责人出庭制度，则是与这种权宜性的实用主义法治运行逻辑高度契合的。

同时，修改《行政诉讼法》，主要是为了解决行政诉讼“立案难、审理难、执行难”的问题，[1] 而导致这些问题的根本原因是司法体制。然而，司法体制改革问题却在修法过程中被有意或无意地回避了。不直面改革司法体制，却要解决由此而造成的问题，则只能采取曲线迂回战术。当下行政诉讼的发展仍然缺乏强有力的突破口和新的增长点，古代话语中的“擒贼先擒王”与现代话语中的“抓关键少数”相结合，于是策略性地催生了中国行政诉讼语境中的负责人出庭制度。

（二）各方主体对负责人出庭的主要价值期许及批判

负责人出庭制度被誉为执政为民的试金石、法治政府建设的风向标、社会矛盾化解和社会管理创新的大智慧、政府自身建设的好抓手。[2] 然而，立法机关、司法机关和行政机关从自身立场出发，对该制度的价值期许有所侧重甚至各异，未能形成有效共识，并由此导致了该制度功能紊乱，实践效果不甚理想。

1. 立法机关（民众）：“告官要见官”

立法是吸收民意并将其升华为国家意志的过程，因此，在相当程度上是政治化的过程。“行政诉讼是‘民告官’的制度，但在审判实践中常常是‘告官不见官’，……群众对此意见较大。”[3] 因此，负责人不出庭，已被上升到强权漠视法律的政治高度，已被演绎成关乎政府形象的政治命题。在这种意义上，负责人出庭具有强烈的符号价值和象征功能，“出庭就是最重要的公务”[4]。“通过庭审这一平台，能够体现原被告双方平等的诉讼地位，向公众展示公权力由人民赋予、受人民监督和为人民负责的本质属性。”[5] 然而，诉讼双方地位平等，并非意味着要抹杀代理机制而强制诉讼主体直接在场。刻

① 信春鹰主编：《中华人民共和国行政诉讼法释义》，法律出版社2014年版，第3页。

② 江必新：《积极推进行政机关负责人行政诉讼出庭应诉工作》，载《人民法院报》2011年7月23日。

③ 信春鹰主编：《中华人民共和国行政诉讼法释义》，法律出版社2014年版，第13页。

④ 王霖玉、钱军：《县长单晓鸣：“出庭就是最重要的公务”》，载《人民法院报》2011年4月30日。

⑤ 贺小荣：《行政首长出庭应诉是堂法治课》，载《人民日报》2016年8月19日。

意追求形式化平等，也恰恰折射出内在实质不平等的现实境况。

2. 司法机关：缓解行政诉讼危机

由于司法体制地方化、行政化的弊端，弱势司法权在强势行政权面前缺乏应有的权威。负责人出庭既可以满足法院对行政机关对其司法权威形式性的尊重感，也可以在一定程度上缓解因法院司法权威不足所引发的行政诉讼危机①。2009 年，《最高人民法院关于当前形势下做好行政审判工作的若干意见》旗帜鲜明地提出“要通过推动行政机关法定代表人出庭应诉制度，为协调、和解提供有效的沟通平台”。在司法实践中，调解成为主要乃至首要的案件处理方式，② 实现了对法律修改前的禁止性规定和修改后的限制性规定的公开背反，这是法院面对现实司法国情所作出的无奈妥协。可以说，负责人出庭和调解具有制度逻辑的同构性，前者只是后者的制度补充，二者的勾连则在一定程度上会突破行政诉讼合法性审查这一核心原则，容易导致行政诉讼功能异化。

3. 行政机关：寻求合作治理

在当前社会转型期，促进经济发展和维护社会稳定仍然是各级政府最重要的中心工作。化解社会矛盾，实现社会管理创新成为各级政府的迫切任务。“正是从这个意义上来说，行政机关和法院之间具备了‘合作’与‘共谋’的牢固政治基础。”③ 因此，对于肇始于法院的负责人出庭制度，政府在一定程度上采取了合作态度。该制度也成为行政与司法联动共同进行社会治理的平台。然而，在这种动机基础上，该制度提供了行政机关干扰行政审判的便利，在司法权与行政权结构性失衡的背景下，法院很难抵御这一结构性失衡所形成的势能。法院与行政机关在这个平台上围绕司法公正而展开的博弈也会变得更加微妙。

（三）负责人出庭的法治功能：对行政过程的批判性反思

“行政诉讼的功能主要是对行政机关行使职权的一种司法监督。”④ 即使

---

① 吕尚敏：《行政首长应当出庭应诉吗？——在司法的技术、权能与功能之间》，载《行政法学研究》2009 年第 4 期。

② “调解优先、调判结合”成为行政审判工作原则。《最高人民法院关于当前形势下做好行政审判工作的若干意见》指出，“在不违反法律规定的前提下，将协调、和解机制贯穿行政审判的庭前、庭中和庭后全过程”。各地法院纷纷把调撤率作为正向考核指标，调解成为行政审判业绩的主要增长点。

③ 章志远：《行政诉讼中的行政首长出庭应诉制度研究》，载《法学杂志》2013 年第 3 期。

④ 信春鹰主编：《中华人民共和国行政诉讼法释义》，法律出版社 2014 年版，第 6 页。

行政诉讼法立法目的增加了“解决行政争议”一项，也旨在通过合法性审查，以法治的方式解决行政争议。[①] 因此，即使现实中存在种种困难和障碍，但作为中国特色行政诉讼制度组成部分的负责人出庭也应当服从和服务于行政诉讼的这一主要功能。

由于在行政诉讼中责任主体——国家与诉讼主体——行政机关处于分离状态，败诉风险由责任主体承担，因此，诉讼主体缺乏应诉积极性。将负责人出庭法定化，可以强化诉讼主体责任，同时，强化其对行政过程的批判性反思。这就可以消解司法权与行政权的尖锐对抗，缓释司法权威不足所可能引发的行政诉讼整体危机。对行政过程的批判性反思，主要包括两项内容：

第一，救济性功能，即在诉讼中改变违法行政行为，及时解决个案争议。在行政诉讼中，通常出庭的行政机关工作人员不具有对涉诉事项的最终决断权，即使发现行政行为违法，也无权作出改变行政行为的决断，不利于行政争议的及时化解。负责人亲自出庭，就有条件在诉讼程序中进行补救，及时作出改变违法行政行为的决断，结束其违法存在状态。

第二，预防性功能，即在诉讼后对相关问题进行整改，预防类案发生。在行政执法实践中，负责人对依法行政往往重视不够，对执法现状和存在的问题往往缺乏全面深入的掌握，相关工作举措也就很难具有针对性和实效性，不能很好地从源头上预防和减少行政争议。“当一次被告比上几次法治课都有效。”[②] 负责人亲自出庭，就更有利于掌握行政执法和行政管理运行现状、存在的问题以及行政争议发生的内在机理，在案后及时对工作中存在的制度漏洞和管理漏洞进行弥补，为行政执法存在的普遍性问题寻求制度化的解决途径，以防止类案发生，从源头上预防和减少行政争议。

二、负责人出庭的法律属性

目前，对负责人出庭的法律属性争议较大。界定负责人出庭的法律属性是合理构建负责人出庭制度的前提。对这项具有中国本土特色的司法制度进行法律定性研究，只有在充分关照现实司法国情的基础上从法律文本背后充

---

① 信春鹰主编：《中华人民共和国行政诉讼法释义》，法律出版社2014年版，第4-5页。

② 屈庆东、刘灿、韩梅：《“民告官”：行政首长百分之百出庭——山东金乡县法院推行行政首长出庭应诉纪实》，载《人民法院报》2010年12月26日。

分挖掘其立法本意，才可能获得对其合理解释的可行性路径。

（一）负责人出庭法律属性的主要观点及其评析

行政诉讼法关于负责人出庭的规定在总则部分，是行政诉讼的基本原则。[①] 目前，对负责人出庭的法律属性主要存在三种观点。

1. 倡导性（或宣示性）条款说：该条款未规定负责人不出庭的法律后果，不是强制性条款。为回归正常社会，向真正法治社会迈进，应当将其理解为宣示性条款。[②] 然而，倡导性条款说罔顾立法机关将负责人出庭义务化的立法本意，而将其委诸行政机关自由裁量，容易导致该条款在实践中被废置，损害法律的权威和尊严。

2. 法定义务说（或强制性条款说）：负责人出庭是法定义务。该条款是强行性条款，具有法律规制意义。[③] 法定义务说虽然强调了负责人出庭的义务性，但未进一步分析这一义务的内在结构，未能合理解释和缓释"不能出庭的"弹性化与该条款强制性之间的内在张力，未能将该条款执行的现实可行性纳入考量因素，同样可能导致该条款在实践中被架空，从而损害法律的权威和尊严。

3. 诉讼权利说：出庭应诉属于诉讼权利，具有可自由处分属性。是否出庭以及选派何人出庭是行政机关内部事务，不受司法审查。该条款规定得过于弹性化，不具有拘束力。[④] 诉讼权利说只是停留在应然层面分析问题，罔顾该条款已经法定化的实际情况，不具有现实解释力。

（二）负责人出庭的应然属性

其实，出庭应诉既是当事人的权利，也是当事人的义务。负责人出庭制度的问题在于，行政诉讼法同时规定了诉讼代理制度，而且从一般的诉讼原理来说，是否选择本人亲自出庭应诉是当事人自决事项。当事人既可以委托诉讼代理人也可以本人出庭应诉，或者选择两者兼而有之。因此，只能说，当事人本人出庭应诉是一项诉讼权利，而非诉讼义务。具体到行政诉讼中，

---

① 信春鹰主编：《中华人民共和国行政诉讼法释义》，法律出版社 2014 年版，第 14 页。

② 蔡小雪：《告官见官，即见法治?》，载微信公众号"中国法律评论"2016 年 6 月 15 日。

③ 江必新主编：《新行政诉讼法专题讲座》，中国法制出版社 2015 年版，第 37 页。

④ 田勇军：《〈行政诉讼法〉中"被诉行政机关负责人应当出庭应诉"之理论分析》，载《西部法学评论》2015 年第 6 期。

行政机关出庭应诉既是行政机关的诉讼权利，也是其诉讼义务，而行政机关负责人本人是否出庭应诉，则属于行政机关内部自决事务，对行政机关而言，是一项诉讼权利。

（三）负责人出庭的法定属性

“法律意义上的义务，即由国家规定或承认，法律关系主体应这样行为或不这样行为的一种限制或约束。”[①] 回归到《行政诉讼法》第三条第三款的规定，该条款明确使用了“应当”这一义务条款的标志性术语，将负责人出庭的权利“义务化”，亦即出庭应诉是法律课予被诉行政机关负责人的一项义务。负责人能出庭的，由负责人出庭，不能出庭的，委托相应的工作人员出庭。在具体案件中负责人出庭与否，取决于“能”否，亦即负责人出庭是一项附条件性义务，其出庭与否取决于条件是否成就。

法律之所以规定负责人出庭义务的附条件性，是立法机关在要求负责人出庭的民意诉求与现实可行性之间进行的立法技术上的折中处理。由于该条款在总则部分，法律不可能对其进行具体、深入的制度设计，对于何者构成“不能出庭的”条件，需要进一步予以明确。虽然该条款规定在总则部分，具有宣示性功能，但该制度一经写入法律，就应当具有法律拘束力，一旦不能出庭的条件成就，负责人就可以不出庭，反之一旦出庭的条件成就，负责人就应当出庭，否则就应当承担不利的法律后果，而这些内容也需要构建相关工作机制去配套落实。

三、负责人出庭义务的法定条件

如上所述，负责人出庭义务具有附条件性。负责人出庭的条件是构建负责人出庭制度的关键，主要由两部分构成：一是负责人必须出庭的案件范围，二是负责人不能出庭的正当理由。前者指负责人出庭的必要性和可行性，后者指负责人出庭的可能性。前者积极限定了负责人必须出庭的情况，后者消极限定了负责人不能出庭的情况。其中，负责人必须出庭的案件范围是构建负责人出庭制度的核心。

---

① 沈宗灵：《权利、义务、权力》，载《法学研究》1998年第3期。

（一）负责人必须出庭的案件范围

负责人“应当出庭”的原则性、强制性规定与“不能出庭的”弹性化、灵活性规定之间，在理论、制度和实践层面都存在难以消弭的紧张关系。只有首先确立负责人必须出庭的案件范围这一“坚硬内核”，才能缓释二者的紧张，也只有围绕这一“坚硬内核”进行制度设计，才能在实践中建立负责人出庭制度的有效性和实效性。

行政效能是行政权运行所应当遵循的基本原则，它要求行政机关对其自身事务，根据轻重缓急的程度做出妥当安排。出庭应诉作为行政机关的一项事务，只有在其事务序列中因案件足够重大才具有相较于一般事务的优先级。而相较于行政机关一般工作人员，负责人出庭的实质必要性在于涉诉事项需要发挥负责人的决策权。总之，负责人出庭的案件只与案件本身是否足够重大、是否需要负责人决策具有关联性。负责人必须出庭应诉的案件主要是重大行政诉讼案件，对于非重大案件，强行要求负责人出庭，不具有合理性和正当性。

2016 年 7 月 28 日，最高人民法院发布的《关于行政诉讼应诉若干问题的通知》明确规定：“涉及重大公共利益、社会高度关注或者可能引发群体性事件等案件以及人民法院书面建议行政机关负责人出庭的案件，被诉行政机关负责人应当出庭。”这实际上也限缩了负责人出庭案件范围，但其中的不确定法律概念仍有导致该制度在实践操作中被架空、废置的风险。因此，应当对何种情形构成“重大”作进一步具体明确的界定，同时赋予法院审查权和判断权，以限制和监督行政机关的裁量权。本文认为，负责人应当出庭的重大行政诉讼案件主要包括六类。

1. 涉及重大公共利益的案件。这是从行政机关作为公共利益代表者的角度作出的规定。此类案件一般包括涉及国防和外交因素、重大基础设施建设、重大公共事业等重大事项的案件，涉及重大食品药品安全、安全责任事故等公共安全的案件以及涉及重大公共利益的行政许可等案件。

2. 群体性诉讼或者可能引发群体性事件的案件。这是从行政机关作为社会秩序维护者的角度作出的规定。群体性诉讼是指涉及群体性利益，当事人达到相当数量的共同诉讼案件。对此类案件可以根据行政机关的级别去规定构成“群体性”的当事人数量。可能引发群体性事件的案件主要是指涉及征地拆迁、社会保障政策、企业改制、环境污染等涉及面广、在行政程序中就已经引发公共抗争的案件。

3. 社会关注度高的案件。这是从行政机关回应社会公众关切的角度作出的规定。判断社会关注度高低的主要标准在于案件本身及案件相关事件是否受到社会公众广泛关注或者媒体广泛报道等。

4. 对公民、法人或者其他组织的重大权益产生重大影响的案件。这是从保护公民、法人或其他组织合法权益的角度作出的规定。重大权益主要包括重大人身权和重大财产权等。涉及重大人身权的案件主要是指侵犯公民生命权、身体权和重大健康权，致使公民死亡或者完全丧失劳动能力等案件。涉及重大财产权的案件主要包括涉及土地所有权或使用权、房屋所有权以及自然资源权属等案件，对此类案件要同时辅以涉案标的金额巨大的标准予以最终确定。此外，由于行政赔偿涉及国家财政资金支出，且适用调解时需要负责人对赔偿数额做出决断，因此，对于行政赔偿数额巨大的案件，负责人也应当出庭。至于构成“巨大”的具体数额，各地可以根据本地社会经济发展水平及居民收入水平等因素综合确定。

5. 对行政机关行政管理活动可能产生重大影响的案件。这是从监督行政机关依法行使职权，充分发挥负责人出庭的法治功能的角度作出的规定。此类案件主要包括行政机关反复发生的同类案件，行政机关因存在制度漏洞或管理漏洞而引发的案件，政策性强且可能涉及政策调整的案件，可能涉及被诉行政机关制定的规范性文件撤销、修改或废止的案件，具有普遍法律适用意义的案件等。

6. 法院通知负责人出庭的其他重大行政诉讼案件。这是兜底条款，只要法院认为案件重大，需要负责人出庭，就可以通知其出庭。

（二）负责人不能出庭的正当理由

对于负责人非必须出庭的案件，因其本身不够重大而当然构成负责人不出庭的正当理由，因此，此类案件可以免除行政机关说明理由的义务。对于负责人必须出庭的案件，负责人如果有正当理由不能出庭的，应当向法院书面说明理由，说明的理由应当合法、具体、明确，并附相关证明材料。因为说明理由既是法律的隐含义务，也是对司法权威以及原告知情权和监督权的尊重。正当理由主要是指不可抗力及客观上不能控制或者不能归责于行政机关及其负责人的其他正当事由，主要包括五种：

1. 健康原因，例如，突发重大疾病，或者发生意外导致伤亡，不能正常履行出庭义务。

2. 不可抗力，如战争、自然灾害等。

3. 收到行政机关负责人出庭应诉通知书时，已经出国、出境或者因公出差至其他省市，且不能在开庭日返回。这种情况只能适用于行政机关收到负责人出庭通知书时，负责人已经身处外地，在客观上不能返回或者不便返回的情况。如果在收到负责人出庭通知书后才发生的出国、出境、出差情况，不能构成不能出庭的正当理由，行政机关可以适用下面的“因他人无法代替的特别重大的公务”作为理由，对此法院应当结合具体案情及具体公务事由进行审查。

4. 因他人无法代替的特别重大的公务不能出庭。一般的公务不构成不能出庭的正当理由，只有该项公务同时兼具负责人的不可代替性和相对于案件而言的更为重大性，才可以构成不能出庭的正当事由。

5. 因其他正当理由不能出庭。至于具体情形是否构成正当理由，法院具有审查权和判断权。

四、负责人出庭的限制、保障和监督机制

界定负责人出庭的功能定位、法律属性是构建负责人出庭制度的前提和基础。界定负责人出庭的条件是构建负责人出庭制度的核心和关键。这些内容都决定了构建和完善该制度的方向和限度。但仅仅完成上述工作是不够的，还应当建立相关工作机制确保该制度落到实处。本部分将主要围绕负责人出庭的义务性和附条件性及其法治功能构建负责人出庭制度的限制、保障和监督机制。

（一）负责人出庭的限制机制

对于负责人非必须出庭的案件，负责人出庭与否，可以委诸行政机关裁量。对于负责人必须出庭的案件，只有形成“法院启动—被告回应—原告异议—法院处理”这一完整的闭环式限制机制，才能确保实现负责人出庭的义务性，才能确保取得实效。

1. 法院通知。《行政诉讼文书样式（试行）》里专门规定了《行政机关

负责人出庭通知书》，从其内容看，该通知书需要每案发送。[①] 既然行政诉讼法已将负责人出庭“义务化”，就无须法院每案通知其出庭。只有当上文所述的负责人必须出庭的案件出现时，法院才有必要发送通知书，提醒行政机关必须出庭。法院应当提前通知负责人出庭，以便负责人做好公务安排，宜在开庭7日前发送开庭传票，同时发送负责人出庭通知书。通知书上应当说明负责人必须出庭的理由，即本案所符合的负责人必须出庭的案件范围的具体情形，并说明负责人不出庭将承担的不利法律后果。

2. 被告说明理由与申请延期开庭。对于法院通知负责人必须出庭的案件，负责人必须出庭应诉。行政机关在收到负责人出庭通知书后，应当由法定代表人、主管涉诉事项相关工作或者法制工作的副职负责人出庭。如果负责人具有不能出庭的正当理由，可以书面向法院说明理由并申请延期开庭，或者另行委派其他负责人出庭。

3. 原告异议。赋予原告异议权是规制司法与行政共谋规避负责人出庭的制度装置。如果属于负责人必须出庭的案件，法院未通知负责人出庭或负责人未出庭的，原告有权提出异议。法院认为原告异议成立，负责人必须出庭而法院未通知的，应当通知负责人出庭；原告异议不成立的，应当予以释明。法院应当将原告异议、被告说明和法院审查处理情况记录在案以备查。

4. 法院决定延期审理与缺席判决。负责人未出庭，已书面说明不能出庭的正当理由且理由成立并申请延期开庭的，法院应当决定延期审理；未向人民法院作出书面说明，未申请延期开庭，说明的理由明显不能成立或者已经因负责人未出庭而延期开庭一次的，应当视为“被告无正当理由拒不到庭”，法院可以参照适用《行政诉讼法》第五十八条的规定作出缺席判决。

（二）负责人出庭的保障机制

为了充分实现负责人出庭的法治功能，应当确立对副职负责人的特别授权、诉讼中改变违法行政行为、诉讼后落实司法建议等机制予以充分保障。

1. 对副职负责人的特别授权。行政首长负责制是我国基本的行政领导制度，其要义在于行政首长要对本行政机关的行政行为负责。行政首长出庭应诉本身就是行政首长负责制的题中应有之义。从行政诉讼角度看，行政首长

① 最高人民法院行政审判庭编：《行政诉讼文书样式（试行）》，人民法院出版社2015年版，第172页。

负责制意味着行政机关的诉讼行为应当以其行政首长的意思表示为准。这在客观上要求行政首长出庭应诉，以在诉讼中真实、完整、准确、权威、及时地作出意思表示。此外，参照《民事诉讼法》第四十八条规定关于“法人由其法定代表人进行诉讼”的规定，原则上也应当由行政首长进行诉讼。加之上文所述，对于负责人必须出庭的案件，因其涉诉事项重大且需要负责人行使决策权，副职负责人如果不能有权承认诉讼请求、依法改变违法行政行为或进行调解，而是事事请示汇报正职负责人，那么副职负责人出庭的意义和效果将大打折扣。因此，对于委派副职负责人出庭的，行政机关应当进行特别授权。

2. 改变违法行政行为。在诉讼中，如果发现行政行为违法，行政机关负责人要及时予以纠正，法院也可以建议行政机关负责人予以纠正。在行政机关负责人已经纠正违法行政行为的基础上，法院可以协调原告进行撤诉，而非在维持行政行为违法效力状态的基础上“和稀泥”，以充分发挥行政诉讼的监督功能和负责人出庭的法治功能。

3. 司法建议及其落实。诉讼后，对于案件中反映出的行政机关存在的普遍性问题或者制度漏洞、管理漏洞以及涉及政策调整、规范性文件立改废等问题的，法院应当向行政机关发送司法建议，行政机关应当认真研究整改或落实，并及时将处理情况书面告知法院。

（三）负责人出庭的监督机制

对于负责人出庭，只有强化监督机制，才能确保实效。这些监督机制主要包括禁止单方接触、禁止违法调解、司法公开和惩戒等。

1. 禁止单方接触。负责人出庭制度在客观上为司法与行政共谋规避行政机关败诉风险提供了便利。在诉讼中，行政对司法的压力以及司法与行政的互动合作，可能会影响司法公正或者引发原告的合理怀疑，这就反而破坏了负责人出庭的形式化、政治化功能，并可能进而实质性损害其法治功能。因此，应当在行政诉讼中确立禁止单方接触原则，除在庭审程序中为了调解工作需要，禁止法官与当事人尤其是行政机关及其负责人、诉讼代理人单方接触。

2. 禁止违法调解。负责人出庭在客观上加剧了法院的审判压力，也就进一步强化了法院扩大化适用调解的动机。在实践中，调解主要适用于行政行为存在违法或瑕疵的案件，这说明行政诉讼监督功能弱化。调解的扩大化适用甚至滥用，直接侵蚀了行政诉讼以及负责人出庭的法治功能。因此，应当禁止违法调解，确保调解工作在法定范围和原则内依法开展，防止调解超越法定适用范围而滥用。

3. 司法公开。应当以公开促公正，加大庭审公开和裁判文书公开等司法公开工作力度，将负责人出庭情况公之于众，接受当事人和社会公众监督。对于实践中负责人出庭形式化的倾向，即出庭不出声、应诉不应答的情况，不宜强行规定负责人发言应答的义务，可以通过司法公开及庭审中法官提问的方式予以解决。例如，对庭审过程全程录音录像并直播，或者邀请人大代表和政协委员旁听重大案件审理等。

4. 惩戒。如果没有惩戒机制相配套，那么负责人出庭制度就难免落空。因此，惩戒机制是该制度的一项重要内容。必须出庭的负责人无正当理由拒不到庭、负责人未经法庭许可中途退庭、在诉讼中实施妨害诉讼秩序的行为，以及行政机关拒不履行裁判、调解书的，法院可以依照或者参照适用《行政诉讼法》第六十六条、第五十九条、第九十六条的相关规定，作出处理。

五、余论

行政审判的困境主要在于弱势司法权与强势行政权的结构性失衡。在司法体制未根本变革、司法权威严重不足的情况下，仅仅进行司法技术改良，具有严重的局限性，但这又是不得不作出的无奈抉择。虽然负责人出庭作为行政诉讼制度新的增长点，只是现阶段推进行政法治的权宜性、策略性举措，但其一经法定化，所有国家机关都应当一体奉行，确保其落到实处，避免其被架空、废置。同时，还应当在实践中加强对其实施效果的评估，总结经验教训，不断改进和完善这项具有中国本土特色的司法制度，以充分实现其对行政过程的批判性反思这一主要的法治功能。

（作者单位：天津市高级人民法院）

原告庭审中拒绝陈述可按撤诉处理

李　丽　刘晨露

【裁判要旨】

根据原《最高人民法院关于执行〈中华人民共和国行政诉讼法〉若干问题的解释》第四十九条第一款规定和《最高人民法院关于适用〈中华人民共和国行政诉讼法〉的解释》第八十条规定，原告无正当理由拒绝陈述诉讼请求及案件事实和理由，并以种种无理借口阻挠法庭庭审活动正常进行，审判长对原告多次劝解、释明并进行了口头训诫，但其仍然拒绝陈述，致使庭审无法推进，视为放弃诉讼请求，按撤诉处理。

【案号】

湖北省武汉市中级人民法院一审（2016）鄂01行初字210号。

【案情】

原告：朱晓冬

被告：武汉市人民政府、武汉市人民政府驻北京办事处

2016年3月30日，原告朱晓冬因被告武汉市人民政府驻北京办事处将其母范净娟以“政府救助”的形式从北京市昌平区中西医结合医院接出院并转往湖北省武汉市精神卫生中心治疗一事向湖北省武汉市中级人民法院起诉。

原告诉称，原告于2015年12月25日由昌平区回龙观法庭的判决书得知，2010年12月27日，武汉市人民政府驻北京办事处按照救助程序将原告母亲范净娟从北京市昌平区中西医结合医院强制接出院，之后从该院强制转往湖北省武汉市精神卫生中心予以强制医疗，导致原告母亲于2011年3月6

日不堪受辱而自杀。原告认为被告以“政府救助”的名义作出上述行为，构成随意剥夺原告母亲的人身自由，侵犯了原告母亲的人身权、健康权，救助程序违法。原告在2015年12月25日知道被告的上述行为后，向武汉市人民政府法制办公室提出行政复议，武汉市人民政府法制办公室作出了武政复不字（2016）第5号《不予受理行政复议申请决定书》。原告认为，武汉市人民政府法制办公室武政复不字（2016）第5号《不予受理行政复议申请决定书》错误认定原告自知道该具体行政行为之日的时间日期，事实不清，证据不足，适用法律错误，遂向武汉市中级人民法院提起诉讼。请求撤销武政复不字（2016）第5号《不予受理行政复议申请决定书》，并予以依法受理；请求确认武汉市人民政府驻北京办事处将原告母亲从北京市昌平区中西医结合医院强制接出院的救助程序违法；请求确认武汉市人民政府驻北京办事处将原告母亲从该院强制转往湖北省武汉市精神卫生中心予以强制医疗的救助程序违法。

被告武汉市人民政府辩称，其作出的《不予受理决定书》符合法定程序，认定事实清楚，证据确实充分，适用法律正确，请求驳回原告的诉讼请求。

被告武汉市人民政府驻北京办事处辩称：原告的起诉已超过法律规定的起诉期限；原告诉请确认其救助程序违法于法无据；市政府驻京办的被告主体不适格；原告诉请于法无据；其将原告的母亲转至湖北省武汉市精神卫生中心强制治疗的行为，不属于本案审理范围。

【审判】

武汉市中级人民法院认为，原告朱晓冬、两被告的委托代理人到庭参加诉讼，在开庭审理过程中原告朱晓冬临近开庭时向法院提交委托书，其委托的诉讼代理人为陈龙。经审查，其向法院递交的委托书及武汉市江汉区民意街天后社区推荐函均不能证明原告朱晓冬系该社区居民，该社区推荐公民陈龙作为原告的诉讼代理人不符合《中华人民共和国行政诉讼法》第三十一条第二款第（三）项所规定的，当事人所在的社区推荐的公民可以被委托为诉讼代理人。故合议庭决定原告朱晓冬委托的诉讼代理人陈龙不能作为本案的委托代理人参加诉讼，并当场向其宣布。宣布开庭后，原告不遵守法庭纪律、不服从审判长的指挥，仍以法庭不准许陈龙参加本案诉讼为由扰乱法庭秩序。继而又以法官同意被告武汉市人民政府驻北京办事处聘请非行政机关工作人员的律师出庭应诉，程序不公为由，申请本案审判长罗浩回避。报经武汉市中级人民法院院长决定，因申请人申请回避的理由不符合法律规定，决定驳回其回避申请。当庭以口头形式宣布后，并告知原告有权申请复议一次，并记录在案。原告坚持要书面决定，经法庭多次解释无效，其以此为由拒绝陈述诉讼请求及案件事实和理由。旁听席上多名与其一起进入法庭的旁听人员乘机起哄，指责法院不公，哄闹法庭。在此情形下，审判长对原告多次劝解、释明并进行了口头训诫，但其仍然坚持己见，致使庭审活动无法正常进行。原告无正当理由拒绝陈述诉讼请求及案件事实和理由，并以种种无理借口阻挠法庭庭审活动正常进行，其行为无异于放弃诉讼请求，行为效果等同于未经法庭许可中途退庭。依照《最高人民法院关于执行〈中华人民共和国行政诉讼法〉若干问题的解释》第四十九条第一款、第六十三条第一款第（十五）项规定，裁定如下：本案按撤诉处理。

【评析】

神圣庄严的法庭，作为人民法院审理案件的重要场所，象征着司法权威。遵守法庭纪律不仅是各类案件顺利审理的基础，更是诉讼参加人的义务。法庭作为矛盾和冲突的聚焦地，诉讼参加人出于法律法规对庭审纪律的规定和限制不够具体，法庭纪律意识相对淡薄抑或对政府、某些人员的对抗、泄愤等原因，各种不遵守法庭纪律的现象亦层出不穷，在诉讼成本较低的行政诉讼中尤为明显。

一、案件裁决之依据

在《最高人民法院关于适用〈中华人民共和国行政诉讼法〉的解释》尚未出台之前，并无法律明文规定原告在庭审中无正当理由拒绝陈述诉讼请求及案件事实和理由，并阻挠法庭庭审活动正常进行的相应处理规则，类似规定仅有原《最高人民法院关于执行〈中华人民共和国行政诉讼法〉若干问题的解释》第四十九条第一款的规定："原告或者上诉人经合法传唤，无正当理由拒不到庭或者未经法庭许可中途退庭的，可以按撤诉处理。"

本案处理的争议焦点在于原告的行为是否可以被视为"未经许可中途退

庭”。权利和义务具有相对性，在诉讼过程之中，各方当事人即使权利人也是义务人，有义务配合人民法院的工作，使案件得到及时、正确的处理，若各方当事人拒不履行诉讼义务，那么其诉讼权利也就无法实现。本案中，原告在庭审期间拒不履行诉讼义务，拒不发表诉讼请求及案件事实和理由，视为放弃其诉讼权利，且经多次释明仍然坚持己见，导致庭审无法继续进行，行为效果等同于未经法庭许可中途退庭。若继续审理本案，不仅会侵害其他当事人的权利，还会造成司法资源的浪费。所以在当时的法律规定之下，武汉市中级人民法院认定原告的行为视为未经许可中途退庭，裁定本案按撤诉处理并无不当。

二、在现行法规之下具体如何审查确保审判结果的公允、审慎

2018 年 2 月 8 日开始施行的《最高人民法院关于适用〈中华人民共和国行政诉讼法〉的解释》第八十条第一款规定：“原告或者上诉人在庭审中明确拒绝陈述或者以其他方式拒绝陈述，导致庭审无法进行，经法庭释明法律后果后仍不陈述意见的，视为放弃陈述权利，由其承担不利的法律后果。”最新的司法解释对原告在庭审中拒绝陈述，导致庭审无法进行的情况作了更为明确的规定，因此，在 2018 年 2 月 8 日之后，若发生类似的情况，则可依本条规定“由其承担不利的法律后果”。但是笔者认为，即使有了明确的法律规定，仍需保持审慎态度，从以下几个方面严格审查，才能让此种现象得到公正处理。

第一，何种行为应认定为“在庭审中明确拒绝陈述或者以其他方式拒绝陈述，导致庭审无法进行，经法庭释明法律后果后仍不陈述意见”。此处，存在争议的是“以其他方式拒绝陈述”，笔者认为应以结果为导向，即不论以什么方式拒绝陈述，导致了“庭审无法进行”，即符合本条前置规定，那么经法庭释明后仍不陈述意见的即可适用本条规定。本案中，原告以法庭不准许陈龙参加本案诉讼为由扰乱法庭秩序，继而又以程序不公、申请回避为由拒绝陈述诉讼请求及案件事实和理由，审判长对原告多次劝解、释明并进行了口头训诫，但其仍然拒绝陈述，致使庭审无法进行，符合本条规定。

第二，适用本条须证据充足。本条规定赋予了法官较大的自由裁量权，为防止权力滥用，证据必须充分，这就需要有充足的证据证明原告及上诉人的拒绝行为，比如开庭笔录、庭审录音录像等，以免发生冤假错案。本案中就有开庭当日的庭审录音录像等证据证明原告拒绝配合调查的行为，为方便证据的采集，需要数字化庭审和网络庭审直播的逐步普及。

第三，承担何种不利的法律后果需根据具体情形而定。就本案而言，原告朱晓冬拒绝发表诉讼请求及案件事实和理由，则视为原告开庭时未发表，原告开庭时未发表诉讼请求，视为放弃诉讼请求，本案按撤诉处理于法有据。

三、其他相关问题的思考

对不遵守法庭纪律的现象，事后处罚理所当然，但事先预防和事中调解也是非常重要的一环。在我国法律普及还有待进一步提高的前提下，多数当事人不遵守法庭纪律是出于对庭审纪律的认识不够，这就需要在庭前充分告知当事人权利义务，尤其是违反法庭纪律可能导致的后果，包括在庭前确保送达《庭审纪律告知书》，庭审开始前宣读法庭纪律等。审判人员在庭审过程中需秉持公正态度，维护司法权威的同时注重言语调解，这就需要完善的法庭监督系统，比如各地数字化法庭、庭审直播等在开庭过程中加强监督。我国现行法律对庭审纪律已经有了一定的规范制度，但建设现代化法庭、提高司法权威的征程仍然任重而道远！

（作者单位：湖北省武汉市中级人民法院）

行政诉讼理论

作为判决撤销理由的滥用职权

——兼论修法后滥用职权表现的客观化趋势

武 楠

前 言

如我们说由当局在其自由裁量之内做某事时，自由裁量权意味着，根据合理和公正的原则做事，而不是根据个人意见做事；根据法律做事，而不是根据个人好恶做事。自由裁量权不应是专断的、含糊不清的、捉摸不定的权力，而应当是法定的，有一定之规的权力。（1598 年《科克判例汇编》第 5 卷第 99 页。）①

修改前的《行政诉讼法》第五十四条将滥用职权作为一种可以判决撤销的违法情形加以列举。立法机关认为，滥用职权是指行政机关作出的行政行为虽然在权限范围内，但行政机关不正当行使职权，不符合法律授予权力的目的。② 立法者将行政机关执法过程的“合目的性”作为合法性审查的重要内容。但在司法实践中，法院以滥用职权为由撤销行政行为的比例非常小③，判决主文中明确认定行政行为属于滥用职权的表述也不常见。滥用职权作为

① 转引自［美］伯纳德·施瓦茨：《行政法》，徐炳译，群众出版社 1986 年版，第 567 页。

② 胡康生主编：《行政诉讼法释义》，北京师范学院出版社 1989 年版，第 92 页。

③ 如北京市法院在 2000 年 1 月 1 日至 2015 年 5 月 1 日间共作出 3788 件适用修改前《行政诉讼法》第五十四条第（二）项判决撤销被诉具体行政行为的判决，但其中适用第 5 目即“滥用职权”判决撤销的仅有 3 件。

判决撤销的重要理由之一几乎被束之高阁，形同虚设，以致在修改行政诉讼法的过程中，有意见认为应当删除滥用职权作为撤销判决的情形。但立法者最终确认滥用职权在确认被诉行政行为违法，作为判决撤销理由方面具有独立价值，并通过明示“认为行政机关滥用行政权力排除或者限制竞争的”属于行政诉讼受案范围，增加“明显不当”作为判决撤销的理由，推动滥用职权作为规制行政裁量权的重要标准向客观化发展。本文意在分析研究滥用职权作为判决撤销理由被虚置的原因及其独立价值，探讨适用滥用职权标准进行司法审查的具体方式，并在新行政诉讼法基础上对滥用职权表现的客观化趋势作一初步分析。本文主要运用逻辑分析方法与实证分析方法。

一、论题背景：滥用职权适用虚置原因及其独立价值分析

滥用职权作为判决撤销理由在适用上被虚置有以下原因：一是因涉及行政机关主观意图的判断而导致举证困难。一般认为，认定滥用职权涉及对行政机关主观意图是否具有故意或者过失的判断，而判断行政机关及其工作人员的主观意图，必须由行政相对人提供证据以证明行政机关存在动机不良、不一致的解释、同等情况不同对待等情况，但事实上，行政相对人举证能力偏弱，难以承担对这些事实的举证责任。二是涉及行政裁量领域，导致法院认为不便以司法权对行政权进行干预。滥用职权的案件多发于行政裁量领域，此时行政机关在其职权范围享有一定幅度的选择权，法院会倾向于认为不便以滥用职权的事由作出相应的判决从而对行政权形成干预。三是存在交叉标准，导致撤销诉讼可基于多种因素达成。司法实践中，滥用职权的违法判断标准易与超越职权、显失公正等产生交叉。而滥用职权在多数情况下属于违背法律规定的目的，缺乏明确的法律条文规制，法院在适用时比较谨慎，更倾向于运用客观、具体、明确的法律条文，如主要证据不足，适用法律、法规错误，违反法定程序等。

虽然存在上述问题，但滥用职权作为撤销判决的理由，仍然有其独立存在的价值。滥用职权标准强调了对行政机关主观方面违法的审查，即行政行为有违反法律规定的目的情况存在，其界定相对清晰，也是其他易产生交叉的撤销、变更判决理由不能取代的。

其一，滥用职权与超越职权不同。超越职权是行政机关超出法律的规定

行使职权，不符合行政行为的构成要件，而滥用职权则是在法律规定的范围内行使职权，符合行政行为在主体、权限、程序、内容等方面的构成要件；超越职权可能由行政机关故意或者过失引发，甚至没有过错也可能发生；滥用职权则在一般情况下与行政机关及其工作人员的故意有关，即明知法律规定的目的而积极实施该行为，借以谋取不正当利益。

其二，滥用职权与显失公正不同。滥用职权是从行政行为的动机和目的的角度来界定的，即滥用职权是违背法律宗旨的行为；而显失公正是从行为的结果上指明行为的危害性，反映的是行政行为的结果明显不公正的状态。[①]在实践中，滥用职权的范围远远大于“显失公正”的范围。显失公正一般针对的是行政处罚畸轻畸重，特别是处罚幅度较大的情形。滥用职权并不一定表现在处罚幅度的大小上，而在于行政机关是否考虑具体情况。如果行政机关无视具体情况或者无视案件情节，尽管处罚幅度悬殊较少也可能构成滥用职权。

其三，滥用职权与滥用自由裁量权不尽相同。滥用职权中的“职权”是指行政职权或者行政裁量权，而行政裁量权包括行政羁束裁量权和行政自由裁量权。在行政自由裁量权领域存在滥用职权自不待言，在行政羁束裁量领域，由于行政职权的单方性、强制性和执行性特点，亦存在滥用职权的情形。例如，行政许可机关出于挟私报复的动机对明显符合法定条件的相对人的许可申请给予拒绝。

二、实证分析：适用滥用职权作为撤销理由进行司法审查的具体方式

对滥用职权进行司法审查的关键在于对滥用职权的判断。判断某一行政行为是否属于滥用职权，必须深究行政机关行使权力的意图。[②] 司法实践中，滥用职权主要体现为以下情形。

（一）不符合法律规定的目的

行政机关在作出决定时，如果带有不符合法律规定的不正当目的或者动机，就构成了滥用职权。行使行政职权的目的有的是由具体的法律条文所明

---

① 应松年主编：《行政诉讼法学》，中国政法大学出版社1994年版，第274页；姚锐敏：《论显失公正之行政行为的性质——兼论显失公正与滥用职权的关系》，载《云南行政学院学报》2001年第5期。

② 于安、江必新、郑淑娜编著：《行政诉讼法学》，法律出版社1997年版，第236页。

示的，有些则体现在具体法律条文背后的立法精神。因为目的是法律的创造者，即法律是追求一定目的的工具，无一定目的的绝不会制定出任何法律。[①]法律规定的目的一般情况下是单一的，有的时候会是双重甚至多重的，同样，行政机关的行为目的一般情况下也是单一的，特殊情况下是双重甚至多重的。

1. 对单一目的的审查

一般情况下，对是否符合法律规定的目的进行审查，就是对法律、法规规定的目的和行政行为目的进行查明、辨识和比对。如果法律授权行政行为的目的已经确定，而行政行为目的与其不一致或者存在背道而驰的情形，则可认定为滥用职权。考察域外经验，法国及英国法院对滥用职权的司法审查，均采取确定法律目的与确定行政决定目的两个步骤。如果法律已经明确了授权目的，法院只要根据该目的与行政行为的目的进行对照就可以了。但是，由于法律授权往往采取了模糊的方式，对法律目的与行政行为目的之间的比照并不容易。此时法官对法律目的的识别主要通过法律解释的方法。当法律没有明确规定授权目的时，行政机关在行使权力时仍然要与法院所确立的该法律的隐含目的相一致[②]。

对于法律授权的目的，可以通过以下几个途径确定：第一，法律总则部分关于授权的规定。对于行政行为的授权目的，一般是在单行法律中予以规定。例如，《道路交通安全法》总则中规定，该法的立法目的是维护道路交通秩序，预防和减少交通事故，保护人身安全，保护公民、法人和其他组织的财产安全及其他合法权益，提高通行效率。也就是说，依该法规定实施的行政行为必须符合上述目的。值得注意的是，《行政强制法》第二条规定的制止违法行为、防止证据损毁、避免危害发生、控制危险扩大等情形主要是为了揭示行政强制措施的特点，也为设定行政强制措施提供指引，而不是普遍授权，并不能直接依据该条规定实施行政强制措施。行政机关实施行政强制措施必须依据《行政强制法》有关设定权的规定，或有单行法依据[③]。第二，法律具体条文中关于授权的规定。例如，《人民警察法》第十四条规定，公安机关的人民警察对严重危害公共安全或者他人人身安全的精神病人，可

---

① 郜风涛：《行政裁量权及其规制研究》，载郜风涛：《文津法札》，中国法制出版社2011年版。

② 参见李洪雷：《英国法上对行政裁量权的司法审查》，载朱新力主编：《法治社会与行政裁量的基本准则研究》，法律出版社2007年版，第12页。

③ 乔晓阳主编：《中华人民共和国行政强制法解读》，中国法制出版社2011年版，第11页。

以采取保护性约束措施。《道路交通安全法》第四十条规定，遇有自然灾害、恶劣气象条件或者重大交通事故等严重影响交通安全的情形，采取其他措施难以保证交通安全时，公安机关交通管理部门可以实行交通管制。第三，立法信息、资料。虽然这些材料不能作为审判依据，但是可以作为确定法律授权目的的参考资料。对行政行为实际目的的确定，一般要求行政机关提供作出行政行为的所有材料。这些材料可以是行政决定法律文书、行政案卷以及所依据的规范性文件。法院在认为行政机关可能存在滥用职权的情况下，也可以依职权调取相关证据和材料。

2. 对多重目的的审查

实际案件中行政机关会出于多重目的行使权力，从而涉及法律授权的目的、行政行为的公益目的、行政行为的实际目的等多重目的的审查和识别。此时往往需要在若干个目的之间进行识别和确定。我们认为，可以采取以下几个步骤：首先，确定主要目的。在若干个目的之间如果有主要目的，则该主要目的为行政行为目的。其次，确定合法目的。在不能确定主要目的的情况下，区分合法目的和非法目的，如果既存在合法目的又存在非法目的，则应当认定其目的是合法的。最后，根据假设结果确定目的。在上述方法都不能确定行政行为目的的情况下，可以采取比较衡量的办法，即如果合法目的和非法目的最终导致的行政行为的结果完全相同，则可以认为行政行为目的合法。

司法实践中，对符合法定目的的审查在解决行政强制行为是否合法的案件中较为突出。以滥用刑事强制措施权为例，在“陈春云诉鹿寨县公安局强制措施案”① 中，法院从公安机关采取措施的最终结果来判断其采取刑事强制措施的目的。法院认为，公安机关明知道双方纠纷属于民事纠纷，仍然以传唤、限制人身自由的方式强迫原告还款。原告还款后，公安机关将其释放。法院从公安机关采取措施后的实际后果（还款——释放）判断，该强制措施

① 国家法官学院、中国人民大学法学院编：《中国审判案例要览》（2001 年商事审判暨行政审判案例卷），中国人民大学出版社 2002 年版，第 841 - 844 页。

的目的不是收集证据追究刑事责任，而是插手经济纠纷从中牟利。[①] 法院也可以通过审查行政机关采取强制措施之后是否进行下一步的行政程序来判断行政机关采取强制措施的真正目的，并进而判断其是否符合法律规定的目的。例如，《人民警察法》第九条赋予了公安机关对具有法定情形的违法犯罪嫌疑人可以采取将其留置于公安机关进行继续盘问的权力。根据该条规定，公安机关采取继续盘问措施的目的是通过继续盘问进一步查清嫌疑人是否存在违法犯罪的事实。在“毛珠兰诉龙岩市公安局行政强制措施”一案中，法院经审查后认为，公安机关仅仅采取强制措施限制毛珠兰的人身自由，并无任何盘问行为，且未对嫌疑人的行为展开进一步的调查，违反了《人民警察法》设定公安机关行使该权力的目的，属于滥用职权，判决确认上述行为违法[②]。

（二）不考虑相关因素或者考虑不相关因素

行政机关在作出行政行为时，不考虑相关因素或者考虑不相关因素，使得行政行为与行政行为目的之间发生了偏离。行政机关实际上用合法的形式掩盖了其真正的行为目的，构成滥用职权。在英国，违反相关性（relevancy）主要是指行政机关在行使裁量权时考虑了不相关因素而未考虑相关因素。但是，如果仅考虑了不相关因素但是并未影响最后决定，则该行政行为的效力不受影响。我们认为，相关因素是指法律规定应当考虑或者不应当考虑的因素。行政机关应当考虑相关因素而不考虑或者不应当考虑相关因素而考虑，均构成滥用职权。法院一般从以下两个方面来审查：

1. 确定法律是否规定行政机关应考虑相关因素。如果法律对行政机关在

---

① 在司法实践中，最为常见的滥用职权的案件是公安机关利用行政强制权力插手经济纠纷案件。这类案件还可参见：“张晓华不服磐安县公安局限制人身自由、扣押财产案”［浙江省金华市中级人民法院（1993）行终字第25号］、“西安美丽得彩色影音有限公司不服太原市公安局、西安市公安局碑林分局强制划扣款物案”［陕西省高级人民法院（1993）行终字第6号］、“王文平不服枝城市公安局红花套派出所行政强制措施案”［湖北省宜昌市中级人民法院（1993）行终字第6号］、“程宏云不服农安县公安局收容审查决定案”［四川省泸州市中级人民法院（1992）泸中法行终字第7号］、“胡定国等不服宁波市公安局北仑区分局强制传唤并扣押存款案”［浙江省宁波市北仑区人民法院（1997）甬仑行初字第3号］、“肖钢都等不服浏阳市公安局限制人身自由、扣押财产案”［江西省萍乡市中级人民法院（1999）行终字第3号］、“贾奕诉广东省江门市公安局蓬江分局限制人身自由、扣押财产行政强制措施并附带行政赔偿案”［江苏省南京市玄武区人民法院（2002）玄行初字第76号］等。

② 国家法官学院、中国人民大学法学院编：《中国审判案例要览》（2002年商事审判暨行政审判案例卷），中国人民大学出版社2003年版，第829－833页。

作出行政行为时要求必须考虑相关因素，行政机关应当遵守相关规定。例如，原《治安管理处罚条例》规定了强制传唤。由于强制传唤的手段可能使用械具，容易对人造成伤害，公安部《关于执行〈治安管理处罚条例〉若干问题的解释》规定：“……公安机关可以强制传唤。强制的方法应以能将被传唤人传唤到公安机关为限度，必要时经派出所所长以上负责人批准，可以使用械具。”如果被传唤人是怀孕妇女、少年、老人，使用械具传唤显然属于“未考虑相关因素”，也不符合前述规章规定的以能将被传唤人传唤到公安机关为限度，构成未考虑相关因素的滥用职权。但“相关因素”与行政行为的条件不同。相关因素是指行政机关在作出行为时需要考虑的因素；行政行为的条件则是作出行政行为的前提。例如，根据《道路交通安全法》第七十二条的规定，交通警察因收集证据的需要，可以扣留事故车辆。“因收集证据的需要”即是作出行政强制行为的条件，而非考虑因素。

2. 行政机关是否考虑不相关因素。在法律没有规定相关因素的情况下，行政机关不能自行设定和考虑“相关因素”。如果考虑这些不相关因素，实际上背离了行政行为作出的基础，构成滥用职权。例如，在“龙瑞明不服长沙县公安交通警察大队行政强制措施案”中，法院认为，县交警队在不考虑龙瑞明已与原审第三人彭建明达成协议及该交通事故重新认定决定未下达的情况下，亦未告知龙瑞明就将车辆发放给彭建明是滥用职权的行为[①]。

（三）相同情况不同处理或者不同情况相同处理

对于相同情况，行政机关应当作出相同处理，这既是行政一致性的基本要求，也是平等对待原则的基本要求，以保障公民对行政行为的信赖利益。行政职权的行使不应当与相对人身份、民族、性别、宗教等与案件情况无关的因素挂钩，而应当同等情况同等对待、不同情况区别对待。[②] 如果相同情况不同处理，其实质是取消了行政行为作出的标准，比如对相同情况，行政机关既可以给予行政相对人行政强制，也可以不给予行政强制，既可以给予甲种行政强制，也可以给予乙种行政强制，这实际上属于行政专横和擅断。不同情况相同处理实际上也属于这种情形，甲和乙的情况不同，行政机关应

---

① 国家法官学院、中国人民大学法学院编：《中国审判案例要览》（2005年行政审判案例卷），中国人民大学出版社2006年版，第8－16页。

② 郜风涛：《行政裁量权及其规制研究》，载郜风涛：《文津法札》，中国法制出版社2011年版。

当采取种类不同或轻重不同的行政强制，而不是采取相同的行政强制。

（四）滥用程序

行政机关在没有规定行政程序或者对行政程序规定不明确的情况下，采取不合理的程序作出行政行为属于滥用程序。主要包括两种情形：一是应当适用甲行政程序而适用乙行政程序。例如，在“任宇新诉东阳市公安局交通警察大队强制扣证”一案中，法院以被告滥用程序构成滥用职权为由，判决撤销了其强制扣证的行为①。二是不应当适用特定行政程序而适用。例如，在“赵汉萍诉云南省国家安全厅划拨存款案”② 中，法院认为，本案纯属经济纠纷，国宏公司自恃属于国家安全厅下属公司，遂由国家安全厅以涉及国家安全工作业务经费为由，强行划拨了赵汉萍款项，国家安全厅的行为违背了《国家安全法》的立法目的和原则，其采用行政强制程序插手经济纠纷，属于滥用程序的行为。

（五）压迫性的强制或者制裁

所谓压迫性行政决定是指对私人的权利或者利益施加了不必要的过分干预的决定，其所关注的是行政决定的最终结果以及对私人的影响，而不是作出该决定的过程。③ 在英国，压迫性的行政决定是行政决定过程存在实质性瑕疵的表现之一，构成滥用职权。在我国，法院对没有法律依据的强行摊派行为仅判定为违法行为，尚不足以给予其准确的否定性评价的，可以将其界定为滥用职权。例如，在“陈海权诉富民县者北乡人民政府扣押财物行政强制措施案”中，法院认为者北乡人民政府以集资为名强行扣押陈海权个人财产的行为属于非法行为。但对该行为仅仅评价为违法行为，尚不够准确到位。乡政府的行为实际上属于明知违法仍然悍然不顾的行为，应当界定为滥用职权为妥。又如，在“简阳市金平石化机械配件有限责任公司诉简阳市安乐乡人民政府变卖财产行政强制措施案”中，原告公司的法定代表人向安乐乡农村合作基金会贷款。后安乐乡政府成立“农村合作基金会借款催收工作队”，

---

① 国家法官学院、中国人民大学法学院编：《中国审判案例要览》（2000 年商事审判暨行政审判案例卷），中国人民大学出版社 2002 年版，第 441 - 442 页。

② 国家法官学院、中国人民大学法学院编：《中国审判案例要览》（1997 年经济审判暨行政审判案例卷），中国人民大学出版社 1998 年版，第 598 - 601 页。

③ 参见李洪雷：《英国法上对行政裁量权的司法审查》，载朱新力主编：《法治社会与行政裁量的基本准则研究》，法律出版社 2007 年版，第 22 页。

催收队将原告公司设备用汽车运走。法院认为，乡政府的行为是通过行政强制措施达到清偿债务的目的，属于压迫性的强制，违反了法律的基本原则，判决确认违法。

（六）不合情理的不作为或者过分迟延

在法律没有规定时限或者时限规定不明确的情况下，行政机关无故拖延、刁难，以致影响了相对人权益时，构成滥用职权。不合情理的不作为或者过分迟延的行为与违法的行政决定具有同样的危害性，甚至比行政决定更具有欺骗性。法院在审查行政行为是否存在不合理的迟延、拖延时，首先应当确定行政行为应当作出的时限，如果超过时限后，行政机关仍然不作出行为，且从一般常识考虑，其有足够时间作出而不作出，则此种行为不同于作为行为的滥用职权，但也可以称为拟制的“滥用职权”。

（七）严重不合理的或者违反比例原则的决定

并非所有的不合理的或者违反比例原则的决定，都可以归入滥用职权的范畴。对滥用职权的审查，主要审查行政机关行使职权行为的目的和动机。除前述方法之外，还可以采用推定的方式。即如果行政机关的行为出现严重的不合理、严重地不符合比例原则、严重地违反常理，达到了匪夷所思的地步，法院可以推断行政机关有滥用职权的故意。在司法实践中，对于严重不合理或者违反比例原则的决定，法院可以采取一般理性人的审查标准。对于一般正常人、社会公众都认为难以接受的行政决定，可以判断为属于严重不合理情形的滥用职权。

（八）背离了既定的惯例或者行政习惯

行政机关也必须遵守先例，这是行政自我拘束原理的要求，即行政机关必须保持与之前实施的行政行为的均衡性和连续性。在更广泛的意义上，行政机关还有义务遵从上级行政机关行使同一职权形成的先例，并适当参考周边同系统行政机关行使职权作出的处理。[①] 即行政机关的行为应当保持统一性、一贯性，尽可能做到同等情形下同等对待。行政机关的每一个行为都构成对之后案件的惯例，行政机关打破惯例、不遵守之前的行政习惯，且无正当理由的，应当认定为滥用职权。例如，对于行政相对人的某一行为，行政

① 郜风涛：《行政裁量权及其规制研究》，载郜风涛：《文津法札》，中国法制出版社 2011 年版。

机关没有设定和未行使过行政强制，而对其行使行政强制；行政机关对甲行使的行政强制权，在同等情况下，乙受到的行政强制显然更重或者更轻；等等。

三、发展趋势：滥用职权判断标准的客观化

如前所述，滥用职权在司法实践中一直未得到很好的运用，与其侧重于规范行政机关的主观过错，缺乏确定客观的标准密切相关。多年来，法院通过适用法律，在案件审理中发展出了据以判断滥用职权的若干客观性标准。立法也在不断寻求呼应司法实务的需求，在单行法、基本法等立法方面不断推动滥用职权标准向客观化发展。

1. 单行法对“滥用职权”的禁止性规定、列举式规定。最早可见于1993年施行的《反不正当竞争法》第三十条的规定，政府及其所属部门限定他人购买其指定的经营者的商品、限制其他经营者正当的经营活动，或者限制商品在地区之间正常流通的，由上级机关责令其改正；情节严重的，由同级或者上级机关对直接责任人员给予行政处分。但该法对滥用职权的救济仍然停留在行政机关内部程序上。2007年8月，《反垄断法》颁布，该法第八条规定：“行政机关和法律、法规授权的具有管理公共事务职能的组织不得滥用行政权力，排除、限制竞争。”第五章就“滥用行政权力排除、限制竞争”作了专章规定，并就滥用行政权力排除、限制竞争的具体情形作了列举。该法实际上就行政机关“滥用权力”的情形进行了列举，使得“滥用职权”的标准呈现清晰的客观化倾向。参与立法的有关人员认为，如何界定滥用行政权力，首先要明确该项权力的内容、范围、边界及其运行目的、运行程序、运行方式的规范和要求。滥用行政权力，既包括越权行为，也包括不符合行政权力的运行目的、运行程序和运行规范来行使行政权力。① 因此可以说，该法列举的具体情形也是在通过具体的表现形式来解释“滥用权力”。

2. 新行政诉讼法将行政机关滥用行政权力排除或者限制竞争的行为纳入受案范围。《反不正当竞争法》和《反垄断法》对行政垄断行为是否属于行政诉讼受案范围没有明确规定，导致在司法实践中争议较大。行政诉讼法修

---

① 曹康泰主编：《中华人民共和国反垄断法解读——理念、制度、机制、措施》，中国法制出版社2007年版，第155页。

订后对于“滥用行政权力排除、限制竞争”的行为明确属于行政诉讼受案范围，其具体表现形式可主要参照《反垄断法》的规定，即指定交易行为、限制商品流通、排除或者限制招标投标、排斥或者限制投资或者设立分支机构、强制经营者从事垄断行为等。实践中仍然存有争议的是滥用行政权力制定含有排除、限制竞争内容如地区封锁的规定是否可诉。我们认为，如果相关规定针对的是特定对象和特定事项，并影响公民、法人或者其他组织的合法权益，应当属于可诉的行政行为。如果行政机关制定含有排除、限制竞争内容的规定，针对的是不特定对象和不特定事项，公民、法人或者其他组织可以针对行政机关的具体实施行为提起诉讼，如果认为该行政行为所依据的规范性文件不合法，在对行政行为提起诉讼时，可以一并请求对该规范性文件进行审查。

3. 新行政诉讼法增加“明显不当”情形共同规制行政机关行使自由裁量权极端不合理的情形。在立法者看来，对于行政机关行使自由裁量权过程中极端不合理的情形，应纳入合法性范围进行审查，在滥用职权之外增加规定明显不当的情形，可以适用撤销判决。其中滥用职权是从主观角度提出的，明显不当是从客观角度提出的。[①] 前已述及，新行政诉讼法的规定已将行政机关行使自由裁量权极端不合理的情形标准客观化。滥用职权和明显不当均是可以进行客观化衡量的标准，只是在词义表述和习惯用法上，滥用职权更侧重于主观动机，明显不当则侧重于客观结果。二者的区别主要体现在程度不同。滥用职权是达到非常不合理的程度，以致行政机关的决定没有任何合理的基础，超过了一个合理的人对事实看法的不同。是以外在的合法掩盖实质上的不合法律目的、法律精神的一种本源性的违法形态[②]。而明显不当在程度上则相对较轻，是以合法为前提的，是合法范围内的不当[③]。在具体的区别方法上，可以通过比较行政相对人得到的权利和承担的义务是否相称、比较被告对同类情况的处理结果是否一致、与同案人的处理结果相对应进行判断，如果存在明显不相称或处理结果相差甚远，应认定为滥用职权，如果仅是有明显差距或明显不成比例，则应认定为明显不当。

---

① 全国人大常委会法制工作委员会行政法室编著：《中华人民共和国行政诉讼法解读》，中国法制出版社 2014 年版，第 197 页。

② 马怀德主编：《新编中华人民共和国行政诉讼法释义》，中国法制出版社 2014 年版，第 329 页。

③ 张越：《行政复议法学》，中国法制出版社 2014 年版，第 459 页。

结语

作为撤销判决理由的“滥用职权”，应当按照其具体表现形态进行判断，强化其司法适用性。根据新行政诉讼法的规定，对“滥用职权”的司法适用，已经由主观判断向客观审查方向发展，并具有了更加丰富的含义。对滥用职权的深入研究，必将为人民法院今后司法判断的客观化、标准化、法定化，为规范行政机关执法的规范化、合目的化、合比例化奠定良好的基础。

（作者单位：北京市第四中级人民法院）

行政法上的信赖保护对象考察

窦家应

英国的丹宁勋爵曾说：“法院不应当受理一个纯粹是干预与己无关的事情的好事者的起诉，但法院应该接待那些与已经发生的事情有利害关系的人……”①

目前有关行政法上信赖保护原则②的研究已有诸多讨论和著述，唯多集中于信赖保护原则的源流究考、理论基础、保护方式等问题的探讨，皆未予信赖保护的对象问题以足够重视，或以为这一问题不称为问题，其实不然。另外，因有关这一论题的著述甚丰，多数貌合神离的观点之间亦引发些许龃龉甚至自相矛盾。其实，信赖保护对象的理论认识是否清晰，对行政法理论和行政诉讼实务的影响颇大而不得不予以考察。

一、信赖保护对象的理论现状

我国目前有关信赖保护对象的研究主要存在两方面的问题。一是界定信赖保护对象名称的措辞混乱，二是认识信赖保护对象范围的理论存在分歧。

（一）信赖保护对象的名称

从我国现行立法上看，被认为“体现了信赖利益保护原则的要求”③ 的《行政许可法》是我国第一次在行政实体立法中明确信赖利益保护存在的法

---

① ［英］阿尔弗雷德·汤普森·丹宁：《法律的训诫》，杨百揆等译，法律出版社 1999 年版，第 127 页。

② 行政法上的信赖利益保护原则是指行政机关撤销其行政行为时，应当对行政相对人因信任该行政行为而获得的利益予以补偿。参见吴庚：《行政法之理论与实用》，三民书局 1996 年增订三版，第 59 页。林石猛：《行政诉讼类型之理论与实务》，学林文化 2004 年版，第 272 页。由于本文主题为探讨信赖利益保护的主体问题，且有关信赖利益保护原则基本理论的研究成果颇丰，所以本文对信赖利益保护原则的概念、信赖保护要件、保护方式等基本理论问题不再论述。

③ 李洪雷：《论行政法上的信赖保护原则》，载《公法研究》2005 年第 2 期。

律规范。[1]“《行政许可法》在总结我国行政管理实践的基础上，首次将信赖保护原则写入法律之中，该法第八条和第六十九条的规定明确体现了这一原则。”[2]《行政许可法》第八条规定：“公民、法人或者其他组织依法取得的行政许可受法律保护，行政机关不得擅自改变已经生效的行政许可。……由此给公民、法人或者其他组织造成财产损失的，行政机关应当依法给予补偿。”该立法中界定信赖保护对象的措辞为“公民、法人或者其他组织”，这一措辞为我国立法中界定各部门法律关系主体的一般用语，但对于确定享有信赖利益的主体而言，该用语则显得宽泛不具体。该法第六十九条第四款规定：“依照本条第一款的规定撤销行政许可，被许可人的合法权益受到损害的，行政机关应当依法给予赔偿。……”此处对信赖保护的对象又表述为“被许可人”。同一部法律规范中两种不同的表述方式显得立法极不严谨。

从既有著述关于信赖保护对象的描述来看，不同研究成果之间的探讨亦各有不同。例如：有的称之为“行政相对人”；[3] 有的称之为“当事人”；[4] 有的称之为“社会成员”；[5] 有的称之为“私人”；[6] 各种称谓不一而足。而在与信赖保护相关的外国文献的翻译和引用中，关于信赖保护对象的表达也存在差异。如有的译作“受益人”[7]，有的译作“关系人”[8]，有的译作“公民”[9]，等等。

更有甚者，在同一论述中对信赖保护对象的称谓前后不一，如此一部分用“受益人”称之，彼一部分又用“社会成员”称之。[10]

---

① 当然也有不同的观点认为《中华人民共和国行政许可法》中有关信赖利益保护的规定并未能全面反映行政法上信赖保护原则的内涵和要求。“这一规则事实上距离信赖利益原则或是基于法的安定性要求而对行政行为存续保护的具体落实仍然很远。”参见赵宏：《法治国下的行政行为存续力》，法律出版社2007年版，第237页。

② 周佑勇：《行政许可法中的信赖保护原则》，载《江海学刊》，2005年第1期。

③ 参见黄学贤：《行政法中的信赖保护原则》，载《法学》2002年第5期。

④ 参见杨解君：《行政违法论纲》，东南大学出版社1999年版，第152页。

⑤ 参见李春燕：《行政信赖保护原则研究》，载《行政法学研究》2001年第3期。

⑥ 参见李洪雷：《论行政法上的信赖保护原则》，载《公法研究》2005年第2期。

⑦ 参见应松年主编：《外国行政程序法汇编》，中国法制出版社1999年版，第139页。参见《德国行政程序法》（1992年）第四十八条第二款之规定。

⑧ 参见应松年主编：《外国行政程序法汇编》，中国法制出版社1999年版，第139页。参见《德国行政程序法》（1992年）第四十八条第三款之规定。

⑨ ［德］平特纳：《德国普通行政法》，朱林译，中国政法大学出版社1999年版，第128－135页。

⑩ 参见刘泽军、赵昭：《试论行政法上的信赖利益保护原则》，载《北方工业大学学报》2008年第2期。

我们知道，上述界定信赖保护对象主体的形形色色的用语，各自的确切内涵和外延各不相同，有的可以说是大相径庭。

（二）信赖保护对象的认识

概括目前有关信赖保护内涵和外延探讨的理论成果，不难看出主要有两种不同的认识。一种认识主张信赖保护的对象为行政相对人，另一种认识主张信赖保护的对象为行政行为的利害关系人，即既包括行政相对人，又包括行政第三人。两种认识的主要区别就在于信赖保护是否包括行政第三人的信赖，这种分歧在已有的学术探讨和现行法的阐释中处处可见。[①]

有的著述认为："由于这一原则（诚实信用原则——笔者注）在行政法中直接的外在表现即是对行政相对人的正当合理信赖给予保护，故称之为信赖保护原则……"[②] 这种认识主张信赖保护的对象仅限于行政相对人。有的著述则认为："行政信赖保护原则适用于一切对行政行为的存续性及合法性形成合理信赖的社会成员，即行政相对人和第三人都可以主张信赖保护。"[③] "如果具有第三人效力的行政处分，是第三人受益而相对人负担的行政处分，原则上也是可以随时、溯及既往的撤销；但如果第三人有正当的信赖时，则应该以该信赖利益与公益或相对人的利益比较，以决定是否撤销及补偿。"[④] 这些认识则主张信赖保护的对象应为行政相对人和行政第三人。

有的著述在探讨信赖保护对象这一问题的内涵时主张其范围应当限于行政相对人，但在进一步阐述该原则时却又改变了自己的初衷，滑向了另一种主张。例如，限定"信赖利益所保护的就是行政相对人对行政主体的预期，对自己行为和财产的处置权"[⑤]，但在具体讨论信赖保护的对象问题时又认为"在这复杂的社会关系中，信赖利益保护原则不仅适用于保护行政相对人，而且也适用于保护第三人，这一点是需要肯定的"[⑥]。其实又首肯了对行政第三

---

① 当然也有观点与笔者归纳的结果似乎存在差异。如有观点认为"……应充分考虑第三人的信赖利益保护，此信赖保护可称之为信赖连带保护"。参见姚岳绒：《行政行为撤销上的信赖连带保护问题》，载《华东政法学院学报》2002 年第 5 期。但该文的结论其实还是将第三人作为信赖利益保护主体加以考虑的。

② 参见黄学贤：《行政法中的信赖保护原则》，载《法学》2002 年第 5 期。

③ 李春燕：《行政信赖保护原则研究》，载《行政法学研究》2001 年第 3 期。

④ 蔡志方：《行政法三十六讲》（普及版），成功大学法律学研究所法学丛书编辑委员会 1997 年版，第 257 页。

⑤ 王贵松：《行政信赖保护论》，山东人民出版社 2007 年版，第 97 页。

⑥ 王贵松：《行政信赖保护论》，山东人民出版社 2007 年版，第 169 页。

人的信赖利益保护。

值得注意的是，即便对已经成文颁布的《行政许可法》中有关信赖保护对象范围的法律规范的理解，亦存在上述两种认识或模棱两可的理解。如认为“该法第八条对合法行政许可决定的信赖保护作了规定，确认合法行政许可的效力，……对行政相对人由此产生的信赖利益优先适用存续保护……”[①]此种理解认定行政许可法中确定的信赖保护对象仅限于行政相对人。但同样的法律规范，又有其他研究成果读出了不同的含义。例如，认为“根据《行政许可法》第69条的规定，……法律之所以将其规定为‘可以撤销’而非‘应当撤销’，是因为其中涉及对被许可人信赖利益的保护”[②]。同时认为“《行政许可法》赋予利害关系人陈述和申辩权以及要求听证权，某些许可决定的作出必定关系到利害关系人的重大利益，而撤销行政许可决定也必然会涉及其信赖利益”[③]。还有的探讨游离于两种认识之间，在其论述中前后并不一致，如认为“信赖利益，……它主要适用于对授益行政行为的撤销（或废止）方面。即公民或组织因此类行政行为而获得利益，一经撤销将会受到损害，故行政机关撤销授益行政行为时，应考虑补偿行政相对人信赖该行政行为有效存续而获得的利益（或不予撤销）”[④]。但该著述在举例阐明信赖利益运作机制时，却认为“如对不符合条件的相对人而行政机关却发放了许可证，导致第三人在不知道许可的内容有误的情况下与持证人发生某种法律关系，第三人因此而取得的权益或权利应受到法律保护”[⑤]。

二、信赖保护对象研究的影响

信赖保护对象确切内涵的研究，绝不是一个为争论而探讨的理论命题。信赖保护的对象如何界定对行政法理论和行政诉讼实务的影响重大，以致对这一理论的探讨亦不允许模棱两可的中间认识存在。

（一）信赖保护对象与行政行为确定力理论

行政行为具有确定力。“确定力是指已生效的具体行政行为对行政主体和

① 范旭斌：《试论我国行政法上的信赖保护原则及其完善》，载《学术论坛》2006年第10期。
② 周佑勇主编：《行政许可法理论与实务》，武汉大学出版社2004年版，第190页。
③ 周佑勇主编：《行政许可法理论与实务》，武汉大学出版社2004年版，第191页。
④ 应松年、杨解君主编：《行政许可法的理论与制度解读》，北京大学出版社2004年版，第107页。
⑤ 应松年、杨解君主编：《行政许可法的理论与制度解读》，北京大学出版社2004年版，第107页。

行政相对人所具有的不受任意改变的法定效力。”[①] 行政行为的确定力对行政相对人的要求就是“在复议和诉讼期限届满后相对人不能要求改变行政行为”[②]。即出于社会权利义务关系稳定性的要求，即便行政相对人不服行政机关作出的行政行为提起复议或诉讼，也必须在法定的可复议或诉讼的期限内提出救济请求。但复议或诉讼的期限是以相对人知道（或应当知道）行政行为之日起作为起算点的，[③] 因此，法定的复议申请期限和诉讼起诉期限虽然是确定的，但这一期限的起算点却可能因人而异。不同主体针对行政行为提起救济的绝对期限其实是各不相同的。而不同主体可在长短不同或者过长的期限内对行政行为提起复议或诉讼是行政行为确定力理论所无法忍受的。信赖保护是否包含行政第三人的信赖利益，便是行政行为确定力理论面临的问题。

在行政机关作出行政行为的程序中，通常仅要求行政机关将行政法律文书送达行政相对人。因此，结合有关行政复议和行政诉讼的现行法律规定，行政相对人对该行政行为不服要求救济的期限一般情况下是可以确定的。但行政机关多数情况下不会将行政法律文书送达给行政第三人，那么，行政第三人知道（或应当知道）该行政行为的日期就常常变得难以确定，行政行为所确定的权利义务状态就可能因行政第三人享有的期限利益而在相当长的时限内处于不稳定的状态。如果认为信赖保护的对象范围包含行政第三人，出于对行政第三人信赖利益的保护，行政第三人享有的前述期限利益是不能忽略的。结果是凡涉及行政第三人信赖利益的行政行为确定力面临的挑战就常常是一个相当长的不可捉摸的期限，[④] 事实上使行政行为确定力理论在一定程度上被搁置了。

（二）信赖保护对象与信赖利益保护方式的选择

关于信赖利益的保护方式，目前的主流学说皆出自德国，引自我国台湾，

---

① 姜明安主编：《行政法与行政诉讼法》（第二版），北京大学出版社、高等教育出版社2005年版。

② 叶必丰：《行政行为的效力研究》，中国人民大学出版社2002年版，第105页。

③ 参见《行政复议法》第九条、《行政诉讼法》第三十九条、《最高人民法院关于执行〈中华人民共和国行政诉讼法〉若干问题的解释》第四十一条。

④ 当然，也有人断言，“允许第三人在信赖利益受到侵犯时起诉，有利于保护其合法权益，也有利于及时排除社会隐患，稳定社会秩序，更符合立法本意”。参见杨荣生、张志强：《第三人信赖利益保护研究》，载《行政执法与行政审判》（总第16集），法律出版社2006年版，第31页。笔者认为，这样的观点和实践是脱节的，实际上如此主张的实际效果可能和该文作者的主观愿望恰好相反。

后才被广泛认识。“归纳起来，信赖利益的实体性保护主要有两种具体的保护方式。一为存续保护，二为财产保护。”① 两种保护方式的选择一般认为主要是考量行政行为欲维护的公共利益和相对人因信赖行政行为形成的利益关系对比关系决定的。当相对人的信赖利益大于公共利益时，应当采用存续保护，即维持现状的处理方式，不得撤销原行政行为，以保护相对人已取得的信赖利益。当原行政行为欲维护的公共利益大于相对人的信赖利益时，可以撤销原行政行为，但应当给予相对人以经济补偿。

对于信赖利益的保护，无论采取何种保护方式，“公共利益在判断信赖利益保护原则之效果时，居于判断基准之地位”②。但如果我们认为信赖利益包含第三人的信赖，这一判断可能产生新的问题。

在未涉及第三人利益情况下的行政行为的信赖保护，我们只需将行政行为需维护的公共利益和行政相对人的信赖利益进行对比，进而决定适用何种保护方式。通常情况下，这两种利益在质上存在区别，量上存在差异，易于加以比较并得出结论。但如果在涉及第三人利益的行政行为中，我们将第三人的利益亦界定为信赖利益，则上述利益衡量关系就将变成公共利益、行政相对人信赖利益、行政第三人信赖利益的三方利益关系。在三方利益中进行利益衡量，行政相对人的信赖利益与行政第三人的信赖利益皆属于个体利益，欲经比较分出高下作出取舍，多数情况下都是一个艰难的选择。那么，选择信赖利益的保护方式也将处于似是而非的境地。因此，“……承认存在着应该保护的相对人及有关私人的信赖的情况。这个问题是极具利益衡量性质的问题，所以，在具体情况下应划定什么样的线，是个困难的问题……”③。

（三）信赖保护对象与行政诉讼实务

只要法律关系中的主体享有信赖利益，就应当为这种利益的保护设定相关的机制。将“解决行政纠纷，实施权利救济”④ 作为立法目的之一的行政诉讼，与信赖保护的对象考察密切相关。

信赖利益的范围如何，影响着行政诉讼原告资格的确认。信赖保护的对

---

① 王贵松：《行政信赖保护论》，山东人民出版社2007年版，第193页。

② 吴坤城：《公法上信赖保护原则初探》，载城仲模主编：《行政法之一般法律原则》（二），三民书局1997年版，第251页。

③ ［日］盐野宏：《行政法》，杨建顺译，法律出版社1999年版，第122页。

④ 林莉红：《行政诉讼法学》，武汉大学出版社1999年版，第22页。

象范围如包含行政第三人，则第三人在行政诉讼中当然享有原告资格。因此，信赖保护的对象范围界定不准确，就可能导致本不具备诉讼主体资格的原告被放进行政诉讼的门槛，造成既浪费司法资源，又解决不了问题的窘境。

如主张“某甲获得行政机关许可建房一幢，并将该房屋出租给某乙一家，后来行政机关因故需撤销许可推倒房屋……某乙与所租赁房屋相关的生活因此而形成的困难，是可以寻求保护的”①。如果将该案例中某乙（利害关系人）因信赖行政许可而租赁房屋所形成的利益视为信赖利益，其应当具备原告资格，可以通过行政诉讼途径保护自己的利益。如果某乙的此种利益未被视作信赖利益，则行政诉讼救济可能将其拒之门外。

信赖保护的对象范围如何，也影响着行政赔偿诉讼的审查。信赖利益是不同主体因信赖行政行为而形成的利益，那么，信赖利益损失弥补就可能产生行政赔偿责任。信赖保护对象的范围越广，行政机关可能承担赔偿责任的概率可能就越大。例如，有的观点主张：“……行政行为存续期间，相对人之外的第三人基于对行政机关作出的行政行为的信赖，而与该行政行为相对人缔结契约等法律关系因此遭受损失，对于这种损失除民事救济途径外也可通过行政赔偿诉讼救济。”② 且不论这种将民事主体因缔约等民事法律行为遭受损失贸然指引其可以通过主张行政信赖利益诉诸行政诉讼是否得当，但只要认定前述民事法律关系主体的利益属于行政法上的信赖利益，就可能产生行政赔偿诉讼。尽管行政赔偿诉讼和民事救济途径在审查模式、证明标准、赔偿范围等多个方面都存在差异，但在当今，提供“从摇篮到坟墓”式服务的行政机关已经深入社会生活的方方面面，③ 行政管理已经和公民生活息息相关，不论何种法律关系中的主体，其利益的损益多数情况下都很难做到与行政行为绝缘，那么对信赖保护对象范围的扩大最终会带给行政赔偿广度和深度的颠覆性变革。

信赖利益主体的内涵界定对行政诉讼实务的影响还体现在利益均衡等其他方面，当然也包括前文所述对行政诉讼起诉期限的把握。

---

① 王贵松：《行政信赖保护论》，山东人民出版社 2007 年版，第 169 页。

② 高磊：《行政许可行为利害关系人的诉讼主体资格》，载《人民司法·案例》2008 年第 24 期。

③ 参见江必新：《行政法学研究应如何回应服务型政府的实践》，载《现代法学》2009 年第 1 期。

三、信赖保护对象再考察

单纯从当前诸多直接相关信赖保护原则的繁杂论述中，欲明晰信赖保护对象的范围是有一定困难的。行政法上的信赖保护对象的范围究竟是否包含行政第三人在内，我们可以追根溯源，从信赖保护原则的理论基础考察，亦可以从国内外学者的理论探讨中窥知一二。当然，深入探讨信赖保护的利益衡量机制，也有助于廓清我们对这一问题的认识。

（一）正本清源——从信赖保护原则的理论基础考察

信赖保护原则作为行政法的原则之一是有其出处的，解析信赖保护原则如何生成的源头，明晓信赖保护原则衍生的根本，对确定信赖保护对象的范围大有裨益。

“公法上信赖利益保护原则肇始于德国。”[①] 考察信赖保护原则的理论基础，当然从有关德国法论述的机理中去发现。虽然目前“信赖保护的理由仍然存在争议：联邦行政法院的推论部分源自在法治国家原则中得到确认的法律安定性，部分来自诚实信用原则”[②]。德国学者的见解如此，研究德国法的本土见解也认为，“行政信赖保护原则是德国联邦行政法院根据法律安定性原则和民法的诚信原则推论而成立的”。[③] 因此，认定信赖保护原则的理论基础萌发于更为古老精深的法的安定性原则和诚实信用原则应当属于目前的主流观点。[④]

1. 法的安定性原则与信赖保护对象

“通常认为法的安定性原则包括两个方面的要求，即法律规范的安定性和

---

① 吴坤城：《公法上信赖保护原则初探》，载城仲模主编：《行政法之一般法律原则》（二），三民书局 1997 年版，第 238 页。

② ［德］哈特穆特·毛雷尔：《行政法学总论》，高家伟译，法律出版社 2000 年版，第 277 页。

③ 朱林：《德国行政行为撤销的理论及其立法评价》，载《法律科学》1993 年第 3 期。

④ 当然不同著述有关信赖利益保护原则理论依据的见解也有所不同。如有观点认为，信赖保护原则出于法的安定性，参见苏嘉宏、洪荣彬：《行政法概要——行政法的基本概念、行政作用法、行政组织法》，永然文化出版股份有限公司 1999 年版，第 88 页。有观点认为，信赖保护原则出于私法领域诚实信用原则的合理类推，参见［日］盐野宏：《行政法》，杨建顺译，法律出版社 1999 年版，第 59 页。有观点认为，法治精神、法治国家、宪政追求是信赖保护原则的理论源泉，参见莫于川、林鸿潮：《论当代行政法上的信赖保护原则》，载《法商研究》2004 年第 5 期。

法律秩序的安定性。①”“法的安定性原则在行政行为上的具体体现，就是它的确定力。②”法的安定性作用于行政行为主要体现在行政行为的确定力。行政行为的确定力主要包含形式确定力和实质确定力两方面的内容。形式确定力是指行政相对人在行政行为可复议或诉讼的期限届满之后，行政相对人不得再行提起行政复议或诉讼寻求救济，又称为行政行为的不可争力。实质确定力是指行政机关不得随意改变其作出的行政行为。③ 从行政行为确定力的运行机制可以看出，行政行为确定力作用的发挥是通过限制行政相对人和行政机关两方面的行为实现的。“惟就法安定性之法律关系之安定性要求而言，行政机关藉行政处分与人民所产生之法律关系亦应相符为是。”④ 据此可以推断，法的安定性作用于行政行为主要调整的是行政相对人和行政机关之间的法律关系。

从法的安定性推导出的信赖保护原则，在调整的法律关系范围上，当然应与其上位的理论基础一致（甚至可能缩小）。因此可以确定信赖保护的对象应当限于行政相对人，而不包含行政第三人。

2. 诚实信用原则与信赖保护对象

“诚信原则起源于罗马法中的诚信契约……”⑤ 在近代民法阶段，“罗马式的诚信要求仍被继承下来，但只有指导当事人民事活动的意义，并且被限制在债法的范围内适用”⑥。“诚实信用原则是以缔约前关系‘存在’为前提的。”⑦ 诚实信用原则作为民法上的“帝王条款”，最初主要适用于民法上的契约关系，而契约的形成是由合同双方当事人完成的。因此，诚实信用原则滥觞之初调整的对象主要也是合同双方当事人之间的关系。诚信原则“要求

---

① 叶必丰：《行政行为的效力研究》，中国人民大学出版社 2002 年版，第 108 页。

② 叶必丰：《行政行为的效力研究》，中国人民大学出版社 2002 年版，第 109 页。

③ 参见叶必丰：《行政行为的效力研究》，中国人民大学出版社 2002 年版，第 116－121 页。

④ 邵曼璠：《论公法上法安定性原则》，载城仲模主编：《行政法之一般法律原则》（二），三民书局 1997 年版，第 286 页。

⑤ 徐国栋：《民法基本原则解释——成文法局限性之克服》，中国政法大学出版社 1992 年版，第 80 页。

⑥ 徐国栋：《民法基本原则解释——成文法局限性之克服》，中国政法大学出版社 1992 年版，第 84 页。

⑦ 叶必丰：《行政行为的效力研究》，中国人民大学出版社 2002 年版，第 110－111 页。

保护法律行为当事人间信赖关系”[1]。

“信赖保护原则伴随着私法的诚实信用原则在行政法中的引入而确立起来，是诚实信用原则在行政法中最直接的体现。[2]” 以私法上诚实信用原则为基础的行政信赖保护原则，其调整的对象亦应当限于行政法律关系的双方当事人之间的权利义务关系，即信赖利益保护的对象仅限于行政相对人而不包括行政第三人。而且，也有观点早已断言，“信赖保护原则主要实现的是公共利益和个人利益之间的平衡”[3]，同样可以明确信赖利益保护的对象限于行政相对人的信赖利益。

（二）披沙沥金——从信赖保护原则的国内外研究成果考察

如前文所述，我们既有关于信赖保护原则的论述，多数发轫于德国法的相关理论，但作为信赖保护原则源头的德国法的立法，其实并未对这一问题专门予以明确。[4] 在德国《行政程序法》（1997 年）第四十八条、第四十九条、第五十条[5]有关信赖保护的条文中，亦仅规定了“受益人”的信赖利益，而涉及第三人利益时，只是主张“受益人的信赖利益是否占优势？权衡取决于具体情况和具体事件中的重点，如撤销对受益人的影响，不撤销对社会和第三人的影响……”[6]。其实是将第三人的利益归入公共利益中加以考虑的，依据公共利益和行政相对人信赖利益衡量的结果选择信赖利益保护的方式，韩国行政法亦持此观点。[7] 与德国法渊源颇深的日本在信赖保护原则体系的阐发上则有所发展。有日本学者认为“在形成私法上的法律关系的行为的情形下，出于保护相对人权益和保护第三人的信赖和维护法律关系稳定性这一必要性，有关撤销权限制的要求比通常情况更起作用”。[8] 其他部分日本学者

---

① 谢孟瑶：《行政法学上之诚实信用原则》，载城仲模主编：《行政法之一般法律原则》（二），三民书局 1997 年版，第 199 页。

② 周佑勇：《行政法基本原则研究》，武汉大学出版社 2005 年版，第 58－59 页。

③ 周佑勇：《行政法基本原则研究》，武汉大学出版社 2005 年版，第 232 页。

④ 囿于笔者水平所限和占有文献的不足，这一结论的推断只是基于现有译著而言的。参见［印］M. P. 赛夫：《德国普通行政法——普通法的分析》，周伟译，山东人民出版社 2006 年版，第 88 页。

⑤ 参见应松年主编：《外国行政程序法汇编》，中国法制出版社 1999 年版，第 181－184 页。

⑥ ［德］哈特穆特·毛雷尔：《行政法学总论》，高家伟译，法律出版社 2000 年版，第 282 页。

⑦ 参见［韩］金东熙：《行政法Ⅰ》（第 9 版），赵峰译，中国人民大学出版社 2008 年版，第 184 页。

⑧ ［日］室井力：《日本现代行政法》，吴微译，中国政法大学出版社 1995 年版，第 107 页。

的观点也大抵如此。[①]

我国台湾地区有关信赖保护原则的贡献在于将德国法的相关理论进一步精细化，并且对信赖保护原则中第三人享有的利益的性质果断地进行了界定。台湾学者首先认为“……受益的第三人不能依据行政程序法第 117 条[②]以下之规定，主张其信赖应受保护；亦即，‘受益第三人’在解释上并非行政程序法第 117 条第 2 款所指的‘受益人’”。[③] 该观点明确地指出，第三人通过行政行为获取的利益不属于信赖利益，且不可提出信赖利益保护的主张。那么第三人在行政行为中获得的利益应当如何定性呢？“由于第三人之获益非直接从行政处分内容而来，而只是纯粹事实上之效果”，[④] “加负担处分对第三人产生之利益，通常仅为反射利益”[⑤]。第三人在信赖保护原则中享有的权益仅为反射利益，在诉权保护、弥补方式等方面与信赖利益保护自有云泥之别。

台湾地区与大陆地区法学理论渊源相同，发展历程相近，易于互用，笔者认为采台湾学者对信赖保护原则中有关信赖保护对象之说，对我们厘清这一问题大有裨益。

（三）化繁为简——从信赖保护原则的利益衡量机制考察

有关信赖保护原则运行机制的讨论，最初的观点认为这一原则局限于授益行政行为。[⑥] 随着认识的深入，信赖保护原则逐渐也用来限制负担行政行为的撤销和废止。后期多数观点在讨论信赖利益保护原则时，更将该原则的适用分为授益行政行为、负担行政行为、第三人效力行政行为[⑦]的不同情形

---

① 参见［日］盐野宏：《行政法》，杨建顺译，法律出版社 1999 年版，第 122 页。

② 笔者注：“台湾地区行政程序法”第一百十七条：违法行政处分于法定救济期间经过后，原处分机关得依职权为全部或一部之撤销；其上级机关，亦得为之。但有下列各款情形之一者，不得撤销：一、撤销对公益有重大危害者。二、受益人无第一百十九条所列信赖不值得保护之情形，而信赖授予利益之行政处分，其信赖利益显然大于撤销所欲维护之公益者。

③ 林三钦：《“行政争讼制度”与“信赖保护原则”之课题》，新学林出版股份有限公司 2008 年版，第 367 页。

④ 吴坤城：《公法上信赖保护原则初探》，载城仲模主编：《行政法之一般法律原则》（二），三民书局 1997 年版，第 255 页。

⑤ 陈敏：《行政法总论》，三民书局 1998 年版，第 443 页。

⑥ ［印］M. P. 赛夫：《德国行政法——普通法的分析》，周伟译，山东人民出版社 2006 年版，第 88 页。

⑦ 第三人效力行政行为是指对行政相对人而言是授益性质的行政行为，而对第三人造成了负担；也可能对行政相对人而言是负担性质，而对第三人造成授益效果的行政行为。参见吴庚：《行政法之理论与实用》，三民书局 1996 年增订三版，第 353 页。

加以展开。[①] 如前文所述，在确定行政相对人的信赖利益保护应当选择哪种保护方式时，如果将第三人的利益作为信赖利益加以考虑，如何选择对相对人信赖利益保护的方式是较为困难的。事实的确如此，面对授益、负担抑或第三人效力的不同类型的行政行为，相对人、第三人、公共利益不同主体不同性质的利益如何衡量并作出保护选择并不轻松。

对于信赖保护原则的利益保护机制而言，“……如果把保护第三人的利益考虑进去的话，又如何呢？这仍然是个问题”[②]。这一问题的化解，我们仍可以从德国有关信赖保护原则的论述中得到启发。“信赖利益保护的条件是：受益人信赖行政行为的存在，并且依据与撤销的公共利益的权衡，其信赖值得保护。”[③] 可见，相对人的信赖利益是否值得保护，第三人的利益并不会成为考虑因素。只是在公共利益权衡时，需要考虑“不撤销对社会和第三人的影响”。[④] 因此，有关信赖利益保护的机制其实并未如臆想的复杂，可以化繁为简，将第三人的利益作为公共利益的一部分加以考量，仅需要对相对人的信赖利益和公共利益加以权衡，即可以作出选择何种利益保护方式的决断。这一化繁为简的信赖利益保护机制，其实仍是以排除行政第三人作为信赖保护对象为前提的。

四、补记

行政第三人不属于信赖保护的对象，第三人通过行政行为获得的利益仅为反射利益，不能通过行政诉讼救济途径对其在行政行为中获取的利益寻求保护，这一结论是否与当今行政诉讼法加大保护当事人诉权保护的发展趋势相悖？但通过分析现阶段的理论成果和现行立法，我们只能得出如此的结论。当然，本文认为行政第三人不属于信赖保护的对象，只是认为原审第三人在这一场合不能通过行政诉讼实现保护，并不是否定行政第三人合法权益受到侵害的其他场合，行政第三人应当具备的原告主体资格，例如，行政第三人的合法权益，有时直接受到行政行为的侵害，其通过行政诉讼寻求救济的资

---

① 参见［德］哈特穆特·毛雷尔：《行政法学总论》，高家伟译，法律出版社2000年版，第273页。

② ［日］藤田宙靖：《日本行政法》（第四版），杨桐译，中国法制出版社2012年版，第91页。

③ ［德］哈特穆特·毛雷尔：《行政法学总论》，高家伟译，法律出版社2000年版，第281页。

④ ［德］哈特穆特·毛雷尔：《行政法学总论》，高家伟译，法律出版社2000年版，第282页。

格当然是无疑义的。

信赖保护原则对第三人权益的眷顾，只能在衡量信赖利益与公共利益何者更具优势时，尽可能考虑对第三人造成的影响。当然，行政救济制度的逐渐成熟也会作出些许回应，“……在对第三人的关系上，将此前被认为是反射利益的事项，尽量解释为法律保护的利益”。① 而且“如果过度适用信赖保护原则，亦造成法秩序的僵化……，因此信赖保护原则亦非无限上纲地适用。”② 更有观点提出“……第三人的损害补偿责任应当由许可受益人即行政许可的直接相对人来承担”③ 的大胆设想，也都预示着行政救济理论和实务的发展，不会对信赖保护原则中第三人享有的权益永远保持冷漠。

（作者单位：广东省高级人民法院）

① 杨建顺：《日本行政法通论》，中国法制出版社1998年版，第201页。

② 朱鹋：《两岸行政程序法制之比较研究》，中国人民大学出版社2008年版，第171页。

③ 黄学贤：《论行政行为中的第三人》，载《当代法学》2006年第3期。

构建多元化解重大行政争议机制的探索与实践

李星星

深入推进行政争议化解机制改革，是密切党和政府与人民群众联系、增进社会和谐的重要途径，是加强和创新社会治理、加快建设法治政府的迫切需要。对待行政争议的正确态度，不是消极的回避和压制，而是建立一套公正高效、有机协作的多元化行政争议解决机制。① 构建多元化解重大行政争议机制在实践操作中，需要明确基本原则、受案范围、机构职责，需要细化诉前、诉中、诉后三个运行维度，需要相应的配套制度和保障措施，还需要从辩证法角度处理好刚性规定与柔性协调的配合问题、权利保护与权利滥用的规制问题、司法机关与行政机关的互动问题、结果公正与程序效率的兼顾问题、争议预防与争议化解的衔接问题。

行政争议是指行政主体与行政相对人之间就行政法上的权利义务所产生的分歧。行政争议分为简单行政争议、普通行政争议和重大行政争议。对行政争议进行分类的标准是涉案人数、难易程度及影响大小。解决问题要抓住主要矛盾，重大行政争议涉及人数较多、疑难复杂、影响较大，可能引发群体性事件，进而破坏社会和谐稳定，影响经济社会发展，故应当引起足够的重视，亟须构建多元化解重大行政争议机制予以应对。

一、构建多元化解重大行政争议机制的理论支撑

（一）必要性

1. 社会发展进程的历史必然。历史决定变革，变革影响历史。当历史发展到一定程度，就会出现具有时代特征的社会问题，社会需要变革予以应对。

① 周佑勇、钱卿：《构建诉讼与非诉讼相衔接的多元化行政纠纷解决机制》，载《江苏行政学院学报》2009 年第 5 期。

以人民法院为例，20 世纪 90 年代以前，人民法院给人的第一印象是“公审大会”，即定罪量刑、打击犯罪，那时民事诉讼较少，行政诉讼还在萌芽状态，人民法院的中心业务就是刑事审判，通常称该时期为“大刑事”时代。到了 90 年代，随着改革开放红利凸显，经济快速发展，经济纠纷也越来越多，人民法院渐渐迎来了民事审判的“春天”，许多人民法院按案由陆续分设民一庭、民二庭、民三庭，少数法院还设立了民四庭、民五庭，民事审判成为人民法院的主业。到了 2010 年左右，经济社会已经稳定发展，社会法治程度较高，行政争议成为时代亟须解决的重点问题，随着中央全面推进依法治国，法治政府建设成为各级党委政府的重点工作，而行政审判与法治政府建设紧密相关，故相比刑事审判和民事审判，行政审判成为当下人民法院重点关注的工作。针对重大行政争议，单靠人民法院“单打独斗”肯定不行，需要整合资源聚合力量，需要构建多元化解机制，需要实质解决争议。

2. 落实中央精神的政治要求。深入推进行政争议化解机制改革，是密切党和政府与人民群众联系、增进社会和谐的重要途径，是加强和创新社会治理、加快建设法治政府的迫切需要。从中央精神角度分析，按照党的十八大和十八届三中、四中、五中、六中全会精神以及习近平总书记系列重要讲话精神，社会各界需要紧紧围绕协调推进“四个全面”战略布局和五大发展理念，主动适应经济发展新常态，以体制机制创新为动力，进一步建立和完善重大行政争议多元化解机制，充分发挥各方力量在化解重大行政争议中的重要作用，及时、高效化解各类重大行政争议。从具体规定分析，《中共中央关于全面推进依法治国若干重大问题的决定》、《中共中央办公厅、国务院办公厅关于完善矛盾纠纷多元化解机制的意见》（中办发〔2015〕60 号）、《最高人民法院关于人民法院进一步深化多元化纠纷解决机制改革的意见》（法发〔2016〕14 号）均有明确要求，要积极探索更加有效的行政争议化解途径，构建行政执法、行政复议、行政诉讼有机协调的行政争议多元化解机制，实质解决争议，实现案结事了。

3. 经济稳定发展的社会需求。评价社会治理能力与治理水平高低的依据不在于社会纠纷发生的频率与烈度，而在于纠纷解决机制的成熟与完备程度。[①] 重大行政争议多元化解机制是指由诉讼和各种非诉讼方式共同构成的

① 胡军辉：《多元化纠纷解决机制改革探索与未来展望》，载《中国审判》2017 年第 11 期。

行政争议化解体系，其目标是合理配置社会资源，实现重大行政争议化解程序的合理衔接和相互协调，为行政相对人提供灵活多样、高效便捷、富有人性关怀的行政争议化解渠道，基本实现“行政争议不复议，复议纠纷不起诉，起诉纠纷不判决，判决纠纷不上诉，上诉纠纷不申诉”，防止重大群体性事件、上访案件发生，确保社会和谐稳定，促进社会经济发展。另外，构建多元化解重大行政争议机制也是全面建成小康社会的题中之义，是全面深化改革的关键任务，是全面依法治国、从严治党的基本要求。①

（二）可行性

1. 符合司法规律。规律是事物发展进程中所固有的、本质的、必然的、稳定的联系，是事物发展的必然趋势。司法也有其自身发展规律。② 从行政诉讼性质分析，行政诉讼理论上属于公法性质，但当前中国绝大多数行政诉讼中，当事人并非为了公共利益提起诉讼，而是为了维护自己的权益，实践中行政诉讼的私法性质更强一点，类似民事诉讼中的侵权纠纷，侵权主体是行政机关，这种侵权在性质上可以通过合意多元处分。③

从法律思维角度分析，诚然，法律是为了分清是非对错，法律思维就是按照法律的逻辑（包括法律的规范、原则和精神）来观察、分析和解决社会问题的思维。④ 但在当下中国，尤其是行政争议，按照法律思维分清是非对错往往不能实质解决问题，实践中往往能实质化解重大行政争议并实现案结事了的方式是在法律框架内的多元化解。

从法治程度角度分析，当前中国的法治程度相比过去已经有了长足的进步，但仍未达到理想的程度，当事人要求的是客观公正，对法律思维和法律公正无法理解。法律思维保障的是法律公正，最大限度保障客观公正，但并非一定就是客观公正。例如当事人的举证责任分配，依照法律规定，当事人应该就自己的主张提交证据，未能举证或未达到证明标准的，将承担不利的法律后果，法院要保持中立谦抑，不能主动为任何一方当事人调查事实证据。但当前人民法院还不能做到完全按照法律思维审理裁判，为了查明客观事实，

① 程琥：《在法治轨道上推进行政争议多元化解决》，载《中国法律评论》2015 年第 2 期。

② 江必新：《大力推进行政审判体系和审判能力现代化》，载《人民司法》2017 年第 16 期。

③ 参见薛刚凌、杨欣：《论我国行政诉讼构造：“主观诉讼”抑或“客观诉讼”》，载《行政法学研究》2013 年第 4 期。

④ 郑成良：《论法治理念与法律思维》，载《吉林大学社会科学学报》2000 年第 4 期。

人民法院经常依职权主动调查各种事实证据，这其实是保障客观公正，而不是法律公正。也就是说，当前我们的法治程度还是保障客观公正，而保障客观公正的方式除了裁判，还有调解、协调等。多元化解机制符合当前的法治程度，能够较好地保障当事人的客观公正，并实现案结事了。至于有观点认为“公权不可处分”，这其实是从理论上将实体性权利和程序性权利机械捆绑，扼制了行政主体在程序方面权利的灵活性，无法满足行政纠纷解决机制多样性的现实需求。①

2. 符合中国特色。行政纠纷解决中 ADR（Alternative Dispute Resolution，即替代性纠纷解决机制）本身所具有的民主性、协商性，有利于促进政府与公众的沟通与理解，有利于公民参与政府决策，有利于中国建设和谐社会，它必将在中国行政纠纷解决机制中占得重要的一席之地。② 中国是一个集权制国家，集权的最大优势是能够整合资源集中力量办大事。在化解重大行政争议方面，当前的固定思维还局限在行政复议、行政诉讼和信访三种途径上，行政和解、行政调解、司法协调适用率还不高，以致不少案件经过复议、诉讼和信访终结，当事人仍然申诉闹访，表明行政争议尚未实质性解决。当下中国需要利用集权优势，整合各方力量化解重大行政争议，钝化官民矛盾，实现长治久安。此外，每个民族都有自己的文化传统，这种文化传统犹如血液一样在每个个体身上流淌。中国传统文化“以和为贵”，百姓对政府普遍具有敬畏之心，构建非对抗式的多元化解机制解决重大行政争议，符合中国国情和文化传统。③

3. 符合客观需求。司法的性质和特点，决定了其是化解纠纷的最后一道防线，但并不一定是最佳路径。随着现代法治从形式主义法治走向实质主义法治，现代行政从机械行政走向能动行政，从消极行政走向积极行政，行政机关被赋予越来越广泛的行政裁量权，以充分发挥行政权的能动性、创造性。④ 随着司法改革的深入推进，各级法院法官员额制改革基本到位，法官的绝对数量有所减少，案多人少矛盾越发突出。行政诉讼仅对行政行为合法性进行审查，对原告诉讼请求没有充分重视，导致许多案件出现“案结事未

---

① 马柳颖：《行政纠纷调解机制构建的法理分析》，载《法学杂志》2009 年第 4 期。

② 李娟：《ADR 适用于解决行政纠纷的合宪性论证》，载《河北法学》2008 年第 10 期。

③ 参见王言：《非洲 ADR 的发展与加纳经验》，载《人民法院报》2017 年 6 月 2 日。

④ 周佑勇：《行政诉讼和解的法制改革》，载《人民法院报》2007 年 5 月 24 日。

了”的情况。[①] 行政案件申诉上诉率居高不下成为困扰行政审判的“老大难”问题。[②] 在社会转型的浪潮中，各种利益群体不断分化重组，如果不建立多元主体参与机制，不充分发挥各类社会组织和行业协会的力量，有效化解群体性事件的目标就很难实现。[③] 当既定的诉讼体制无法改变时，人们将目光转向 ADR，以期通过该机制实质解决行政争议，缓解案多人少的矛盾。不少法院作出有益尝试，如河南登封法院完善“封调禹顺”多元纠纷化解工作机制，延伸司法服务满足人民群众的司法需求。[④] 湖南岳麓法院以多元化解纠纷机制化解矛盾，推进司法为民，构建和谐社会。[⑤] 江苏盐城法院紧紧依靠党委领导和政府支持，争取多方力量，综合调处重大行政争议。[⑥]

二、构建多元化解重大行政争议机制的实践模式

（一）实践操作：原则、范围、机构和职责

1. 基本原则。（1）遵守法律、行政法规的强制性规定；（2）不损害国家利益、公共利益和第三人合法权益；（3）尊重当事人意思自治和程序选择权，依法保障诉权；（4）坚持预防为主，防止矛盾纠纷激化。

2. 重大行政争议的范围。（1）涉及人员众多，社会影响较大的集团诉讼案件；（2）矛盾突出且易于激化的案件；（3）重大疑难复杂的案件；（4）重大涉外或者涉及港、澳、台地区案件；（5）行政行为合法但存在合理性问题的案件；（6）涉及重大民生权益的案件；（7）其他应当开展综合协调工作的重大行政案件。

3. 工作机构。在地级市成立重大行政争议化解工作领导小组，组长由分管副市长担任，副组长由市政府法制办负责人和市中级法院行政庭分管院长担任，领导小组下设办公室，由市政府法制办和市中级法院行政庭共同负责

---

① 江必新：《完善行政诉讼制度的若干思考》，载《中国法学》2013 年第 1 期。

② 贾亚强：《论行政诉讼实质性解决行政争议的实现——以争讼行政法律关系的确定为研究进路》，载《法律适用》2012 年第 4 期。

③ 章志远、朱渝：《我国群体性事件法律化解机制之反思》，载《苏州大学学报》2013 年第 4 期。

④ 马维博：《司法服务随群众需求延伸》，载《法制日报》2017 年 4 月 6 日。

⑤ 曾妍、常研：《长沙岳麓 司法改革“对接”群众需求》，载《人民法院报》2017 年 6 月 12 日。

⑥ 李星星：《盐城 综合调处重大行政争议》，载《人民法院报》2017 年 7 月 23 日。

办公室工作。[①] 各县（市、区）政府、市直各具有行政职权的单位成立相应工作小组，认真做好重大行政争议的预防和化解。

4. 工作职责。地级市重大行政争议化解工作领导小组，负责辖区范围内的重大行政争议化解工作的组织和领导，对各县（市、区）人民政府、市直各行政机关和基层法院重大行政争议化解工作进行指导、监督和考核。各县（市、区）政府、市直各具有行政职权的单位重大行政争议化解工作小组，分别负责本辖区、本单位的重大行政争议化解工作的组织和领导，对市重大行政争议化解工作领导小组负责。

（二）运行维度：诉前、诉中和诉后

1. 诉前阶段。坚持行政机关"谁主管谁负责、谁审批谁负责、谁处罚谁负责"的化解责任制；行政争议产生但未经复议的，由争议行政机关法制机构先行进行解释说明；不能化解争议的，由争议行政机关分管负责人出面化解；仍不能化解的，可提请争议行政机关会办，确定化解方案，并向所在县（市、区）法制机构备案。进入复议程序的，复议机构认为有必要的，可通知争议机关负责人和承办人等参与听证并组织协调；复议结案后，如仍有化解可能的，争议行政机关可以提请复议机关组织协调，复议机关也可以决定组织协调。复议机关认为争议具有重大影响并有诉讼高度可能性的，应向同级人民法院通报，并可要求同级人民法院派员参与协调化解工作。

2. 诉中阶段。对涉诉的重大行政争议，各级行政机关与法院应当及时沟通，相互配合，形成合力，最大限度地通过协调化解行政争议，实现法律效果和社会效果的统一。人民法院认为涉诉行政争议有协调可能的，可通知争议行政机关、复议机关和其他相关机关参与协调，相关行政机关应派员参加并予以配合；人民法院在诉讼过程中，发现行政行为违法或者存在瑕疵，但撤销或确认违法产生的不利后果严重的，应当提请同级人民政府研究，相关行政机关、政府法制机构负责人应当参与协调化解工作，必要时可召开专题会办会议；对于其他人民法院要求相关负责人参与争议协调的，相关负责人

---

① 有的地方设立的是行政争议协调委员会或行政调解委员会。参见郭保振：《论行政诉讼纠纷解决机制的改革与完善》，载《公民与法》2010 年第 12 期。章志远：《信访潮与中国多元化行政纠纷解决机制的重构》，载《法治研究》2012 年第 9 期。

应当参与。[①]

3. 诉后阶段。对诉讼后形成的重大涉诉信访案件，应由当地政府与法院召开联席会议，通知原行政机关、复议机关、信访部门共同参与，制定具体的化解工作方案，综合运用政治的、经济的、行政的、法律的等手段进行化解；对当事人诉求不当、法院已经终结的无理缠访案件，应当移交当地政府做好息诉稳控工作。[②]

（三）配套制度

1. 日常工作联系制度。领导小组定期、不定期召开联席会议，通报行政争议化解工作情况，及时了解行政争议发生情况，解决行政争议中存在的问题，组织行政审判法官和行政复议人员、行政执法人员学习、交流、总结、推广行政争议化解工作中行之有效的方法和经验，不断提升重大行政争议化解工作水平。

2. 社会稳定风险评估制度。为了从源头上预防和消除影响社会稳定的隐患，各级人民政府及相关部门在作出重大行政决策前，应当进行社会稳定风险评估。行政机关可根据需要邀请法院参与行政决策的合法性、可行性评估论证，以预防和减少重大行政争议的发生。

3. 调处衔接联动工作制度。坚持既相对独立、各司其职，又相互衔接、整体联动的原则。各职能单位之间建立健全调处材料移交、立案前告知调解、审理中委托调解和邀请调解、联席会议、信息通报和工作交流等工作制度。进一步整合调解力量，建立行政裁决（仲裁）、司法裁决、信访工作对接渠道，完善调解指导员制度、人民陪审员制度、特邀调解员制度，对重大疑难矛盾纠纷，视情况组建包案工作组进行调处。[③]

4. 重大行政争议信息共享制度。对重大行政争议，特别是影响到当事人生活、生存权益的民生问题，涉及农村土地征用、城市房屋拆迁、劳动和社会保障、企业改制、资源环保等矛盾容易激化、可能引起群体性利益冲突，或者可能给国家利益、公共利益或者他人合法权益造成重大损失的矛盾纠纷，

---

① 参见顾瞳瞳：《法治中国视域下行政纠纷解决机制的完善——基于一种系统改良的路径》，载《四川行政学院学报》2015 年第 5 期。

② 参见高家伟：《论社会冲突型行政争议的实质性审判程序》，载《行政法学研究》2013 年第 4 期。

③ 参见施立栋：《合意型行政争议解决机制刍议》，载《法制与社会发展》2015 年第 4 期。

各行政机关应及时通过同级人民政府法制机构向同级人民政府报告，并向同级人民法院通报。人民法院审理的重大行政案件信息应及时向领导小组及相关行政机关通报。

5. 行政赔偿、补偿案件先行评估制度。支持复议机关或者人民法院在行政赔偿、补偿领域，通过提供事实调查结果、专业鉴定或者法律意见，引导促使当事人协商和解。复议机关或者人民法院可以建议当事人选择中立评估机构，依法出具评估意见，帮助当事人对复议或者诉讼结果进行科学预测，推动行政争议有效化解。

（四）保障措施

1. 做好宣传工作，营造良好社会氛围。各地、各部门要从构建社会主义和谐社会的高度，进一步提高认识，加大对《中共中央办公厅、国务院办公厅关于完善矛盾纠纷多元化解机制的意见》《最高人民法院关于人民法院进一步深化多元化纠纷解决机制改革的意见》等政策的宣传力度，提高多元化解重大行政争议的主动性和自觉性，努力营造推动“综合化解”工作体系建设的良好氛围。①

2. 加强综合调处，合力构建调处体系。各地、各部门要把建立健全重大行政争议多元化解机制作为本地区、本部门的一项重要工作内容，狠抓工作落实。要加强部门联系，积极建立落实具体工作制度，及时通报行政争议化解情况。各县（市、区）人民政府、市直各单位应加强与人民法院的协调和配合，努力形成多元化解重大争议的合力。

3. 加强考核监督，落实责任追究制。各地、各部门要结合各自实际，将各项任务分解落实，制订出详细的工作计划。人民政府将重大行政争议多元化解工作情况列入依法行政考核体系进行考核，由政府法制办牵头，通过日常监督和年度评估等方式，考核各相关单位推动本意见的各项目标任务落实情况。对推行成效明显的单位和个人，予以表彰；对工作不积极主动，化解工作不配合、制度落实不到位的单位和个人，予以批评；对化解行政争议不力，导致矛盾激化升级，引发群体性事件、群体上访等较大社会影响的事件、导致行政案件败诉的后果，要追究直接领导的责任，并对单位主要领导进行问责。

---

① 参见林莉红：《法治国家视野下多元化行政纠纷解决机制论纲》，载《湖北社会科学》2015 年第 1 期。

三、构建多元化解重大行政争议机制需要注意的几个问题

（一）刚性规定与柔性协调的配合问题

任何事情皆有原则与例外，原则在任何情况下都要坚持，例外在特殊的情境下才能适用。同理，适用多元化解重大行政争议机制，一方面，必须严格遵守法律的刚性规定，不得违反法律规定无原则地组织调解、协调，不能损害国家、集体或第三人的合法利益，这是多元化解重大行政争议的底线和红线。另一方面，要发挥协调的柔性特征，整合社会资源，联合各方力量，寻找最佳平衡点，维护当事人合法权益，实质化解重大行政争议，实现案结事了。

（二）权利保护与权利滥用的规制问题

保护诉权和规制滥诉是行政诉讼中的一对概念，也是当前行政诉讼需要处理好的一对矛盾。法院要尽最大的可能保护当事人的诉权，但也要合理规制当事人滥用诉权；法院需要规制当事人滥用诉权，但不能把一些当事人的合法诉权也一并规制了。[①] 同理，构建多元化解重大行政争议机制的同时，也要处理好"常态化"适用机制和规制滥用机制的问题，一些毫无道理的行政争议，可能也存在人数较多、影响较大等情形，但行政机关和人民法院仍需要直接予以应对，避免多元化解重大行政争议机制被滥用，避免多元化解重大行政争议机制成为当事人谋取不法利益的方式和手段，避免浪费行政资源和司法资源。此外，也不能恣意限制多元化解重大行政争议机制的适用，将一些原本应当适用机制的重大行政争议人为地排除出适用范围，以致多元化解重大行政争议机制不能发挥应有的功能和作用。

（三）司法机关与行政机关的互动问题

最高人民法院为了减少行政审判阻力，改善司法环境，实现法律效果与社会效果的统一，曾经在一段时间强调司法与行政的良性互动，不少地方做得不错，但有些地方做得走了样。有的地方法院与行政机关互动密切，让原告一方当事人产生合理怀疑，损害了司法的公信力。[②] 因此，构建多元化解

---

① 参见高鸿：《政府信息知情权的滥用及其规制》，载《人民司法》2015 年第 10 期。

② 江必新：《论行政争议的实质性解决》，载《人民司法》2012 年第 19 期。

重大行政争议机制的同时，也要把握好司法机关与行政机关互动的程度，既要就事论事，发挥法院作为第三方搭建沟通平台的优势，做好行政机关和行政相对人的沟通协调工作，也要保持法院的中立位置，避免因为司法能动过度，让行政相对人产生合理怀疑，进而降低司法公信力，影响司法权威。

（四）结果公正与程序效率的兼顾问题

众所周知，迟到的正义非正义。非讼救济途径的成本也需要考虑周期、费用、程序等因素，裁决主体通过非讼救济途径解决纠纷时，应当适用比例原则和信赖利益保护原则。[①] 同理，构建多元化解重大行政争议机制既需要考虑结果的公平公正，也需要考虑程序效率。重大行政争议不能久调不决、久拖不决，不能通过敷衍、推诿、拖延等手段给行政相对人施加无形压力，逼迫行政相对人降低合理诉求。对一些确实无法通过多元化解机制解决的重大行政争议，在与地方党委政府做好沟通，准备好预案以后，人民法院应当依法作出裁判，切实保障程序效率与结果公正的有机统一。

（五）争议预防与争议化解的衔接问题

能够解决问题是一种能力，能够预防问题是一种智慧。构建多元化解重大行政争议机制的目的是实质解决重大行政争议，重点在于解决问题，而比解决问题更有价值的智慧是预防问题，即预防重大行政争议的发生。预防重大行政争议的发生根本还在行政机关，促进依法行政是预防重大行政争议发生的根本方式。促进依法行政需要着力做好以下工作：

1. 树立法治思维。一是要依法履职。行政机关应严格遵循职权法定原则，在法定权限内，依照法定程序作出行政行为。行政机关作出的行政行为，应当符合立法目的和原则，采取的措施应当必要、适当。二是要及时履职。行政机关具有履行某种职责的义务，或者基于公民、法人、其他组织符合条件的申请，依法应当及时实施某种行为或履行某种法定职责。三是要规范履职。行政决定文书应当载明当事人的基本情况、事实以及证明事实的证据、适用的法律规范、决定内容、履行的方式和时间、救济的途径和期限、行政机关的印章与日期等。

---

① 黄雪娇：《多元行政纠纷解决机制的衡量因素和判断标准》，载《河南财经政法大学学报》2014年第5期。

2. 强化证据意识。一是加深对证据的认识。明晰证据的概念、特征和分类，了解证据的客观性、合法性、目的性，认识证据在行政执法案件中所处的作用和意义。二是掌握收集、保存和固定证据的方式、方法和技巧。对案件情况要进行客观、公正地调查取证，并以适当的方式保存、固定证据，让行政行为具有充分的事实根据。三是提交证据应全面。行政机关应结合当事人的诉求、事实和理由，围绕原被告主体资格、起诉期限、案件事实、执法程序、适用法律、是否履责等方面向法院全面提交证据。

3. 规范行政程序。一是调查程序要规范。行政机关进行调查时，应由2名以上具备行政执法资格的人员进行（简易程序除外），出示行政执法证件表明身份，并在调查记录中予以记载，有制服的行政执法人员还应着制服。与行政相对人的谈话、记录应由调查人员和被调查对象签名。二是告知程序要规范。行政机关在作出行政行为前，应告知相对人拟作出行政行为的事实、依据和理由，并告知其享有的陈述、申辩等权利，以及权利救济的方式、期限。三是批准程序要规范。行政机关作出的行政行为需要上级机关批准的，应当先报请批准后方能作出，严禁批准程序倒置。四是决定程序要规范。重大事项需经集体决定的，应当经行政机关负责人集体研究，并记载备案。五是送达程序要规范。行政机关作出行政处理或行政决定应当及时送达行政相对人。①

4. 提升应诉能力。一是严格举证期限，行政机关应在收到法院应诉通知书15日内提供作出被诉行政行为的证据和所依据的规范性文件，不提供或逾期提供的，将承担不利的诉讼后果。二是深入推进行政机关负责人出庭应诉工作，规范行政机关负责人出庭应诉工作，并加大考核通报力度，特别对重大、敏感、群体性行政案件，行政机关负责人应当主动出庭应诉，协同法院共同做好化解工作。② 三是加强行政执法人员培训，既要提升他们的执法办案能力，又要提升他们的出庭应诉能力，切实增强执法权威。

（作者单位：江苏省盐城市中级人民法院）

① 参见周佑勇：《行政法的正当程序原则》，载《中国社会科学》2004年第4期。

② 参见朱嵘：《行政首长出庭再认识》，载《人民司法》2012年第11期。

阻抗抑或补强：行政诉讼驳回起诉制度与立案登记制关系辨析

——以当事人诉权保护为视角

董有生

行政诉讼“立案难”问题自实行行政诉讼以来一直存在，被指为“民告官”难以启动的根本原因，“立案审查制”使行政诉讼原告诉权无从保障。十八届四中全会提出以立案登记制代替立案审查制，2015 年 5 月 1 日实施的《中华人民共和国行政诉讼法》（以下简称“新《行政诉讼法》”）第五十一条规定“人民法院在接到起诉状时对符合本法规定的起诉条件的，应当登记立案”，即行政诉讼实行立案登记制，这是行政诉讼落实立案登记制的必然要求，由此，行政诉讼案件也出现了“井喷式”增长①。与此同时，与新《行政诉讼法》同时实施的《最高人民法院关于适用〈中华人民共和国行政诉讼法〉若干问题的解释》（以下简称《司法解释》）第三条则规定了十种已经立案的却可以裁定驳回起诉的情形，即行政诉讼驳回起诉制度，这一制度被视为解决立案登记制后大量不符合起诉条件的行政诉讼案件“出口问题”的重要举措。但这两项制度在司法实践中的具体落实却出现了诸多问题，立案时的“先立进来再说”、审理时的“想着法子驳回起诉”的认识都是对立案登记制和驳回起诉制度的错误适用，这一现象的普遍存在应该引起我们的高度重视，否则为保障当事人诉权的立案登记制和为保障行政诉讼有序进行的驳回起诉制度将会异化为驳回起诉制度是为了阻抗立案登记制，立案登记制则更多是浪费司法资源，增加当事人诉累。

---

① 新《行政诉讼法》实施以来，行政诉讼案件数量的暴涨是最为直观的变化。新法实施一年来，全国一审行政案件受案数同比上升了 55.66%。新法实施的第一个月，全国法院就受理了一审行政案件 2.6 万件，同比上升 221%。（从中国行政法学研究会 2016 年年会上获悉。）

一、尴尬的现实：登记等同于立案，审理案件先审查受理条件

（一）登记与立案的关系

关于登记与立案的关系问题，实行立案登记制后，大多数立案法官认为接收诉状材料并录入系统生成案号后就完成了立案工作，即登记等同于立案。另有观点认为，登记并不等同于立案。“登记的案件，只是具备了初步的案件形式，如起诉状符合规定格式，基本诉讼材料齐备，但并不一定具备审理要件，在登记后，还要对起诉条件进行审查，符合起诉条件的，予以立案，不符合起诉条件的，应当作出不予立案的裁定。[①]”该观点的本意可以解读为登记是立案的一个阶段，登记后的审查才是立案的关键。但行政案件立案法官在司法实践中的普遍做法是登记的同时进行起诉条件的审查，登记与立案同步完成，在立案阶段极少作出不予立案的裁定，如发现原告的起诉确实不符合起诉条件，则会在登记前要求原告补正，否则不予登记，如对起诉条件无法审查清楚，则由行政审判法官在案件审理中继续审查。那么，行政案件登记与立案的关系到底如何呢？根据《最高人民法院关于人民法院登记立案若干问题的规定》（以下简称《立案规定》）的有关规定，在立案登记制下，法院一律接收诉状，当事人依法无障碍行使诉权，体现了对当事人起诉权的充分保护。这是否意味着只要符合起诉条件，登记就是人民法院的义务？根据《立案规定》的有关规定，行政案件登记立案应具备四个要件：（1）原告为行政相对人或其他与行政行为有利害关系的公民、法人或者其他组织；（2）有明确的被告；（3）有具体的诉讼请求和事实理由；（4）属于人民法院受案范围和受诉人民法院管辖。这一规定从形式上充分保障了原告的诉权，也被视为行政案件立案时只进行形式审查的依据，即在登记立案时只对起诉状是否符合法律规定进行审查，立案部门主要审查起诉状的内容是否完整、是否符合起诉的形式要求。

基于上述规定和有关认识，司法实践中，立案法官普遍认为，行政案件的立案就是接收原告的诉状等材料，只需在形式上进行是否符合受理条件的

---

① 江必新主编：《解读最高人民法院司法解释、指导性案例（行政·国家赔偿卷）》，人民法院出版社2016年版，第64页。

审查即可，原告的起诉在实质上是否符合受理条件则是审判法官要审查的内容。“就司法实践来说，是否符合受理条件是行政诉讼首先需要考虑的问题。不符合受理条件，诉讼无从谈起，或者劳而无功。在实践中，除了相当数量的起诉被法院裁定不予受理，每年还有10%左右已经受理的行政案件被法院驳回起诉。与民事、刑事诉讼相比，行政诉讼的受理条件问题无疑更加突出。”① 何海波教授一针见血地指出了行政案件立案受理中存在的突出问题。而通过对司法实践的观察，笔者认为，立案登记制下的行政案件立案受理存在的问题更加突出、更加现实、更加紧迫。以笔者所在法院为例，2015 年 5 月 1 日至 2017 年 4 月 30 日共受理一审行政案件 225 件，审结一审行政案件 188 件，其中裁定驳回起诉 67 件，占比达 35.64%。驳回起诉的理由主要有超过法定起诉期限、错列被告、原告不适格、行政行为对其合法权益明显不产生实际影响等。上述驳回起诉的案件，原告均不服且都提起了上诉。笔者虽无全国法院在这期间驳回起诉行政案件的数据，但通过查阅“中国裁判文书网”公布的生效裁判文书，也可知全国法院行政案件以裁定驳回起诉的方式结案的比例应该在30%左右。

（二）审查与审理的关系

立案登记制下，行政案件在登记立案时审而不查，从诉的角度来看，确实有效地保护了原告的诉权，但从审理的角度来看，其消极作用就远大于保护诉权的积极作用。大量的行政案件在经过审理后被裁定驳回起诉，其带来的问题或影响是显而易见的。对于原告而言，普遍认为既然案件立案了，为何经过漫长时间的审理后却被一纸裁定驳回起诉，满怀希望却又等来失望，为此经常会质疑法官是否故意为之，这对司法公信可能会带来一定的伤害；对于被告及第三人而言，行政案件一旦立案，被告及第三人就需积极应诉，参加答辩、举证、负责人出庭应诉等，被告及第三人均将会为此付出大量的人力、物力成本；对于行政审判部门而言，本就捉襟见肘的行政审判资源将会因驳回起诉案件而被大量浪费，且这类案件往往案结却难以事了，随之而来的是案件承办法官将会花费大量的时间处理案后答疑解惑及信访事宜，原告在案后仍会以各种理由继续纠缠甚至缠访、闹访。被裁定驳回起诉案件还

① 何海波：《行政诉讼法》，法律出版社 2016 年版，第 111 页。

有一个显著的特征，即部分案件涉嫌恶意诉讼或无理缠诉。当然，如何判断涉嫌恶意诉讼或无理缠诉，最高法院目前并无明确判断标准，但至少从一个侧面反映了行政案件在立案后以法定理由被裁定驳回起诉的案件数量较多，驳回起诉率较高，说明立案登记制后有一部分案件其实是不符合起诉条件的，但为落实立案登记制的要求，起诉即使不符合条件也须先立案，之后边审理边审查起诉条件，立案审查实际有虚化的趋势，这就浪费了本就有限的司法资源，尤其是行政审判资源，进而也会影响司法的权威和司法的效率。

正确处理行政案件立案审查与案件实体审理的关系会直接影响行政审判的效率、效果。两者之间应该是理性的平衡关系，即行政案件立案法官在登记立案时应积极考虑案件的后续审理，准确把握行政案件受理的条件，积极引导原告正确而有效地进行起诉。行政审判法官在对案件进行实体审理时应首先实质审查案件起诉条件，在接收案件的第一时间就应该积极审查原告的起诉条件，有效引导原告的起诉，最大限度地减轻案件当事人的诉累。当然，案件进入实体处理后，就案件的起诉条件的审查往往只是审判法官一厢情愿的事情，因为原告会坚定地认为案件是符合起诉条件的，否则立案法官也不会给予立案，审判法官与原告之间就此很难达成共识，进而使案件进入烦琐的诉讼程序，如最终是以裁定驳回起诉的方式回到案件起诉条件的审查这一起点，这是所有案件原告所不愿看到的，也是最不经济、最无效率的诉讼活动，但实践中高达35%的裁定驳回起诉率却恰恰证明了这种最不经济、最无效率的诉讼活动在立案登记制下是大量存在的，且有越来越严重之趋势。

二、实践的错位：立案阶段与审理阶段法官对驳回起诉制度认识的偏差及实践中的滥用与错用

《立案规定》第十条明确了不予登记立案的范围，即：违法起诉或者不符合法律规定的；涉及危害国家主权和领土完整的；危害国家安全的；破坏国家统一和民族团结的；破坏国家宗教政策的，所诉事项不属于人民法院主管的。根据该规定，法院在登记立案时只能就上述情形裁定不予立案，除此之外的其他情形，法院均不能裁定不予立案或不予受理。然而，新《行政诉讼法》第四十九条虽然列举了提起诉讼需要符合的四个条件，但这并不是提起诉讼的全部条件。提起诉讼，除了满足该条的有关规定外，还要符合起诉

期限、复议前置等其他条件。[①] 为此，《司法解释》第三条进行了扩充性规定，规定了十种裁定驳回起诉的情形，包括：不符合新《行政诉讼法》第四十九条规定的；超过法定起诉期限且无正当理由的；错列被告且拒绝变更的；未按照法律规定由法定代表人、指定代理人、代表人为诉讼行为的；未按照法律、法规规定先向行政机关申请复议的；重复起诉的；撤回起诉后无正当理由再行起诉的；行政行为对其合法权益明显不产生实际影响的；诉讼标的已为生效裁判所羁束的；不符合其他法定起诉条件的。

登记立案时案件是否符合起诉条件的形式审查与案件实体审理时起诉条件实质审查之间的承继关系，决定了行政审判法官要在案件审理之初就对原告的起诉进行实质性审查，立案法官与审判法官对驳回起诉制度理解上的不同，直接影响到驳回起诉制度的价值与审判实践的正确适用。

（一）不予受理与驳回起诉关系之错位

《最高人民法院关于执行〈中华人民共和国行政诉讼法〉若干问题的解释》（以下简称《若干解释》）第四十四条规定："有下列情形之一的，应当裁定不予受理；已经受理的，裁定驳回起诉：……"这意味着不予受理与裁定驳回起诉在本质上是相同并相通的，即不予受理的情形基本也是裁定驳回起诉的情形。《司法解释》第三条在起草之时也曾表述为"有下列情形之一的，应当裁定不予立案；已经受理的，裁定驳回起诉：……"但因为裁定驳回起诉情形中有些内容需要通过被告的答辩、举证及案件的实体审理等才能予以查清并作出判断。所以，笔者认为，不予受理与驳回起诉之间既有相同之处又有不同之处，两者之间的主要区别如下：不予受理制度基于对当事人的诉权保护，采取的是较为宽松的态度，注重的是对起诉条件的形式审查，不予受理制度适用于立案阶段对不符合起诉条件案件作出的受理上的否定性判断，认为此时起诉人不具备诉权，不予受理制度不能也不可能过于严苛，否则会影响当事人的诉权保护；而驳回起诉制度是基于对实质解决行政争议的需要，采取的是较为严格的审查态度，即审判法官要通过对被告提交的证据的审查、案件的实体审理，对原告的起诉条件进行实质性的审查，与"任何人未经审判不得认定为有罪的"这一刑事定罪原则有着异曲同工之妙，即

---

① 袁杰主编、全国人大常委会法制工作委员会行政法室编著：《中华人民共和国行政诉讼法解读》，中国法制出版社 2014 年版，第 137 页。

未经举证、质证及实质审查，任何原告的起诉不得被驳回，其注重的是对起诉条件的实质审查。虽然两者的制度价值、适用阶段等皆不同，但两者都是从根本上保护当事人诉权，即保护合法诉权，否定非法诉权，既最大限度地保护当事人诉权又最大限度地实质性解决行政争议。

驳回起诉所规定的情形在本质上也适用于不予受理的情形，《司法解释》虽未像《若干解释》那样明确不予受理与裁定驳回起诉情形相同只是阶段不同，但两者在本质上是相通的，只是因所处阶段的不同，使得两者在起诉条件上审查的角度、维度不同，这就要求我们的立案法官在立案的时候也应审查起诉人的起诉条件，而不应仅仅从《立案规定》所列举的四个方面进行纯粹意义上的形式审查，否则就会违背立法的本意及制度本身的价值，不仅不利于当事人诉权保护，反而会增加当事人诉累、影响诉讼效率，进而损害当事人合法的诉权。

（二）起诉条件审查与驳回起诉适用之错位

根据上文阐述，《立案规定》规定的行政案件登记立案应具备四个要件，即应具备原告资格、有明确被告、有具体诉请理由及属于法院受案管辖范围。而新《行政诉讼法》第五十一条第一款则规定："人民法院在接到起诉状时对符合本法规定的起诉条件的，应当登记立案。"根据该款的规定，登记立案的前提是起诉符合所规定的起诉条件，即要符合新《行政诉讼法》第四十九条、第二十五条的规定，根据该条文的规定而进行的审查实际已经突破形式审查的要求了，已经具有实质审查的内容，在立案阶段进行这样的实质审查实际上是有违立案登记制的要求的，也不利于对当事人诉权的保护，以致在部分法院行政案件起诉难、立案难的现象还仍然存在。所以，学界普遍认为，我国的行政案件立案登记制为"准立案登记制"，与英、美等国的立案登记制有一定的区别，英、美等国的立案登记制是当事人起诉后，法院一般只需对当事人的起诉进行形式审查，即只要起诉状的格式要素符合要求即予以立案，对于影响诉讼有效性及纠纷实质性解决的起诉资格、诉讼能力、管辖法院、起诉期限等一般是作为实体判决要件（或诉讼要件）而非起诉要件来加以处理。

当然，与传统的立案审查制相比，新《行政诉讼法》所规定的立案登记制已经极大地改变"立案难"的状况，在相当程度上缓解了"立案难"的问题，但仍有立案实体审查之虑。实践中，各地法院对如何适用《立案规定》及新《行政诉讼法》所规定的登记立案的条件进行立案登记，存在完全不同的理解与适用，有两种完全不同的做法：一种做法为完全按照《立案规定》的要求进行形式审查，基本上没有进行实质审查，立案就只是进行登记，导致大量本可以通过审查后不予立案或引导当事人通过其他途径予以解决的纠纷进入诉讼程序，浪费了司法资源，影响了诉讼效率，损害了司法公信，增加了审理难度，无助于行政争议的实质性解决；另一种做法则强调要根据新《行政诉讼法》的规定，在立案时要对起诉条件进行实质审查，即立案登记制并未否认立案审查的存在，也就是说，立案登记是审查后的登记，其直接的后果是在立案阶段出现“久拖不立”的现象，经常以协调代替立案，“立案难”未能从根本上解决，当事人诉权得不到保护，背离了立案登记制的初衷。

纯粹意义上的形式审查的做法，使得大量案件起诉条件的审查这一程序性事项需要通过实体裁判来审查、判定，而大量案件最终又以裁定驳回起诉的方式予以结案，程序性审查事项大大占据实体裁判资源，程序僭越实体成为必然，其带来的负面作用是显而易见的。对于驳回起诉制度的价值定位，实践中多认为是对立案登记制的补强，是对案件进行立案审查的延续，笔者认为，这是一种错误的认识。立案登记与驳回起诉应为互为关联却又处于不同诉讼阶段的程序审查制度，固然，两者均涉及对起诉条件的审查，但审查的角度和重点是完全不同的。

对于案件审理阶段如何适用驳回起诉制度，实践中也存在诸多困难，主要表现在以下几个方面：（1）对原告起诉条件的审查是法院依职权主动审查还是依被告的答辩意见进行被动审查；（2）审查原告是否符合起诉条件时是依据原告提交的证据还是依据被告提交的证据，或者是法院依职权调取或核实的证据进行审查认定；（3）原告的起诉是否符合条件，是否应作为案件审理中待查明的事实；（4）不同的驳回起诉的情形如何分别认定的问题，如是否超过法定起诉期限的审查，由谁提出、由谁举证，如何审查判定原告与被诉行政行为是否有利害关系，原告对此承担举证责任的标准与限度问题等。对此，笔者认为，驳回起诉制度在本质上仍是对案件是否符合立案条件的实质性审查，是立案登记制之后对案件进行立案审查关口的后移与立案审查的继续，承担的是对案件立案进行的实质性审查职责，只有正确认识该项制度，才能更好地适用该制度，案件审理中驳回起诉制度的适用更多的是对程序性问题的实质性审查，其程序实质性审查职能不同于对行政争议进行实体判决的居中裁判职能，所以，对审查的标准、举证责任的承担、证据的采信等方面均不同于对案件的实体判决，只有从理念上厘清这一认识误区，才能正确地适用驳回起诉制度。

三、管理的障碍：指令继续审理的程序误区与流程混乱

（一）指令继续审理功能定位

《若干解释》第六十八条规定："第二审人民法院经审理认为原审人民法院不予受理或者驳回起诉的裁定确有错误，且起诉符合法定条件的，应当裁定撤销原审人民法院的裁定，指令原审人民法院依法立案受理或者继续审理。"根据该规定，如在立案阶段裁定不予受理错误，则原审法院应依法立案受理，如在审理阶段裁定驳回起诉错误，则原审法院应继续审理。该条文明确了原审人民法院不予受理或者驳回起诉的裁定确有错误的救济途径，即由原审法院继续原有程序，从中可知，不予受理与驳回起诉在本质上仍然都是对原告起诉条件的审查。随着立案登记制的推行，立案阶段对原告起诉的案件作出不予受理的情形越来越少，更多的是以驳回起诉来审查这一审理中的后续程序，所以，实践中原审法院对于裁定指令继续审理如何具体适用越来越重要，因为有超过35%的案件是以裁定驳回起诉结案的，而二审如发现裁定驳回起诉错误，则将指令原审法院继续审理。据笔者对所在S市两级法院的统计分析，指令原审法院继续审理案件数占案件总数的比例达到6%左右，正确认识和有效处理指令继续审理案件就显得非常紧迫和极其重要了。

关于如何看待指令原审法院继续审理的问题，笔者认为，继续审理就是继续之前未完成的审理工作，因为之前是以不符合起诉条件裁定驳回起诉的，此时审查的是是否符合起诉条件这一程序性事项。二审法院指令原审法院继续审理，说明原告在原审起诉符合条件，原审法院应对原告起诉的行政案件进行实体审查并作出实体判决，它是对之前程序性结案的否定，可以有效保护当事人的诉权，是对立案登记制后不予受理制度的补强，更是对驳回起诉错误的法定有效救济途径，其制度价值极其重要。

（二）原审法院对指令继续审理案件的程序误区

裁定驳回起诉后被二审撤销裁定并指令继续审理的案件，原审法院应该如何处理，实践中的做法五花八门，主要有以下几种做法：（1）由原审法院通知原告重新提交诉状，重新向原审法院立案并随机再次进行分案；（2）由原审法院直接移送立案庭重新进行立案并随机再次进行分案；（3）由原审法院直接移送立案庭重新进行立案并指定原承办人或合议庭重新审理；（4）不再重新进行立案，由原审承办人或合议庭继续审理。

基于案件流程管理的需要，因案件在原审法院被驳回起诉的同时已经报结案处理，案件已经审结，如二审指令继续审理，原已经结案的流程无法恢复，不可能进行网上办案及通过案件管理系统进行管理，很多法院据此将此类案件重新进行立案，作为一个新案件进行处理，重新提交诉状、立案、分案、答辩、举证、开庭、裁判、结案等。重新立案的模式虽然具体各不相同，但均将此类案件完全作为新案件来处理。笔者认为，此种做法增加了当事人的诉累、影响了诉讼效率，浪费了司法资源，同时也无法律依据，不利于行政争议的实质解决。如不重新立案继续由原审承办人或合议庭审理，则无法满足网上办案的需要，无法进入办案系统进行流程管理，不符合审判管理的要求，急需在立法层面进行完善和规范。

四、理性的回归：立案登记制与驳回起诉制度的协同适用

从前述分析不难看出，我国新《行政诉讼法》所确立的立案登记制实际上只是“准立案登记制”，虽然新法实施初期行政案件“立案难”问题暂时得到缓解，但如果不进一步细化、完善这种“准立案登记制”，各级法院为避免行政案件数量过快增长，可能重归“立案审查制”。为此，笔者认为有必要针对上述立法缺陷，通过法律解释或司法解释的方式进行完善，实现立案登记制下驳回起诉制适用的理性回归。

（一）明确不予受理与驳回起诉对起诉条件审查标准不同

虽然新《行政诉讼法》第四十四条及《立案规定》对立案阶段对起诉条件的审查作了明确的规定，但新《行政诉讼法》第二十五条、第四十九条却又对起诉条件作了更加严格的规定，立案时对起诉条件的审查到底适用哪个标准，在实践中存在着较大的争议，出现了两种极端的做法，一种是仅适用

新《行政诉讼法》第四十四条及《立案规定》对起诉条件的规定，实行了起诉条件审查的完全形式主义，将立案阶段的起诉条件的审查与审理阶段起诉条件的审查完全割裂开来，正如前文所述，其带来的负面影响是显而易见的。另一种是在立案时对起诉条件综合新《行政诉讼法》第四十四条、第四十九条、第二十五条及《立案规定》、《若干解释》第四十四条等规定进行全面审查，则又可能违背立案登记制的要求与精神，重新走立案审查制的老路，这显然也是不对的。据此，笔者认为，应对不予受理与驳回起诉对起诉条件审查标准作出明确的规定，即哪些在立案阶段审查、哪些在审理阶段审查，审查的程度如何等。

为此，笔者认为，在立案阶段对起诉条件的审查标准应明确定位为以形式审查为主，以适当的实体审查为辅，可将如下内容列为立案阶段对起诉条件适当的实体审查范围：一是明显超过法定起诉期限，如告知了起诉期限的行政行为明显超过六个月的起诉期限，又如因不动产提起诉讼的案件自行政行为作出之日超过二十年，其他案件超过五年提起诉讼；二是明显涉嫌重复起诉；三是明显复议前置的案件；四是明显与该行政行为没有利害关系；五是因继承、转让等基础法律关系的存在而产生的物权登记等行政纠纷，应审查该民事基础法律关系是否存在；六是其他明显能够在立案阶段审查清楚不符合起诉条件的事实的。在审理阶段对起诉条件的审查标准则侧重于实质审查，即审查原告与被诉行政行为是否有“利害关系”，被告如提出原告的起诉超过法定起诉期限并提供证据，法院也应予以重点审查，但不宜主动认定原告的起诉超过法定的起诉期限，以及在立案阶段还未查清的部分应当实体审查的内容，可在审理阶段通过答辩、举证、庭审等程序进一步进行实体审查等。

（二）明确指令继续审理案件办理的程序规范

如前所述，司法实践中对指令继续审理案件如何继续审理标准不统一，程序较混乱，对此，应通过立法或法律解释、司法解释等方式予以明确与规范，如要明确是否重新立案，是否重新起诉，是否重新答辩、举证、开庭，是否重新分案等。笔者认为，对于此类案件，不宜重新立案，应该由原独任审判员或合议庭继续审理，继续进行之前未完成的案件审理工作，重点对行政行为进行实体审查。关于案件的流程管理及网上办案等工作的不衔接、不配套等问题，笔者认为，可以借鉴管辖异议裁定案件，在处理起诉条件，即作出驳回起诉裁定时就应该将该案予以中止审理，驳回起诉后上诉的期间不计入审限，如二审指令继续审理则应结束原审中止审理程序，审限恢复计算，则指令继续审理就不会与现有网上办案、流程管理制度相冲突，才能不违背驳回起诉制度设计的初衷，才能更加符合司法规律，既提高司法效率又能有助于实质性地解决行政争议。

（作者单位：江西省上饶市中级人民法院）

以案释法

复议受理中通知补正行为的司法审查

——黄永耀等16人诉江西省政府不履行复议职责案

郑红葛　郑怡　陈安

【案情】

原告：黄永耀等16人

被告：江西省人民政府

原告黄永耀等16名申请人向江西省政府就集体土地征地批复行为申请行政复议，江西省政府于2017年7月27日作出补正通知书，认为复议申请人复议申请材料不齐全，要求补全申请人与行政复议请求事项所涉及行政行为有利害关系的相关房屋、土地的权属证明等。黄永耀等人于2017年8月6日针对省政府的补正通知书作出回复，称：出于政府的原因，有关部门未对其发放集体土地使用权证，涉及土地上的相关房屋出于各种原因，政府未为其办理房屋所有权手续，但是他们一直以来均在房屋里居住，房屋属于他们实际所有。省政府认定申请人对行政复议申请材料无正当理由逾期不补正，应视为申请人放弃行政复议申请，故决定不再进行复议，但未向申请人作出任何书面回复。

【裁判】

南昌铁路运输中级法院经审理认为：申请人与申请复议的行政行为具有

利害关系，是《中华人民共和国行政复议法实施条例》（以下简称《行政复议法实施条例》）第二十八条明确规定的受理条件。相对人提出复议申请时，应当提交必要的证据材料表明其与行政行为存在利害关系。复议机关认为申请人所提交的有关利害关系的材料不齐全或者表述不清楚的，可以要求申请人予以补正。申请人根据补正要求提供了书面情况说明或者相应的材料，即使复议机关认为仍不符合其补正要求的，也不能据此径行认定申请人属于“无正当理由逾期不补正的”的情形。复议机关应当结合证据材料对申请人与行政行为之间是否具有利害关系作出认定，并作出是否受理的决定。如复议机关认定申请人“无正当理由逾期不补正”，以申请人主动放弃复议申请为由不再就利害关系作出认定，而事实上终止复议程序，属于行政不作为。

审理中，南昌铁路运输中级法院将上述意见向被告进行了释明，得到该政府的理解与认可。该政府结合具体事实认为原告与申请复议的行政行为之间存在利害关系，在一审期间决定改变行政行为，受理原告复议申请，原告撤回起诉。同时，对以后若再次遇到类似情况，该政府表示将参照本案法律适用意见予以处理。

【评析】

因城市化建设推进加快，农村集体土地征用需求强烈，许多农村土地开始被征迁，引发了许多相关行政争议。由于涉及农村集体土地征用的行政争议牵扯面广、涉案人数众多，事关被征地农民的切身利益，被征地农民往往根据行政复议法有关规定，针对省级以上人民政府的批准征地行为提起行政复议。因此，复议机关正确及时行使复议职责，成为化解征地拆迁矛盾纠纷的“第一道关口”。人民法院应当通过依法审判，监督复议机关及时启动复议程序，对被征地农民给予恰当的救济。本案虽然以协调撤诉方式结案，但其中所涉及的告知补正及其处理行为在诸多行政行为形态中较为少见，现就其可诉性以及如何认定“无正当理由逾期不补正”两个具体问题分析如下。

一、关于告知补正行为的可诉性问题

在行政复议申请材料不齐全或者表述不清楚时，复议机关告知申请人补正是一种行政程序行为。所谓行政程序行为，是与行政实体行为相对的概念，是行政主体依照程序性规范作出的具有一定法律意义的行为。对于行政程序行为是否具有可诉性，学界有不同观点。传统观点认为，行政程序行为不具有可诉性，理由不外乎以下几点：第一，行政程序行为不对当事人的权利义务产生实质影响，不具有独立的诉讼意义和诉讼价值；第二，遵循行政效率原则，对行政程序行为单独审查将中断行政程序进程，延误行政机关作出实体行政行为；第三，对后续行政实体行为的全面审查涵盖了对行政程序的审查，对程序性权利的救济也被纳入整体行政违法行为救济范畴，为避免司法资源浪费和两次审查结果矛盾，无单独起诉之必要。另一种较为激进的观点则从维护程序正义角度出发，认为行政程序行为具有可诉性：第一，行政程序行为是法律明确规定的，行政行为不按照法定程序行使行政职权，就是违法，程序违法的主体，即行政机关应当承担相应责任；第二，行政程序行为和行政实体行为均是行政主体依职权作出的具有法律意义的行为，可诉性是行政行为的本质属性；第三，行政程序行为对行政相对人的程序性权益产生影响，违法行政程序行为侵犯相对人的程序性权利，最终侵犯相对人的实体权利。

告知补正作为一种行政程序行为，符合行政程序行为的概念特征，对告知补正行政程序行为是否可诉，观点亦莫衷一是。最高人民法院对补正告知行政程序行为是否可诉这个问题的回答持保守态度，倾向于以不可起诉为原则，可起诉为例外。《最高人民法院关于审理行政许可案件若干问题的规定》第三条规定："公民、法人或者其他组织仅就行政许可过程中的告知补正申请材料、听证等通知行为提起行政诉讼的，人民法院不予受理，但导致许可程序对上述主体事实上终止的除外。"《最高人民法院关于审理政府信息公开行政案件若干问题的规定》第二条第一款规定：因申请内容不明确，行政机关要求申请人作出更改、补充且对申请人权利义务不产生实际影响的告知行为，公民、法人或者其他组织对该告知行为不服提起行政诉讼的，人民法院不予受理。从上述两个规定可以看出，最高院司法解释对补正告知行政程序行为可诉与否的判断界限，在于引起争议的行政程序行为是否对相对人权利义务产生实质影响。

本案补正告知行为发生在行政复议程序中，《行政复议法实施条例》第二十九条中规定："行政复议申请材料不齐全或者表述不清楚的，行政复议机构可以自收到该行政复议申请之日起5日内书面通知申请人补正。补正通知应当载明需要补正的事项和合理的补正期限。无正当理由逾期不补正的，视为申请人放弃行政复议申请……”但行政复议法及相关司法解释对补正告知是否可以起诉未作明确规定。笔者认为，行政复议程序中的补正告知能否起诉的标准，可参照行政许可和信息公开司法解释的有关规定，以不可诉为原则，可诉为例外，当告知补正行为对申请人权利义务产生实质影响，且申请人难以针对实体行政行为起诉或针对实体行政行为起诉难以获得相应救济时，补正告知应当具备可诉性。正如本案情形：黄永耀等人与行政复议机关对申请人是否履行补正告知有争议，申请人无法按照行政机关补正告知通知提供房屋、土地权属证明，但对省政府的补正通知书作出了无法提供房屋权属的书面情况说明。行政机关仍认为该说明不符合补正要求，认定申请人未补正，进而“视为申请人放弃行政复议申请”。此种情况导致的结果是：第一，对行政机关而言，行政复议程序未在行为外在化表现前提下单方面终止；第二，对行政申请人而言，终止行政复议违背了申请人的本意、申请人请求复议之争议将处于长期未决状态、申请人相关实体合法权利难以得到有效救济，该种情况下的补正告知当然可诉。

二、关于“无正当理由逾期不补正”的认定问题

申请人提交补正说明能否视为已履行补正要求，是本案事实方面的争议焦点。行政机关认为申请人未按照要求提供所需补正的事项，即是未补正，而申请人认为自己已经提交了补正说明，所以履行了补正的义务。行政复议机关依据《行政复议法实施条例》作出补正告知行为后，申请人一般作出三种反馈：一是完全按照行政机关需要补正的事项予以补正；二是未作出任何回应的消极反馈；三是虽未补正，但作出未按规定补正的回复说明，这种不补正，可能基于申请人主观上对补正事项存在质疑，也可能基于申请人客观上的补正不能。对于前两种情形，一般不存在争议。本案属于第三种情形，涉及的焦点问题是在原告已就补正要求提交书面说明的情况下，被告能否按照《行政复议法实施条例》第二十九条规定，认定原告属于“无正当理由逾期不补正”情形，而视为复议申请人放弃行政复议申请。对此，存在两种不同的看法。

第一种意见是：《行政复议法实施条例》第二十九条规定的无正当理由逾期不补正，不仅仅包括能补正而拒绝补正的情形，还包括补正材料不符合复议机关补正要求的情形。复议机关的补正要求是结合具体案情对复议受理条件的明确化。申请人即使提交了补正说明材料，但未按照复议机关要求提交补正证据材料，即意味着其未通过补正行为积极弥补不符合受理条件的瑕疵，可按“无正当理由逾期不补正”对待，视为其放弃复议申请，复议机关可终止复议程序。

第二种意见是：《行政复议法实施条例》第二十九条规定，复议机关要求申请人补正的，应当告知其需要补正的事项。复议机关确定需要补正的事项，是结合具体案情对案件如何达到受理条件的一种解释，甚至含有认定的成分。本案中，被告要求原告补正权属证明材料，实际上已经设定了复议受理门槛。这种补正要求本身就存在对与错的判断，在此情形下，当事人出于客观原因无法提交符合补正要求的证据材料，双方之间存在是否完成补正的争议。《行政复议法实施条例》第二十九条规定的“无正当理由逾期不补正”，主要是指申请人无正当理由未提交任何补正材料，而不包括双方之间存在是否完成补正争议的情形。本案中，在原告提供补正说明材料后，被告以“视为复议申请人放弃行政复议申请”处理，系没有正确履行法定审查职责的体现。

案件审理过程中，第一种意见为被告意见，第二种意见为法院意见，经过多次沟通，被告接受了法院意见。法院持第二种意见的理由是：

（一）“无正当理由逾期不补正”的合理内涵

法律解释方法一般有文义解释、体系解释、目的解释、比较解释等。诚然，不补正既包括不提交任何材料的消极不补正，也包括明示拒绝提交材料的积极不补正。但是行政复议制度是权利救济制度，其主要价值在于相对人权益受到违法、不当行政行为侵犯时，可为之提供方便、快捷、廉价的权利补救。《行政复议法实施条例》第二十九条规定要求复议申请人补正行政复议申请材料，主要目的是有利于行政复议机关能够全面准确根据申请人提供的材料把握申请人诉求，初步判断是否应予受理。而不能通过解释成为抬高复议准入门槛、加重复议申请人举证责任的条款。因此，从目的解释上来看，第一种意见就存在不当之处。

从法律条文表述来看，能够产生视为申请人放弃复议申请、复议机关终止复议的法律后果，其前提是“无正当理由逾期不补正”。为避免复议机关不正确地适用“无正当理由逾期不补正”条款而导致申请人丧失救济权，应当从申请人“主观故意”和“客观行为”两方面进行判断。只有在申请人存在不想按要求进行补正、不想使行政复议继续进行下去的主观故意和无正当理由逾期拒不补正的客观行为的情况下，才能推定申请人放弃行政复议申请。因提供不能无法补正应该是属于能力不足造成的客观原因，从“主观故意”和“客观行为”两方面均不可视为放弃复议申请。本案中，原告根据补正通知的规定，提供了补正回复的行为显示其“希望”而且是以实际行动积极推动行政复议程序向前进行，在主观上也认为该回复已经按补正要求尽申请人所能补正了相关材料。复议申请人根据补正要求进行的回复，也是重申和强调其对提交材料的主观理解，以期行政复议机关能对申请内容尽到审查责任，绝非是放弃行政复议的表现。

（二）防止和规制复议机关滥用通知补正权

《行政复议法实施条例》第二十九条规定，行政复议申请材料不齐全或者表述不清楚的，方可书面通知申请人补正。如何界定“申请材料不齐全”，应当结合申请人在复议申请阶段的证明责任来理解。一般认为，申请人证明责任的性质为行为责任、推进责任，这便意味着申请人对自己的主张并不必须证明其成立，虽然申请人应提供证据证明有关证明事项的存在，但总体而言这种存在只要达到一定的可能性即可。因此，行政复议申请材料不齐全，应该从申请材料的类别与齐整性来理解，总体上是有与无的区别，而不是多与少的区别。具体到本案，可以理解为申请人没有提交是否具有利害关系的任何材料，复议机关方可要求其补正。只要申请人提供了相关材料主张存在利害关系，那么复议机关就不应该要求申请人为证明其有确切的利害关系而继续补正材料。实际上，即使无法提供权属证明文件，但申请人已经提供了房屋照片和居住事实等证据，完成了启动行政复议程序的初步证明责任，复议机关应当对此进行审查和判断。

（三）复议机关应当履行必要的受理审查职责

复议机关在接到当事人的救济申请之后，要在法律规定的时间内对其申请进行审查，《行政复议法》第十七条即明确，行政复议机关收到行政复议申请后，应当在五日内进行审查。当复议申请人提出行政复议申请后，判断申请人提供的证明材料能否证明其与被复议行政行为有利害关系，既是行政复议机关的法定职权，也属于其应当依法行使的法定职责。具体到本案中，被告收到原告的行政复议申请后，需要审查申请人与被申请复议行政行为是否有利害关系，如经审查没有利害关系的，应当作出不予受理决定。如果上文所述第一种意见成立，允许复议机关以补正不符合要求为由终止复议程序，其只需要在受理审查阶段发出补正通知书，就可以套用申请人逾期不补正这条规定，进而一律按申请人放弃行政复议申请来处理，实际上是回避了对申请人是否具有利害关系需要作出判断的职责，这明显违背立法本意。

（作者单位：南昌铁路运输中级法院）

行政行为程序轻微违法的认定标准

——沈凯诉北京市朝阳区人民政府行政复议决定案

陈良刚

【裁判要旨】

行政机关作出行政行为违反法定程序或正当法律程序原则，但综合考虑所违反的程序的重要性、违反的程度以及产生的影响，可以认定行政程序违法轻微的，且对当事人权益未产生实际影响的，人民法院应当判决确认该行政行为违法，但不撤销该行政行为。

被诉行政行为是行政机关逾越法定期限作出，但不存在其他违法情形的，一般应认定为行政程序轻微违法。

【案情】

原告：沈凯

被告：北京市朝阳区人民政府

北京市第四中级人民法院经审理查明：2015 年 3 月 9 日，被告北京市朝阳区人民政府（以下简称朝阳区政府）负责收发信件的后勤服务中心收到原告沈凯邮寄的行政复议申请书。沈凯要求确认北京市工商行政管理局朝阳分局（以下简称朝阳工商分局）办理其举报案件过程中未拍摄现场照片的行政行为违法。次日，朝阳区政府法制办公室取走该信件。朝阳区政府认定沈凯申请复议针对的行为不是最终的具体行政行为，根据《中华人民共和国行政复议法》（以下简称《行政复议法》）第二条、第十七条第一款之规定，决定对沈凯的行政复议申请不予受理，并于 3 月 17 日作出《行政复议不予受理决定书》(以下简称《不予受理决定书》)。朝阳区政府于3月18日将《不予受理决定书》交邮，沈凯于3月19日收到该《不予受理决定书》。

原告沈凯诉称：根据《行政复议法》的规定，行政复议机关收到行政复议申请后，应当在五日内进行审查，对不符合该法规定的行政复议申请，决定不予受理并书面告知申请人。被告朝阳区政府在收到原告的复议申请书后七个工作日才向原告送达《不予受理决定书》，属于逾期告知，请求确认被告朝阳区政府作出的《不予受理决定书》违法。

被告朝阳区政府辩称：2015年3月10日，其法制办公室收到沈凯邮寄的行政复议申请书。沈凯申请行政复议系针对工商行政管理机关办案过程中拍摄现场照片的行为，该行为系收集证据的过程，并非最终的具体行政行为，其对沈凯的行政复议申请作出不予受理决定并无不当。请求法院依法驳回原告沈凯的诉讼请求。

【裁判】

北京市第四中级人民法院经审理认为：《行政复议法》第十二条第一款规定，对县级以上地方各级人民政府工作部门的具体行政行为不服的，由申请人选择，可以向该部门的本级人民政府申请行政复议，也可以向上一级主管部门申请行政复议。朝阳区政府作为朝阳工商分局的本级人民政府，具有对申请人针对朝阳工商分局的行政复议申请进行处理的法定职权。申请人申请行政复议，应当符合法定的申请条件，属于行政复议受案范围。《行政复议法》第二条规定："公民、法人或者其他组织认为具体行政行为侵犯其合法权益，向行政机关提出行政复议申请，行政机关受理行政复议申请、作出行政复议决定，适用本法。"《行政复议法》第六条列举的行政复议受案范围亦是对相关具体行政行为不服提起行政复议的情形。行政行为，是指行政主体为实现行政管理目标和任务，依职权或应申请而实施的对公民、法人或者其他组织的权利义务产生实际影响的行为。本案中，沈凯针对朝阳工商分局在调查案件中未拍摄现场照片的行为申请行政复议，该行为系行政机关办理案件中收集证据的调查行为，不是针对沈凯举报案件作出的终局性行政行为，未对沈凯的权利、义务进行设立、变更或消灭，即未对沈凯的权利义务产生影响。因此，朝阳区政府认定沈凯申请行政复议的事项不符合行政复议范围，据此作出不予受理决定，认定事实清楚，适用法律正确。《行政复议法》第十七条第一款规定："行政复议机关收到行政复议申请后，应当在五日内进行审查，对不符合本法规定的行政复议申请，决定不予受理，并书面告知申请人；对符合本法规定，但是不属于本机关受理的行政复议申请，应当告知申请人向有关行政复议机关提出。"《行政复议法》第四十条规定："行政复议期间的计算和行政复议文书的送达，依照民事诉讼法关于期间、送达的规定执行。本法关于行政复议期间有关'五日'、'七日'的规定是指工作日，不含节假日。"《中华人民共和国民事诉讼法》第八十二条规定，期间包括法定期间和人民法院指定的期间，期间以时、日、月、年计算，期间开始的时和日，不计算在期间内，期间届满的最后一日是节假日的，以节假日后的第一日为期间届满的日期，期间不包括在途时间，诉讼文书在期满前交邮的，不算过期。依据上述规定，行政复议机关作出不予受理决定的期间应当自行政复议机关收到行政复议申请的时间计算五个工作日，而不是从行政复议机关负责法制工作的机构收到之日起计算。本案中朝阳区政府系行政复议机关，沈凯邮寄的行政复议申请到达朝阳区政府的时间 3 月 9 日应当作为收到之日，3 月 9 日为期间开始时间不予计算，至 3 月 16 日五个工作日届满（其中 3 月 14 日、15 日为周六、周日）。现朝阳区政府于 3 月 17 日作出《不予受理决定书》，显然超出法定期限。综上，朝阳区政府对沈凯的行政复议申请作出不予受理决定的证据充分、符合相关法律规定，但其未在法定期限内作出，应属程序轻微违法，鉴于该行为未对沈凯的权利产生实际影响，依照《中华人民共和国行政诉讼法》第七十四条第一款第（二）项之规定，不撤销该《不予受理决定书》，确认朝阳区政府作出该《不予受理决定书》的行为违法。

北京市第四中级人民法院于 2015 年 7 月 24 日作出（2015）四中行初字第 324 号行政判决，确认朝阳区政府作出《不予受理决定书》的行为违法。宣判后，双方当事人均未提起上诉。

【评析】

一、问题的提出："行政程序轻微违法"缘何应受关注?

行政诉讼中对程序轻微违法的行政行为如何进行司法裁判，修订前后的《行政诉讼法》作出了不尽相同的规定。修改前的《行政诉讼法》第五十四条规定，对违反法定程序的行政行为，应当判决撤销。由于行政程序轻微违法毕竟也是违法，依法应当予以撤销。不过，司法实践所呈现的图景却并非总是如此，一些行政行为在行政程序上尽管与法律规范的强制性要求不符，却被认为仅系程序轻微瑕疵而尚不构成违法，并得以避免被撤销的“厄运”。

近年来，随着行政程序理论研究的日渐深入，学界对行政程序违法的法律效果问题展开了热烈的讨论，不少学者指出《行政诉讼法》的上述规定过于单一与僵化，主张对行政程序违法的情节进行程度上的区分，情节严重者方构成传统意义上的违法，对应的法律效果为无效或可撤销；情节轻微者只构成瑕疵，可以通过补正、转换、追认等方式治愈，从而保留其有效性并延续其合法性。这一主张的提出尽管不是为了证明前述司法实践的合理性与正当性，却不失为一个理论注脚，具有异曲同工之效果，我国司法实践与立法规定之间的紧张关系亦可借此得以一定程度的缓和。

2015 年 5 月 1 日，修改后的《行政诉讼法》正式实施。在对待行政程序违法问题上，新《行政诉讼法》采取了更加灵活的处理方式，但与理论界的上述主张仍有差异。根据新《行政诉讼法》第七十条第（三）项的规定，法院应当判决撤销违反法定程序的行政行为；同时，该法第七十四条第一款第（二）项又规定，行政行为程序轻微违法，但对原告权利不产生实际影响的，人民法院判决确认违法，但不撤销行政行为。应当说，根据新《行政诉讼法》的规定，对程序轻微违法的行政行为，人民法院不能再以仅构成程序瑕疵等为由判决驳回原告诉讼请求。不过，如何认定“行政程序轻微违法”，仍是一个比较棘手的问题。从司法实践看，即便在新《行政诉讼法》实施之后，仍有许多案件对行政行为逾越法定期限等情形一如既往地认定为程序瑕疵并驳回原告诉讼请求。因此，梳理并确立行政程序轻微违法的认定标准，具有相当重大的理论与实践价值。

本案中，被告作出被诉行政行为逾越法定期限一日，不存在其他违法情节，法院最终确认该行政行为违法，严格遵循了新《行政诉讼法》的规定，在司法理念转变和司法尺度拿捏上具有较强的指导意义。

二、立场选择：着眼于程序的双重价值与司法的适度能动

严格地讲，行政程序轻微违法也应归入行政程序违法的范畴，因为它与其他行政程序违法一样，都是对法律规范强制性要求的违背或偏离，尽管违背的程度有深浅之分，偏离的范围有大小之别。之所以将行政程序轻微违法从行政程序违法中剥离出来作出特别规定，直接目的在于赋予其不同于通常情形下程序违法的法律效果，最终实现某种价值追求。正如下文将要分析的那样，这种剥离的过程本身就充满对各种价值与利益的权衡、取舍，不可避免地带有浓厚的主观色彩。其实，仅从语意上看，“轻微”就是一个评价性词语，体现着评价主体对评价客体的认知与好恶，难免“仁者见仁，智者见智”。因此，要构建对行政程序轻微违法相对客观的司法认定标准，有必要先行求得司法立场的基本一致，如此方可避免陷入自说自话之境地。笔者认为，行政程序轻微违法的司法认定标准一方面反映出司法对程序功能和价值的认知，另一方面反映出司法对自身功能和价值的认知，在这两个方面，均可能存在不同的司法态度和理念。

1. 程序工具主义还是程序本位主义?

对于法律程序的价值，一直存在程序工具主义和程序本位主义两种不同的观念。前者认为程序的价值在于促进实体结果的正确，程序的有效性也通过实体结果来评价；后者认为程序具有独立于实体的自身价值，对程序有效性的评价并不依赖于实体结果。显然，在法院对行政行为进行合法性审查时，如果秉持程序工具主义立场，实体结果将会是审查重点，在不影响实体结果的情况下，行政程序违法得到司法容忍的可能性较大；而如果秉持程序本位主义立场，行政程序本身也将成为审查重点，即便不影响实体结果，行政程序违法也很可能不被容忍。笔者认为，我国法院在对行政程序进行合法性审查时，应着力实现程序工具价值与自身价值的兼顾；同时鉴于我国素有重实体、轻程序的传统，因此关键在于加大程序内在价值在司法认定中的权重。

其一，从理论上看，程序工具主义和程序本位主义都有片面性，割裂了程序与实体的内在联系。同时，从其他一些国家和地区的行政程序立法和司法实践看，尽管在程序的两种价值之间会有所侧重，但均非只追求一种价值而完全忽视另一种价值。

其二，为纠正重实体、轻程序的传统偏差，我国行政诉讼法及司法解释强调了程序本位主义的立场要求。根据修订前的《行政诉讼法》第五十四条的规定，行政行为违反法定程序的，就应当判决撤销。换言之，判决撤销行政行为并不以行政程序违法影响到实体结果为条件。同时，根据《最高法院关于执行〈中华人民共和国行政诉讼法〉若干问题的解释》第五十四条的规定，法院以违反法定程序为由判决撤销被诉具体行政行为的，行政机关可以以同一事实和理由作出与原具体行政行为基本相同的具体行政行为。这进一步表明，即使行政行为在事实认定、法律适用及处理结果上没有瑕疵，法院同样可以以程序违法为由判决撤销具体行政行为，更为鲜明地体现了程序本位的立场。从修改后的《行政诉讼法》规定看，对于程序轻微违法，且没有影响原告实体权利的行政行为，法院依然要确认违法，而不能判决驳回原告诉讼请求。这同样体现了程序本位的立场。

其三，加大程序内在价值的权重是监督、促进行政机关依法行政的必然要求。尽管我国行政诉讼法确立了程序本位的司法审查立场，但在现实生活中，行政机关的程序观念却普遍不强，重实体、轻程序的倾向较为明显，对此司法审查理应发挥积极的导向作用。

因此，笔者认为，法院在对行政行为的合法性进行审查时，一方面应坚守“重实体”的立场，如果对行政程序法律规范的违反影响到实体结果，本身就表明这一违反在性质与情节上是严重的，不宜再定性为程序轻微违法。另一方面应逐步树立“重程序”的立场，加大对程序内在价值的考虑权重，行政行为一旦违反了基本的或者十分重要的程序要求，即便没有影响到实体结果，亦不宜定性为程序轻微违法。

2. 司法一味谦抑还是适度能动？

行政诉讼集中体现了立法、司法与行政三权的互动。立法设定实体规则和程序规则来导引、控制行政权的行使，并经由司法之手确保行政权力在立法框架内运行。表面看，司法只是立法控制行政的手段，司法也仅需严格依循立法即可。其实不然。这种消极的司法观念不仅难以适应社会和形势的发展，也并不符合司法运作的实际状况。近来，司法能动主义作为社会主义法治理念的一项重要内容得以提出，要求法官在司法过程中根据社会的需要，采取灵活的方法，秉承一定的法律价值，遵循一定的法律规则，创造性地适用法律，理性地作出判断，从而不断地推动社会政治、经济、法律、文化等的变革和发展。笔者认为，在对行政程序进行合法性审查时，秉持适度能动的司法立场显得尤为重要。

一方面，我国立法对行政程序的规定尚不完备，需要司法适当弥补。自二十世纪以来，随着行政自由裁量权的大量出现，原来占据主导地位的法律实体控制方式在很大程度上已无能为力，因为通过实体规则的细则化来控制行政自由裁量权，实际上就是依赖直接缩小自由裁量权来达到控权的目的，然而自由裁量权的过度缩小又与客观需要相冲突，并且，即使缩小了自由裁量权，也没有消灭自由裁量权本身，仍然存在如何行使这些权力的问题。于是，为了解决这一矛盾，行政程序被导入对行政权的控制机制之中，并在“二战”之后蔚然成风。从一定意义上说，正是程序决定了法治与恣意人治之间的根本区别。然而，就我国而言，行政程序立法向来贫乏、简单，行政处罚法、行政许可法、行政强制法颁布后虽大有改观，但在整体上仍十分薄弱，统一的行政程序法典迟迟未能出台，对不少行政行为尚缺乏具体而严格的程序要求。在此情况下，法院有必要对现行行政诉讼法所规定的“法定行政程序”作适当扩大之解释，不仅包括法律、法规、规章等法律规范明文规定的程序，还应包括法律原则、法律精神所要求的程序。此外，行政机关制定了大量的规章以下的规范性文件，其中的程序要求在不违背上位法的情况下，也应得到行政机关的遵循。笔者注意到，在能动司法方面我国法院已进行了有益的尝试，如“田永案”即依据正当法律程序原则作出判决，对推动行政法治建设发挥了积极作用。不过这样的尝试还十分有限，总体上我国法院仍过于谦抑，今后有必要进一步增强能动性。

另一方面，立法规定有时难以适应行政要求，需要司法予以适当调整。行政事务伴随着公民“从摇篮到坟墓”的全过程，涉及社会生活的各个方面。我们已经不再满足于一个消极的、自我克制的政府，而是要求政府积极作为，为我们创造更好的生存和生活的空间。无疑，行政机关首先应当依据立法行政，但立法所体现的毕竟只是抽象正义，可能并不总是符合行政机关所面临的社会情势，为实现个案中的具体正义，行政机关有时需要适当背离立法的要求。尤其是在行政程序问题上，立法所追求的目标往往在于公平，有时对效率的关注不足，从而也会束缚行政的手脚，不利于行政管理目标的实现，不能更好地实现人民的福祉。此时司法亦应通过能动作用的发挥拉近立法与行政的距离。

三、基准构建：着力于行政程序合法性审查中的价值权衡

通说认为，行政程序由步骤、顺序、期限、方式等四项要素构成，当行政行为的任何一项要素违背法律规范的强制性规定时，即构成违反法定程序，依法应被撤销或确认违法。然而，无论在《行政诉讼法》修改之前还是之后，一些行政行为在行政程序上尽管与法律规范的强制性要求不符，却被认为仅系程序瑕疵而不构成违法。这一司法进路的缺陷是显而易见的。一方面，所谓的“程序瑕疵”并非实定法上的术语，不论是修改前的《行政诉讼法》还是修改后的《行政诉讼法》均没有为存在程序轻微违法的行政行为“网开一面”，因此司法实践与法律规定不尽一致。另一方面，如果允许司法以“程序瑕疵”为由对实为程序轻微违法的行政行为“网开一面”，司法恣意的危险也蕴藏其中，许多本应属于行政程序违法的情节就可能会被司法贴上行政程序瑕疵的标签，从而大大减损行政程序对于控制行政权力的重要价值。因此，首先需要明确的是，如果行政程序违背了法律规范的强制性要求，即使情节轻微，也应当认定为程序违法，不应再以程序瑕疵为由认定为不构成程序违法。

接踵而来的关键问题在于如何对行政程序违法进行定量分析并区分出轻微违法与非轻微违法。从司法实践看，在行政程序合法性审查过程中，法院往往立足于以下三项基准进行权衡：

一是审查行政行为所违反的程序的重要性。程序越重要，违反该程序的性质和情节就越严重。而程序的重要性如何，应当主要通过立法规定并结合正当法律程序原则来考察。例如，根据立法规定的方式，行政程序可以分为强制性程序和任意性程序，前者是立法要求行政机关遵循的，一旦违反将导致合法性的缺失，而后者则允许行政机关根据情况进行裁量，即使行政机关的裁量不合理，通常也不产生违法问题。又如，立法在要求行政机关遵循某项程序时，用语有时是“应当”，有时是“必须”，有时在规定“必须”遵循某项程序的同时规定“严禁”违反该程序，有时还对违反该项程序要求的法律效果作出明确规定（如规定行政行为无效、不成立等），这都体现出程序重要性的差异。此外，一些程序要求尽管缺乏法律规范的明文规定，但由于它们是实现最低限度公正的最基本的要求，因此违反这些程序要求的行政行为也会被法院以违反正当程序原则为由予以撤销或确认违法。

二是审查行政行为违反程序的具体情节与程度。例如，根据行政处罚法的规定，行政机关在作出处罚决定之前，应当告知拟作出处罚的事实、理由及依据，听取行政相对人的陈述与申辩。司法实践中，有的案件行政机关根本未履行告知程序，有的案件行政机关履行了告知程序但告知内容不完整，有的案件行政机关履行告知程序符合规定但事后作出处罚所依据的事实和理由与告知内容相去甚远，有的案件告知的关键信息完整准确但在一些其他内容上存在偏差。

三是审查行政行为程序违法是否影响案件的实体处理与当事人的实体权利。行政诉讼中，法院除了要审查行政行为是否违反法定程序，还要审查行政行为认定事实是否清楚、证据是否充分，是否超越职权或怠于履行法定职责，是否侵害行政相对人、利害关系人的合法权益和公共利益，等等。如果行政机关由于未遵循法定程序或正当程序而超越职权，或者行政行为认定事实不清，或者侵害合法权益，则不应归入程序轻微违法的范畴。

在此需要特别强调的是，对行政程序合法性的审查以及对行政程序违法情节的区分充满了价值权衡，必须辅之以引导和规范司法裁量权行使、避免司法专断与恣意的相应机制。笔者认为，以下三个方面至关重要：一是裁判说理的强化。对于程序的重要性、违反的程度、影响的大小，均须在判决书中予以充分说理，避免司法的恣意，提升裁判的透明度和可接受度。二是听取当事人的意见。司法应当避免专断，也要避免让当事人觉得司法专断。为此，在庭审过程中，经对行政程序合法性进行审查，认为存在认定行政行为违反法定程序可能性的，应当就程序违法的程度、后果等进行进一步审查，听取当事人各方的辩论意见。三是借助指导案例等制度对行政程序违法的情形及相应法律后果予以明确，弥补成文法的不足，提升司法尺度的一致性。

四、典型形态：着手于司法实践中常见问题的分析与解决

根据新《行政诉讼法》的相关规定，行政行为违反法定程序的后果可能包括：一是构成重大且明显违法情形的，行政行为无效；二是程序违法情节轻微且对原告权利未产生实际影响的，确认违法，但不予撤销；三是既不构成重大明显违法又不属于情节轻微的，撤销行政行为。除此之外，司法实践中还存在行政程序方面的错误问题。

第一，行政程序重大且明显违法的情形。新《行政诉讼法》第七十五条规定，行政行为实施主体不具有行政主体资格或者没有依据等重大且明显违法情形，原告申请确认行政行为无效的，人民法院判决确认无效。这里的"等"应为"等外等"，除该条明确规定的两种无效情形外，还存在导致行政行为无效的其他情形。其中，行政程序违法也可能导致行政行为无效。当然，只有重大且明显的程序违法才能导致行政行为无效，实践中主要包括两种：一是以书面形式作出但没有注明作出机关，导致行政行为的作出机关无法识别的；二是应当通过颁发证书的方式作出行政行为，但行政机关未予颁发的。当然，诸如行政处罚法等法律规范还规定了行政行为"无效"的其他情形，如未经告知程序的行政处罚无效，但这里的“无效”并非新《行政诉讼法》第七十五条所规定的因重大明显违法导致的无效，法院对未经告知程序的行政处罚决定可以判决撤销。

第二，行政程序轻微违法的情形。行政程序轻微违法的情形较为丰富，其中最为常见的便是本案所涉及的逾越法定期限问题。不少法律规范对行政机关作出行政行为的时限作出明确规定，行政机关未在规定期限内作出行政行为的，构成程序违法。但如果行政行为不存在其他违法情形，法院往往不据此判决撤销行政行为，即不否定行政行为的效力，而只是否定行政行为的合法性。理由在于，如果撤销行政行为，行政机关需要重新作出内容相同的行政行为，不仅带来程序空转，还会导致权利义务关系的确定滞后。除行政行为逾期外，步骤的缺失也是程序违法的常见情形。但通常而言，法定步骤缺失很多时候不再属于轻微违法的情形，但有时结合步骤缺失对案件处理和当事人权利的影响，也可能属于轻微违法情形。此外，行政行为未采取特定方式，但以其他方式已达到相同效果的，也是实践中常见的程序轻微违法情形。

第三，行政程序一般违法的情形。行政行为违反法定程序，不属于重大且明显违法，又不属于轻微违法情形的，构成判决撤销行政行为的理由。需要注意的是，行政行为中显而易见的错误，如笔误、印刷错误、计算错误等，如果通过行政决定所记载的事项可推导出正确的内容，则一般可以不认定为错误。

五、对本案的评析及运用裁判要旨应当注意的问题

本案中，被告作出被诉《不予受理决定书》逾越了法定期限，应当认定行政程序轻微违法。理由如下：首先，时限是行政程序的要素之一，行政复议法对行政复议机关作出复议决定的时限作出了强制性规定，本案中被诉行政行为逾越了法定期限，尽管只逾越了一个工作日，但依然构成程序违法，而不是过去所谓的不构成违法的程序瑕疵。其次，无论从行政复议法的明文规定分析，还是从复议时限制度的立法目的考量，抑或考量时限制度对复议案件实体处理的影响，对于逾越法定期限但不存在其他违法情节的本案被诉行政行为，均应认定为轻微违法，而不是重大违法或一般违法。最后，被诉行政复议决定逾期法定期限一日作出，对复议申请人的权益未产生实际影响。因此，法院依据新《行政诉讼法》第七十四条第一款第（二）项的规定判决确认行政行为违法是正确的。

对于行政行为系行政机关逾越法定期限作出，但不存在其他违法情形的，原则上可以认定为行政程序轻微违法。但需要注意以下几点：

一是法院应当在判决中阐明构成轻微违法的具体理由。要从程序的重要性、违反的程度、对实体处理的影响等方面，表明程序违法的情节轻微，对原告权利不产生实际影响，以此与非轻微的程序违法相区分，并以此作出选择采取确认违法判决方式而非无效或撤销判决方式的理由。

二是要在判决中明确指出对行政行为不予撤销，体现出对行政行为效力的保留。根据行政诉讼法的规定，确认行政行为违法的含义有时是指同时否定行政行为的合法性与有效性，如对于本应判决撤销但由于没有可撤销内容而作出的确认违法判决；有时仅否定合法性而不否定有效性，如以程序轻微违法且未影响原告权利为由作出的确认违法判决以及基于维护公共利益的需要而作出的情势判决等。因此，如果法院仅仅确认行政行为违法，而未指出不予撤销行政行为，行政行为的效力就不明确。

三是不应判决行政机关重新作出行政行为。由于行政行为的效力并未被否定，因此该行政行为仍然具有拘束力、执行力等法律效力，不存在重新作出行政行为的问题。

四是逾越法定期限的情形并非一概属于轻微违法。对于严重逾越法定期限作出的诸如行政处罚等侵益性行政行为，经利益衡量后有时应当判决撤销。

（作者单位：北京市第四中级人民法院）

将限定投标企业的文件列为投标要求违法

——鸿博股份有限公司诉浙江省财政厅财政行政处理案[①]

吴俊洁　宋　歌

【裁判要旨】

1. 财政部门有权依据上位法认定采购文件不合法并责令重新开展采购活动。

2. 公开招标的政府采购应向不特定对象开放，任何单位和个人不得要求采购人向其指定的供应商进行采购。

3. 招标文件将限定投标企业的上级单位文件列为招标需求，实质上特定化了供应商，属于采购文件不合法。

【案情】

原告鸿博股份有限公司（简称鸿博公司）诉称，招标文件中明确规定投标体育彩票热敏票必须符合国家体育总局体育彩票管理中心的体彩字〔2014〕190号文件《关于调整热敏票投注单印制管理模式的通知》（以下简称190号文），第三人杭州国瑞印务有限公司（简称国瑞公司）的投标文件不符合招标需求，评标委员会据此认定其为无效标符合法律法规及招标文件的规定。请求撤销被告浙江省财政厅作出的浙财执法〔2015〕1号行政处理决定书。

被告浙江省财政厅辩称，该项目采购文件、采购过程违反政府采购相关

---

① 一审：浙江省杭州市西湖区人民法院（2015）杭西行初字第63号；二审：浙江省杭州市中级人民法院（2015）浙杭行终字第374号。

法律、法规和文件规定，未依法标明实质性要求，未公布190号文及《电脑热敏型体育彩票技术要求及检验方法》，也未告知供应商获取上述文件、要求、方法的渠道，且通过其他正常途径无法获得，影响或者可能影响招标结果，同时还存在向指定供应商进行采购的现象。请求驳回原告的诉讼请求。

第三人浙江省体育彩票管理中心（简称省体彩中心）、浙江省政府采购中心（简称省采购中心）未作陈述。

第三人国瑞公司述称，支持财政厅的处理决定，请求驳回原告的诉讼请求。

法院经审理查明：省采购中心受省体彩中心委托，就体育彩票电脑热敏票进行公开招标。2014年9月16日，省采购中心发布公开招标公告，投标供应商资格要求为注册资本在1000万元（含）以上。鸿博公司、国瑞公司及北京印刷集团有限责任公司、中体彩印务技术有限公司共四家公司参与投标。2014年10月31日，评标委员会出具评标报告。报告载明：对各供应商的投标文件进行了资格性和符合性审查，各供应商均符合要求。评标委员会在审查各供应商投标文件的基础上，并对国瑞公司进行了询标，认为国瑞公司的投标文件不符合中标需求中190号文的要求，按无效标处理……推荐鸿博公司为中标单位。同日，省采购中心发布中标结果公示，中标供应商为鸿博公司。

国瑞公司提出质疑，省采购中心组织原评委七人进行复评，复评意见认为：招标文件并没有将190号文作为供应商的资格条件，该文件仅作为招标需求中的实质性要求；国瑞公司的投标文件不符合招标需求中190号文的要求，按无效标处理并无不妥。国瑞公司不服，于2014年12月1日向浙江省财政厅投诉。

2015年1月19日，财政厅作出浙财执法〔2015〕1号《行政处理决定书》，认为：采购文件将“必须符合体彩字〔2014〕190号文件”作为对投标响应供应商的资格性要求或者实质性要求，均构成事实上的“向其指定的供应商进行采购”。财政厅认定：省采购中心组织的省体彩中心电脑热敏型体育彩票项目采购文件、采购过程违反政府采购相关法律、法规和文件，影响或者可能影响中标结果，依据《政府采购法》第五十六条和《政府采购供应商投诉处理办法》第十九条第（一）项之规定，决定：本项目采购文件、采购过程不合法，责令重新开展采购活动。

另查明，案涉项目的招标文件第四章“招标需求”中载明：“投标体育彩票热敏票必须符合国家体彩中心《关于调整热敏票投注单印制管理模式的通知》（体彩字〔2014〕190号）文件及热敏票的技术参数必须符合国家体彩中心《电脑热敏型体育彩票技术要求及检验方法》规定的要求。”190号文件由国家体彩中心于2014年5月9日作出，其第一条载明：“自2014年6月1日起，各省市体彩中心可自行采购热敏票、投注单。”第二条载明：“经研究，暂限定现从事热敏票、投注单印制的5家企业可参与省市采购……经检测，中体彩印务技术有限公司、鸿博股份有限公司和北京印刷集团有限责任公司热敏票产品合格，6月1日后可参与省市热敏票印制采购。”

【裁判】

一审认为：《政府采购法》第十三条第一款规定：“各级人民政府财政部门是负责政府采购监督管理的部门，依法履行对政府采购活动的监督管理职责。”《政府采购供应商投诉处理办法》（财政部第20号令）第三条第三款规定：“县级以上地方各级人民政府财政部门负责本级预算项目政府采购活动中的供应商投诉事宜。”案涉招投标项目属省一级的政府采购，被告作为浙江省人民政府财政部门，具有受理供应商投诉并作出行政处理决定的法定职责。《招标投标法》第十条规定：“招标分为公开招标和邀请招标。公开招标，是指招标人以招标公告的方式邀请不特定的法人或者其他组织投标。邀请招标，是指招标人以投标邀请书的方式邀请特定的法人或者其他组织投标。”第二十条规定：“招标文件不得要求或者标明特定的生产供应者以及含有倾向或者排斥潜在投标人的其他内容。”《政府采购法》第六十四条规定：“采购人必须按照本法规定的采购方式和采购程序进行采购。任何单位和个人不得违反本法规定，要求采购人或者采购工作人员向其指定的供应商进行采购。”案涉政府采购项目既然采取公开招标的方式，即应按公开招标的相关规定进行。案涉国家体彩中心190号文明确规定：暂限定现从事热敏票、投注单印制的5家企业可参与省市采购……经检测原告等三家公司热敏票产品合格，6月1日后可参与省市热敏票印制采购。案涉招标文件将190号文件列在招标需求中，实质上将投标人限定为该三家公司，其效果无异于直接在招标文件中标明了该三家特定的投标人，违反了前述规定，影响或可能影响中标结果。故被告作出被诉行政处理决定，认定事实清楚，适用法律正确，司法应予支持。故杭州市西湖区人民法院于2015年7月20日作出（2015）杭西行初字第63号行政判决书，驳回鸿博公司的诉讼请求。鸿博公司上诉，后撤回上诉，杭州市中级人民法院于2015年9月9日作出（2015）浙杭行终字第374号行政裁定书准予撤回上诉。

【评析】

招投标是政府采购中最常用的方式。本案即是财政行政部门对招投标行为进行管理和规范引发的行政纠纷，争议的焦点在于招标文件将国家体彩中心190号文列于招标需求的合法性评判。省财政厅据此认定采购文件不合法能否得到司法支持。该案的裁判对类似招标活动的规范具有典型意义。

一、财政部门有权依据上位法认定采购文件不合法

《政府采购法》第十三条第一款规定："各级人民政府财政部门是负责政府采购监督管理的部门，依法履行对政府采购活动的监督管理职责。"《政府采购供应商投诉处理办法》（财政部第20号令）第三条第三款规定："县级以上地方各级人民政府财政部门负责本级预算项目政府采购活动中的供应商投诉事宜。"第十九条规定："财政部门经审查，认定采购文件、采购过程影响或者可能影响中标、成交结果的，或者中标、成交结果的产生过程存在违法行为的，按下列情况分别处理：（一）政府采购合同尚未签订的，分别根据不同情况决定全部或者部分采购行为违法，责令重新开展采购活动；……"案涉招投标项目属省一级的政府采购，被告作为浙江省人民政府财政部门具有受理供应商投诉，对采购文件是否合法作出认定并作出行政处理决定的法定职责。

对采购文件是否合法的认定，应根据《招标投标法》《政府采购法》的相应规定。《招标投标法》第二十条规定："招标文件不得要求或者标明特定的生产供应者以及含有倾向或者排斥潜在投标人的其他内容。"《政府采购法》第六十四条规定："采购人必须按照本法规定的采购方式和采购程序进行采购。任何单位和个人不得违反本法规定，要求采购人或者采购工作人员向其指定的供应商进行采购。"财政厅以此上位法的规定来评判案涉招标文件。招标文件所列190号文由招标人浙江省体彩中心的上级单位国家体彩中心制定，国家体彩中心系国家体育总局下负责体育彩票管理的事业单位。190号文在性质上属于效力级别较低的规范性文件，如该文件与上位法的规定相抵触，财政厅有权据此认定招标文件不合法。

二、将 190 号文列为投标要求实质上特定化了供应商

根据《招标投标法》第十条的规定，招标分为邀请招标和公开招标。邀请招标，是指招标人以投标邀请书的方式邀请特定的法人或者其他组织投标。公开招标，是指招标人以招标公告的方式邀请不特定的法人或者其他组织投标，即只要是市场上具备相应资质、满足相应条件的法人或其他组织都能参与相关招投标项目，其有不被限制、排除公平竞争的权利。《招标投标法实施条例》中明确规定了采取邀请招标的相应条件和程序，如因技术复杂、有特殊要求等因素，需要采取邀请招标的，应当按此操作。一旦采取公开招标，就应当按照公开招标的法律规定进行，向不特定的对象开放。

然而，本案中作为招标文件必备要件的 190 号文规定，在该阶段仅包含原告在内的三家公司可参与省市体彩热敏票的印制采购。最后的中标单位即从该三家公司中产生。招标文件的此规定，固定了特定的投标人，是依据采购人的主管单位的命令指示，排除了其他供应商的参与权，实质上造成对中标结果的影响，违反了公开招标的规定。省财政厅据此认定招标文件不合法，符合法律规定，有利于维护政府采购中的公平竞争，法院予以支持。

三、列名单与审资格存在本质的区别

此案的裁判思路清晰，案涉招标文件将 190 号文列在招标需求中，而 190号文的核心内容是列名单，限定了可参与采购的企业，因此被认定为不合法。值得注意的是，这并不意味着在招标活动中不能筛选供应商。按照法律规定，招标人有权对投标人的投标资格进行审查，以确认其是否具有胜任某一招标项目的基本能力。

根据《招标投标法》第十八条、第十九条的规定，招标人可以根据招标项目本身的要求，在招标公告或者投标邀请书中，要求潜在投标人提供有关资质证明文件和业绩情况，并对潜在投标人进行资格审查；招标人编制的招标文件应当包括对投标人资格审查的标准。可见，招标人可以设置一定的门槛，将不符合资格的投标人拒之门外。但这个“门槛”，应当是相关资质和业绩等条件，只要符合的，都有投标资格，换言之，仍是面向不特定的对象。并且，这个资格审查应按一定的标准和方法进行：采用资格预审办法的，应当组建资格审查委员会按照资格预审文件载明的标准和方法进行；采用资格后审办法的，应当在开标后由评标委员会按照招标文件规定的标准和方法对投标人的资格进行审查。而本案中，招标人的做法却是直接“列名单”，不在名单内的企业没有机会由资格审查委员会或评标委员会按一定的标准和方法判断其有无资格。投诉人国瑞公司的投标文件通过了资格性和符合性审查，而后却被按无效标处理，理由正是其未在190号文所列名单之内。

四、公平竞争是政府采购的基本原则

政府采购的资金来源为财政性资金，是一项特殊的经济活动。为体现竞争性采购立法的内容，我国《政府采购法》第一条开宗明义：“为了规范政府采购行为，提高政府采购资金的使用效益，维护国家利益和社会公共利益，保护政府采购当事人的合法权益，促进廉政建设，制定本法。”同时，该法第三条再次以公平竞争等原则强调政府采购活动应当确保透明、公平竞争，提高采购效率，保证有效使用公共资金，也因此产生了采购信息充分披露、供应商机会均等方面的微观制度。

本案中的政府采购采取公开招标的形式进行，却在招标文件中以190号文限定了仅三家供应商可以投标，损害了公平竞争，与国家法律相抵触，本身即违法。与此同时，案涉190号文还存在未公开问题。该文件并未在发文单位的网站公布，招标单位也未进行公布，亦未告知供应商获取上述文件的渠道，甚至评标委员会成员也是在评标过程中才获知该文件的具体内容。这实际上形成了一个行业内部圈子小范围流传的文件，无形中对想要参与体彩热敏票采购竞争的新的“外来者”进入该细分行业增加了阻力，阻碍竞争的意味更浓。当然，如前所述，即便190号文公开，也不能改变案涉招标文件违法的定性。

该案的裁判表明了司法对竞争机制的鲜明支持，否定了行政权限制市场竞争的行为。政府采购的招投标活动本身即是市场中的一种竞争行为，需要克服市场中存在的行政干涉，保障竞争机制的运行，打破行业垄断，优化市场生态。

（作者单位：浙江省杭州市西湖区人民法院）

以涉及国家秘密为由不予公开政府信息需要证据证明

张战华　刘志强

【裁判要旨】

涉及国家秘密的政府信息，可以采取较为特殊的举证规则，比如向法院提供同级保密部门对该信息的保密审查结论。如提供了该政府信息的保密审查结论，可以不向法院提供所涉及的政府信息。复函，可以规范下级行政主体，但不能抵销和免除行政主体在诉讼中应当承担的举证责任。

【案情】

原告：张正沉

被告：天津市规划局

2014年4月10日，原告张正沉向被告天津市规划局申请公开志成道延长线建设项目的建设用地规划许可证及规划红线图的信息，被告收到原告信息申请后，于2014年4月25日作出2014－053号政府信息公开答复书，告知原告申请公开信息中的建设用地规划许可证（编号2011津线地证0001）已在该局政务网公开，故告知原告自行登录查阅，并告知原告申请的规划红线图的信息属于涉密信息而不予公开该信息。原告对被告作出的2014－053号政府信息公开答复书不服，向天津市人民政府申请行政复议，天津市人民政府受理复议申请后，于2014年6月16日作出编号为津政复决字〔2014〕2－244号的《天津市人民政府行政复议决定书》，驳回原告行政复议申请。原告不服，起诉至法院。

原告张正沉诉称：原告系天津市北辰区小淀镇温家房子村村民，其房子位于天津市北辰区小淀镇温家房子村永安大街东1条胡同13号，因志成道延长线建设需拆迁原告房屋。为知晓拆迁的相关信息，2014年4月14日，原告向天津市规划局提出信息公开申请，请求其依法书面公开志成道延长线建设项目的征地批准文件及征地红线图。公开方式为直接把加盖公章的复印件快递给原告。被告于2014年4月25日作出2014－053号《天津市规划局政府信息公开答复书》，该答复称2012年市规划局为该项目核发了建设用地规划许可证（编号2011津线地证0001）。证书信息已经在被告网站上公开，因规划红线图为涉密信息不予公开。原告向天津市人民政府申请复议，市政府于2014年6月16日作出了行政复议决定书，驳回了原告的复议申请。原告认为，原告申请公开的信息属于被告主动公开的信息，该信息涉及原告的重大财产利益，被告应当依法书面公开相关信息。建设用地规划红线图不属于国家秘密，被告应当依法公开该信息。

被告天津市规划局辩称：

1. 原告申请公开的志成道延长线项目建设用地规划许可证及规划红线图信息属于答辩人行政许可审批事项。根据《中华人民共和国政府信息公开条例》第十七条和《天津市政府信息公开规定》第十四条之规定，答辩人具备公开该政府信息的主体资格。

2. 建设用地规划许可证审批信息属于主动公开政府信息，已经依法在天津市规划局政务网“审批结果”栏目主动公开。据此，答辩人在2014－053号政府信息公开答复书中明确告知申请人获取信息的方式和途径，完全符合法定要求。原告申请公开的志成道延长线项目规划红线图为涉密信息。依据住建部有关文件规定，城市道路交通系统的有关规划图纸为涉密信息，不宜向社会公开。

3. 答辩人收到原告政府信息公开申请后，严格按照《中华人民共和国政府信息公开条例》相关规定，在法定时限内作出编号为2014－053号的政府信息公开答复书，符合法定程序。

【裁判】

天津市和平区人民法院经审理认为，被告具有对原告提出信息公开进行答复的主体资格。对于本案争执的政府信息涉及国家秘密一节，该涉及国家秘密的信息成为本案诉讼中最主要的证据。依照法律规定，被告在诉讼中，应当提供作出该具体行政行为的证据。所以，被告应当向法院提供原告要求公开的政府信息。但是，对于涉及国家秘密的政府信息，由于其固有的保密性和专业性，被告也可以采取较为特殊的举证规则，比如向法院提供同级保密部门对该信息的保密审查结论。如被告提供了该政府信息的保密审查结论，则可以不向法院提供所涉及的政府信息。但在本案中，被告在法定举证期限内及一审期间，既没有向法院提供当事人所争执的政府信息，也没有提供同级保密工作部门对原告要求公开的信息的保密审查结论，被告的行为，属于主要证据不足。需要指出的是，被告提供的中华人民共和国住房和城乡建设部办公厅建办厅函（2008）618 号复函，是该办公厅对上海市保密局的一个复函，虽然可以作为规范下属部门在日常办理相关信息公开工作时的文件，但不能抵销和免除被告在诉讼中应当承担的举证责任。2014 年 8 月 18 日，天津市和平区人民法院依照《中华人民共和国行政诉讼法》第五十四条第（二）项第 1 目的规定，判决撤销被告作出的 2014－053 号《天津市规划局政府信息公开答复书》，判决被告在本判决生效后 30 日内，重新作出政府信息公开答复书。

一审宣判后，双方当事人均未提出上诉，本案一审判决现已发生法律效力。

【评析】

本案的争议焦点有二：一是对于涉及国家秘密的政府信息如何举证、质证；二是如何判断复函在本案中的效力。

一、政府信息是否涉及国家秘密应由被告举证

被告对作出的具体行政行为负有举证责任，是人民法院审理政府信息公开行政案件所应当坚持的一项基本原则。理由如下：第一，该原则是人民法院审理所有行政案件都应当遵循的原则，政府信息公开行政案件也不例外。第二，政府信息公开行政诉讼的核心问题，就是解决政府信息能不能公开的问题。而政府信息掌握在行政机关手中，只有行政机关知道文件的内容和性质，所以必须由行政机关证明该政府信息是否应当公开。相反，信息公开的申请人在得到文件之前，并不知道文件的内容以及存在的地点和形式，如果要求其负举证责任，实际上等于拒绝其要求。第三，政府信息公开普遍实行以公开为原则，以不公开为例外。因此，政府信息都是假定应当公开，除非属于法律规定的例外情形。政府信息公开行政诉讼大多是原告因对行政机关不予公开政府信息不服而提起，行政机关应当承担为什么不予公开的证明和说服责任。因此，在信息公开行政诉讼中应当要求行政机关承担举证责任。

由于政府信息公开行政诉讼所要解决的主要问题是政府信息应不应当公开的问题，因此，涉诉政府信息当然成为此类诉讼中最主要的证据。按照《行政诉讼法》中由被告提供作出该具体行政行为的证据和所依据的规范性文件的一般规定，行政机关当然要向人民法院提供涉诉政府信息。但是，对于涉及国家秘密的政府信息，由于其固有的保密性和专业性，应当采取较为特殊的举证规则。即被告能够提供书面证据材料，证明其拒绝公开的政府信息已经依照法定程序确定为国家秘密，或者能够提供有关主管部门、同级保密工作部门出具的政府信息公开保密审查结论的，人民法院可以不要求其提供该政府信息，但有下列情形之一的除外：（1）人民法院认为相关证据材料不充分的；（2）人民法院认为需要对政府信息含有的不应当公开的内容与可以公开的内容作区分处理的。人民法院可以准许被告在诉讼过程中补充证据，以证明政府信息涉及国家秘密。

对于证据的质证，按照《行政诉讼证据规定》的规定，证据应当在法庭上出示，并经庭审质证。未经庭审质证的证据，不能作为定案的依据。这一规定不适合用来处理涉及国家秘密的信息，对这类信息必须适用特殊的规则，即人民法院审查涉及国家秘密的政府信息应当在被告单方参加下进行。不过，用于证明政府信息涉及国家秘密的相关证据材料，可以公开出示，并由当事人质证。法律、法规另有规定的，从其规定。

二、复函在本案中的效力

国务院部委的复函，属公函的一种。复函是机关、单位为答复来函一方商洽、询问或联系事宜而使用的一种公文，既可用于上级机关对下级单位的答复，也可用于平行机关或不相隶属机关的答复。复函如属上级机关对下级机关所要求事项的答复，同时具有某种批复、批示的性质。

国务院部委的复函属于行政规范性文件。行政规范性文件是指行政机关及被授权组织为实施法律和执行政策，在法定权限内制定的除行政法规和规章以外的决定、命令等普遍性行为规则的总称，俗称“红头文件”。它在法律文件中表现为“行政措施”“决定”“命令”，甚至以“报告”“纪要”“答复”“意见”“通知”“解释”“说明”和“函”等形式发布。

姜明安先生将行政规范性文件分为行政创制性文件、行政解释性文件和行政指导性文件三类。行政解释性文件，就是指行政机关为了实施法律、法规和规章，统一各个行政机关及其公务员对法律、法规和规章的理解及执行活动，对法律、法规和规章进行解释而形成的规范性文件。它可以分为行政法定解释性文件和行政自主解释性文件两类。行政自主解释性文件，是不具有法定解释权的行政机关为了统一所属行政机关及其工作人员对法律、法规和规章及特定行政规范性文件的认识，对法律、法规和规章及特定行政规范性文件进行解释而形成的行政规范性文件。

被告提供的中华人民共和国住房和城乡建设部办公厅建办厅函（2008）618号复函，属于行政自主解释性文件。行政自主解释性文件的作用是阐明法律、法规和规章的意义，从而进一步控制行政自由裁量，实现行政公平。但它不能拘束法官，其主要作用有：

（1）对内作用。行政自主解释性文件以往并不对外发布，只送达相关机关及负责人，因而对外并不具有法律效力，更不像行政法定解释性文件那样可作为法的渊源。这种行政解释性文件只能拘束下级行政主体，而不能拘束外部相对人，不具有外部法律效果，也不可能拘束法院审理行政案件的活动。当一个具体行政行为以这类基准为依据时，法院应当以独立的立场，依法来审理。需要指出的是，尽管当前行政自主解释性文件已越来越外部化，可能直接或间接地影响到公民的权利义务，但它的作用重点仍然在内部而不在外部。

（2）统一行动。即使从对内作用来说，行政自主解释性文件至多也只是一种有约束力的工作指示，即指示所属行政主体及其公务员对法律规范和行政规范性文件应作何种理解，从而统一和协调其行动和裁量，避免各级各类行政主体或公务员在操作上各行其是，而不在于使法律规范和行政规范性文件进一步具体化以适应本地方本部门的具体情况。

（3）明确效力。从法律上说，行政自主解释性文件起到了说明和强调特定法律、法规或规章在本地方本部门具有约束力，并要求所属各行政主体予以执行和自觉接受约束的作用。行政自主解释性文件，还可以明确上级行政规范性文件对本系统的具体要求以及它在法律上的性质和地位，阐明和确定不具有行政隶属关系的行政机关所制定的行政规范性文件在本系统的效力。

总之，明确法律规范和行政规范性文件在本系统的效力，从而统一认识、协调行动，是行政自主解释性文件的又一个作用。

在法律上，法院并不具有改变或者撤销行政规范性文件的权力，但是，对行政规范性文件可以进行司法监督。《行政诉讼司法解释》第六十二条第二款规定：“人民法院审理行政案件，可以在裁判文书中引用合法有效的规章及其他规范性文件。”人民法院在个案中对行政规范性文件的合法有效具有判断权。

在本案中，被告没有提供证据证明拒绝公开的政府信息已经依照法定程序确定为国家秘密，也没有提供有关主管部门、同级保密工作部门出具的政府信息公开保密审查结论，只是提供了中华人民共和国住房和城乡建设部办公厅建办厅函（2008）618 号复函，复函是办公厅对上海市保密局请示问题的一个答复。该复函属于行政自主解释性文件，并不能拘束法院审理行政案件的活动，也不能充分证明被告拒绝公开的政府信息属于国家秘密，和平法院要求被告提供涉案信息以便进行审查，但是，被告拒绝提供，法院无法判断涉案的政府信息是否属于国家秘密，故和平法院依法作出了上述判决。

（作者单位：天津市和平区人民法院）

论公共企事业单位信息公开之司法审查

——兼论《政府信息公开条例》第三十七条[1]的理解与适用

彭丁云

案例[2]引入：2015年7月，王某申请深圳市福田区公共文化体育发展中心公开财务收支情况等信息。该中心答复称：财务收支即财政预决算，属主动公开政府信息，可通过某网址查阅获取，其他不属主动公开信息。王某不服提起诉讼。法院认为，被告系政府直属事业单位，负责辖区公共文化体育设施的管理、营运并组织各类文化体育活动等，而行政诉讼被告限于行政机关以及授权组织，根据职责权限的设定，该中心不具有行政管理的职能和行政诉讼被告的主体资格，裁定驳回王某起诉。社会信息需被广泛知晓与充分利用，并能为司法救济所保障，但如该案例所示，公共企事业单位信息公开（为论述方便，下文将其简称为“单位信息公开”，并将行政机关信息公开即狭义政府信息公开通称为“政府信息公开”）存在诸多司法审查困境：对单位信息公开能否提起行政诉讼？如是，针对《政府信息公开条例》（以下简称《条例》）第37条“参照本条例执行”的规定，如何对信息公开申请进行权利救济与裁判补漏？公共企事业单位并非传统行政法理论之行政主体，随着服务行政的兴起，将该类主体纳入司法审查范围规制以保障公民信息知情权是当前信息公开救济领域的重要研究内容。

---

① 《政府信息公开条例》第37条规定：教育、医疗卫生、计划生育、供水、供电、供气、供热、环保、公共交通等与人民群众利益密切相关的公共企事业单位在提供社会公共服务过程中制作、获取的信息的公开，参照本条例执行，具体办法由国务院有关主管部门或者机构制定。

② 深圳市盐田区人民法院（2015）深盐法行初字第154号行政裁定书。

一、实践检视：单位信息公开之裁判乱象

单位信息公开司法审查乱象重重，本文对67份裁判文书①（不包括行政复议案件）进行实质分析，其中支持申请的32件，占比47.8%，不支持的35件，占比52.2%。不支持的主要有7类理由（见图1），其中不属行政诉讼范围、不能直接适用《条例》、不属公共企事业单位成为单位信息公开的主要阻碍。为了类型分析与特别研究需要，对与政府信息公开同样存在的已履行公开义务、信息不存在、依法不能公开、非行政（公共服务）产生信息等不支持理由不予论述分析。

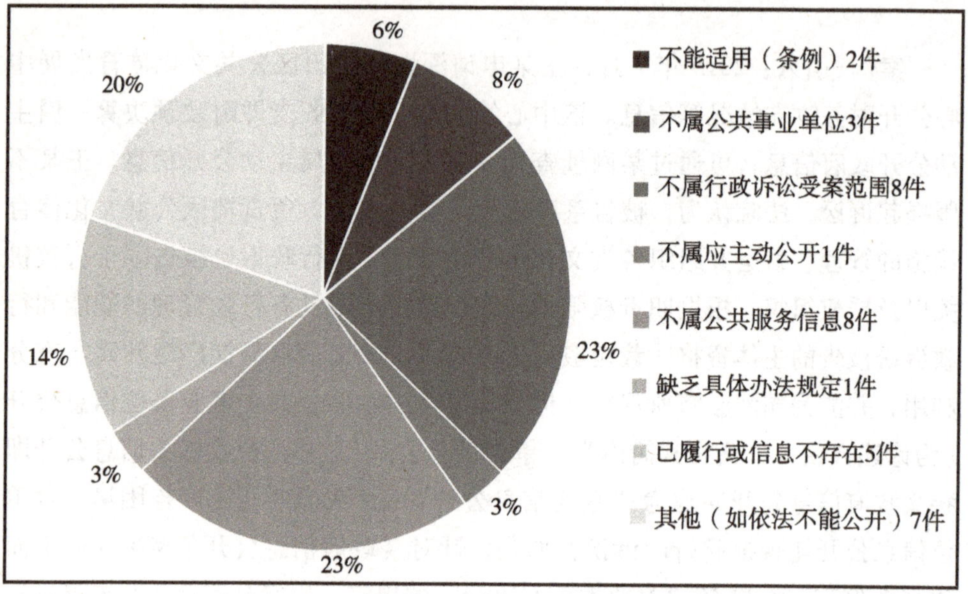

图1 单位信息公开司法审查不支持理由情况

（一）法教义学影响：固定化裁判追求桎梏信息公开模式

出于法律稳定与裁判固化考虑的法教义学，在追求安定性价值、控制恣意、降低法律判断偶然性的同时，必然促使法律判决固定化而陷入一般化，自然而然漠视亟待解决的社会实践与法律政策问题。这一倾向在单位信息公

① 本文单位信息公开案例，是以“公共企事业单位”“《政府信息公开条例》第37条”为关键词于2016年8月20日在中国裁判文书网搜索获得，且符合研究需要的67（不含行政复议11份）份裁判文书。

开司法审查领域尤为突出。

1. 诉讼主体的排斥：传统行政主体论突破困难

传统行政主体论认为，依据法律规定，纳入行政诉讼的被告应当是在行政法律关系中处于行政主体地位的行政机关以及法律、法规、规章授权的组织，只有这类主体的行政行为才具有行政可诉性，才属于行政审判范围（见图 2）。坚持公共企事业单位不是行政机关与授权组织，以行政被告不适格理由而驳回起诉的案例就有：刘书平诉河南电力公司中牟县供电公司案、李枚加诉乐山市政府采购中心案、陆玲玲诉南通市劳动保障监察支队等。也有认为不具有行政监管责任不属于行政诉讼受案范围的陈开诚诉平阳县供电局案，还有不说理直接认定不属于行政诉讼受案范围的朱训诉中国联合网络通信有限公司盐城分公司案。①

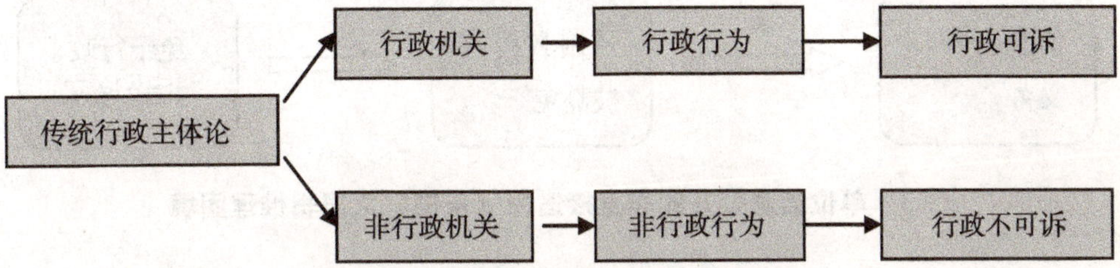

图 2　传统行政主体论的行政可诉性区分

服务（公共）行政的现实存在被传统行政主体论者完全漠视，殊不知强制行政仅是现代行政领域中的一个分支而绝非全部。现代行政主体存在分野，即组织法上行政主体与行为法上行政主体，简单认同组织法上行政主体的行政行为才具有行政可诉性，必然会排斥单位信息公开的行政司法审查。

2. 法规适用的模糊：参照执行强行性认同缺乏

法律之所以施行，在于其强制力。困扰着司法者及单位信息公开支持者的是如何理解第 37 条中的“参照本条例执行”，也就是《条例》中的信息公开要求对公共企事业单位是否具有普遍约束力和强制力。反对者就认为：第 37 条规定的信息公开义务主体包括公共企事业单位，但其公开是参照《条

---

① 前述五案案号分别为：河南省新郑市人民法院（2016）豫 0184 行初 49 号；四川省乐山市中级人民法院（2015）乐行终字第 8 号；江苏省南通市中级人民法院（2015）通中行终字第 73 号；浙江省平阳县人民法院（2014）温平行受初字第 2 号；江苏省盐城市中级人民法院（2014）盐行终字第 35 号。

例》规定的执行，并非直接适用该条例规定，不服信息公开行为可行政复议或行政诉讼的救济也不能当然适用于信息公开主体是公共企事业单位的情形。① 其逻辑推理存有悖论即无强制救济的“义务”仍为法律意义上的义务（见图3）。单位信息公开支持者在裁判中也往往回避这一问题，或者语焉不详。

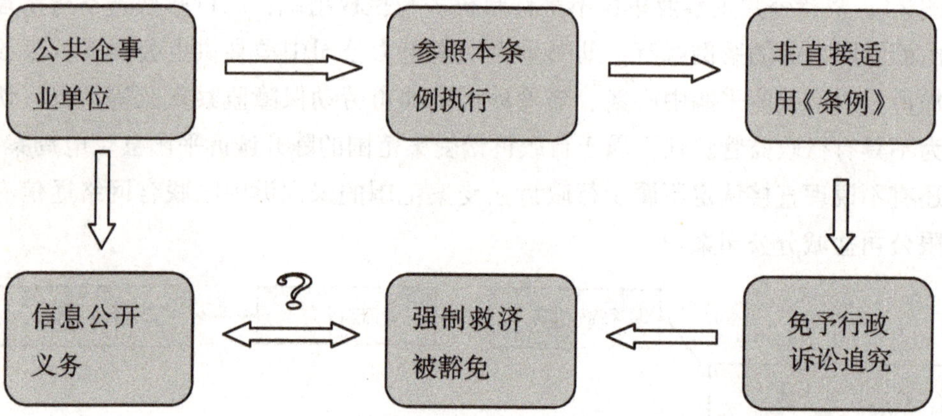

图3 单位信息公开的非直接适用《条例》之逻辑推理困境

（二）立法供给不足：保障条款与具体办法阙如影响公开

在权利保障救济法条缺乏之下，为保障某项权利而仅凭司法者放弃法教义学的安定价值追求，所进行的无限度扩张解释必然破坏法治。这也是目前单位信息公开司法审查面临的救济保障条款稀缺且排斥条款难以逾越的问题（见表1）。

① 孙静：《作出信息公开答复的事业单位的可诉性判断》，载《人民法院报》2016年7月6日第6版。

表1 单位信息公开救济保障授权性与排斥性条款汇总①

救济保障授权条款			救济保障排斥条款	
法条内容	条款	法律、法规、司法解释	条款	法条内容
	无	1.《行政复议法》（1999年）	第6条	十一项内容规定复议范围都为行政机关具体行政行为
受案范围兜底条款即法律、法规规定可以提起诉讼的其他行政案件	第12条第2款	2.《行政诉讼法》（2014年）	第2条	行政可诉性主体限于行政机关或授权组织
参见开篇脚注①	第37条	3.《政府信息公开条例》（2007年）		
	无	4.《最高法院关于审理政府信息公开行政案件若干问题的规定》（2011年）	第1条	五项内容规定只有行政机关的信息公开行为才属法院受理范围
	无	5.《最高人民法院关于适用〈中华人民共和国行政诉讼法〉若干问题的解释》（2015年）		

除了法条不足问题外，《条例》要求制定的“具体办法”也仅在9类公共服务②中实现，对于非闭合如包含通讯、邮电、社会救助等在内的广大公共服务领域，“具体办法”难觅其踪，反映到司法救济领域成为拒绝裁判的理由。

案例一③：郑银洪等六人诉峨眉山市旅游经济开发区管理委员会公开安

① 本文所称单位信息公开救济保障授权性条款，是指对单位信息公开申请，法律、行政法规、司法解释三种法律渊源在诉讼或复议程序予以救济保障的条款。而排斥性条款与之相对，是指三种法律渊源对此拒绝或推导出予以排除救济保障的条款。

② 交通部2008年《交通运输公共企事业单位信息公开指导意见》；住建部2008年《供水、供气、供热等公用事业单位信息公开实施办法》；人口计生委2009年《人口和计划生育技术服务机构信息公开办法（试行）》；教育部2010年《高等学校信息公开办法》；卫生部2010年《医疗卫生服务单位信息公开管理办法（试行）》；环保部2010年《环境保护公共事业单位信息公开实施办法（试行）》；国家能源局2014年《供电企业信息公开实施办法》。

③ 四川省乐山市中级人民法院（2014）乐行终字第81号行政裁定书。

置房规划、建设许可证及相关审批资料案。法院认为，被告系政府直属事业机构法人，但国务院有关主管部门或者机构也尚未按被告所属的事业性单位就信息公开作出明确规定，并且被告职责事项中也没有列举应当公开信息的情形。最后以不符合信息公开法定主体资格、行政诉讼被告主体资格和行政诉讼受案范围为由驳回起诉。

（三）裁判尺度迥异：差别审判路径让信息公开难以预测

成型的裁判规则与审判路径促使裁判结果可预测，并敦促权利人与义务人据此实施法律行为。但单位信息公开司法审查的审判路径与裁判结果的巨大差别（见表2），使类型案件审理呈现多类型结果，客观上妨碍了单位信息公开的深度与广度。

表2　同类主体不同裁判理由及结果①

序号	案例	申请事项	裁判结果	裁判理由
1	冯仙明诉台州黄岩区供电公司	停电信息	责令答复	根据第37条等应答复未答复
2	王振宝诉山东电力公司	不详	驳回起诉	被告是企业、原告未证明权益受侵害、不属行政诉讼范围、不符行政起诉条件
3	刘书平诉中牟县供电公司	不详	驳回起诉	不属行政机关与授权组织、错列被告
4	孙庆君诉镇江市供电公司	无编号电线杆信息	责令答复	根据第37条等应答复未答复

表2体现法官裁判时的不同思维路径：案例1、案例4注重实质审查，即单位信息公开职责与义务的履行情况是否符合法律规定。案例2、案例3注重形式审查，即被告主体资格与起诉条件的适格性、符合性是否符合行政诉讼范围。但是，这种形式审查有预设立场之嫌。同时，还存在公共企事业单位定性混乱、标准不一问题。将单位信息公开纳入广义政府信息公开，是对公

① 四案案号分别为：台州市路桥区人民法院（2015）路行初字第17号；济南市市中区人民法院（2015）市行初字第166号；河南省新郑市人民法院（2016）豫0184行初49号；镇江市京口区人民法院（2015）京行初字第14号。

民权益的法律回应，但对这一主体的界定标准不一、认识混乱。一种是依据“第37条”规定对应9类具体事项业务的单位。反证案例有阮春云诉浙江省台州市正立公证处案和陆玲玲诉南通市劳动保障监察支队案。[①] 另一种是“第37条”中9类具体事项业务之外的单位（见表3）。两种截然不同的处理意见，表明部分司法者对提供公共服务的公共企事业单位认定严重不一致。

表3　公共服务九类事项之外公共服务行业诉讼

案例	案号	9类项外行业领域
程文林诉中国电信湖北分公司	武汉市中级法院（2015）鄂武汉中行终字第407号	电信通讯
李敏诉安阳市劳动能力鉴定委员会办公室	安阳市龙安区法院（2015）龙行初字第2号	劳动能力鉴定
王金洋诉盐城市新洋经济区管理委员会	盐城市中级法院（2015）盐行终字第278号	经济区、开发区管委会管理工作
张迎伟诉长沙市雨花区工务局	长沙雨花区法院（2014）雨行初字第105号	重点工程建设
张春生诉北京市东城区房屋管理局测绘一所	北京市东城区法院（2014）东行初字第27号	测绘
张荣生诉南通市计量检定测试所	南通市如东县法院（2015）东行初字第00155号	计量检定测试

二、规制设想：单位信息公开之义务设定

单位信息公开的规制与建构，需要充分认识与厘清公共服务主体和信息同传统行政主体及信息同源同类，是行政从强制作用发展至服务功能的最新阶段。

（一）理论指引：同类信息应类同公开

1. 主体职能上具有行为法上行政主体品性

因为社会与民众的公共服务需要以及现代政治“小政府”的限制，国家

① 两案案号分别为：台州市椒江区人民法院（2014）台椒行初字第20号；南通市港闸区人民法院（2014）港行初字第287号。

与政府将公共事务转给公务法人（公共企事业单位）。这是行政事务实质民营化的结果，是部分国家事务向社会转化现象，形成行政多元化和一部分行政事务由社会承担的模式。[①] 公共企事业单位依据其私法地位提供本应属于政府提供的社会公共服务功能，从这个意义上来讲，公共企事业单位已经不是单纯的私法主体，在功能上承担了组织法上行政主体所不能承担的公共行政职能，属于实际意义上的行为法行政主体，具有行政主体特性。

基于“主体类同”解释路径，公共企事业单位是以非权力性方式承担（广义）行政活动的主体，与作为行政机关的行政主体的区别在于，它只不过属于分担另一类行政活动的实质意义上的“行政机关”而已。“公共”意味着该类单位承担的是广义行政活动任务，即一方面，该类单位承担的任务与《条例》前36条规定的行政机关所承担的行政任务具有共性，都非为自身目的，而是对外的，具有实现公共利益的性质；另一方面，该类单位所承担的任务与“前36条”行政机关所承担的行政任务又有不同之处，该任务无法由“前36条”规定的内容所包含，至少其实现公共利益的方式非行政组织法上一般的行政机关所能行使。[②] 因而其所产生的信息与“前36条”所规定的政府机关产生的政府信息具有主体类似性。

在此，需要对只有行政机关或授权组织才是行政主体的传统行政主体与行为理论反思与突破，正如有的学者指出：一方面传统行政法建立起来的行政行为理论已经完全无法涵盖现代政府的所有活动，进而无法为法官提供判断涉案行为是否应当纳入行政诉讼解决以及如何审查的标准、依据与进路。另一方面建立在行政行为理论基础之上的传统行政诉讼制度也随之受到激烈的冲击、批判与挑战。行政诉讼结构的张力也明显不足，无法有效呼应行政法前段的迅猛变化，[③] 导致实践中实施行为主体会被排除在行政诉讼法上适格被告之外，应承担法律责任的主体由此而获得免责，公民无法以诉讼方式维护权益。

---

① 许宗力：《论行政任务的民营化》，载《当代公法新论》（中），元照出版有限公司2002年版，第581页。

② 朱芒：《公共企事业单位应如何信息公开》，载《中国法学》2013年第2期。

③ 余凌云：《行政法案例分析和研究方法》，中国人民大学出版社2008年版，第78页。

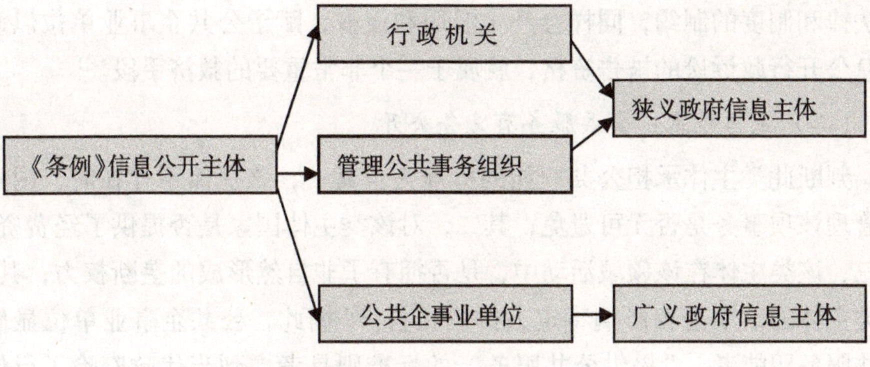

图4　政府信息公开主体汇总

2. 信息内涵上具有国家行政特性

提供公共服务所产生的信息，是公共行政的结果，内涵具有国家行政特性。受公共行政（服务）影响，公民对服务信息有类似于政府信息的知情权：其一，作为政府承诺服务的具体承担者应当提供服务信息。公务分权理论使得行政主体得以重构，成就了行政主体与行政诉讼被告能够分离的行政事务范式。其二，信息影响公民切身利益并且可为生产生活再次利用。其三，正当程序原则要求信息主体公开信息。公共企事业单位虽然具有私法人一面，在提供公共服务时其行为理应受到法的规制，而信息公开是其遵循正当程序的要求与体现。承担政府的说明责任的，当然并不限于国家和地方公共团体，还有根据国民主权的原理应当对国民承担说明责任的法人，现在，在各国都将位于国家和地方公共团体周边的法人规定为信息公开法治的对象。①

公共企事业单位提供公共服务源自公共管理社会化。公共管理社会化是指政府收缩管理范围，将一部分职能逐步交给非政府社会组织承担的过程，是公共管理与服务主体由一元走向多元、由单一政府管理变化成政府与社会共同治理的过程。在这个过程中，国家权力、政府职能逐渐收缩与社会自治空间的不断扩大相伴进行。在现代社会，政府并不是公共行政的唯一主体，各种社会力量，包括行业组织、社区组织、公共事业单位等也可以成为公共行政的主体，承担公共事务的管理职能。社会公权力也是一种权力，如果没

① ［日］盐野宏：《行政法总论》，杨建顺译，北京大学出版社2008年版，第218页。

有法律和制度的制约，同样会产生滥用和侵权，赋予公共企事业单位以政府信息公开行政诉讼的被告资格，就属于一个非常重要的救济手段。[①]

（二）主体设定：公共服务有义务公开

判断此类主体承担公共职能的标准为：其一，该主体不存在时，国家自行管理该项事务是否无可避免；其二，对该类主体国家是否提供了经费资助；其三，该类主体在该领域活动中，是否拥有了非自然形成的垄断权力；其四，该类主体的活动是否影响特定人群的权益。[②] 据此，公共企事业单位显然是公共服务职能者。“提供公共服务”的标准则是考虑到当代政府除了行使行政管理职能以外，越来越多地提供公共服务，一些国家还出现了政府公共服务私营化的趋势，因此将提供公共服务单独作为一个标准加以列举。[③]

1. 类型化行为法行政主体

公共企事业单位中的事业单位，[④] 具有公益性与较强公有性，职能可能有授权行政管理、授权管理公共事务、提供社会公共服务，前两者产生的信息属狭义政府信息。社会公共服务信息具有本文讨论的意义，而在区分提供与管理公共服务上，在李加枚诉乐山市政府采购中心案[⑤]已有阐述。

公共企事业单位中的公用企业，主要为供水、供热、供电、供气、垃圾污水处理、交通运输、环境卫生、园林绿化、邮政、电讯等行业。[⑥] 公用行业具有民生必需性、公共利益性、较强垄断性等属性，导致了法律对其调整的特殊性。[⑦] 同时基于公共企事业单位的私法地位，其本身功能具有特殊性，纯粹营利性事务以及法人本身的事务信息不在公开之列，案例有徐宾诉天津

---

① 李广宇：《政府信息公开理念、方法、案例》，法律出版社 2009 年版，第 43 页。

② 杨欣：《民营化的行政法研究》，知识产权出版社 2008 年版，第 273 - 279 页。

③ 周汉华：《政府信息公开条例专家建议稿——草案·说明·理由·立法例》，中国法制出版社 2003 年版，第 65 页。

④ 《事业单位登记管理暂行条例》第二条第一款规定：本条例所称事业单位，是指国家为了社会公益目的，由国家机关举办或者其他组织利用国有资产举办的，从事教育、科技、文化、卫生等活动的社会服务组织。

⑤ 四川省乐山市中级人民法院（2015）乐行终字第 8 号行政判决书、四川省峨眉山市（2014）峨眉行初字第 22 号行政判决书。

⑥ 国家工商行政管理局 1993 年颁发的《关于禁止公用企业限制竞争行为的若干规定》、建设部 2002 年颁发的《关于加快市政公用行业市场化进程的意见》，都对公用企业与公用行业进行了列举。

⑦ 刘大伟、唐要家：《公用事业价格听证中的消费者利用信息能力与有效参与研究》，载《产业经济评论》2009 年第 8 期。

市滨海新区响螺湾公共事业发展有限公司案。[①] 要说明的是，由于我国在立法上对“公共企业”“公用企业”“公共企事业单位”等概念的关系并未明确，故而存在法律、法规明文规定某领域的经营者是“公共（用）企业”的，只要该法规范不是根据“第37条”授权，都需要对该“公共（用）企业”是否需要信息公开再进行实质主义的判断，而不能单纯援引其他法规范径行套用。[②]

2. 特定化行政复议主体

事业单位经费多为财政支付，工作人员为事业编制或者参照公务员管理的事业编制人员，属于传统意义上的国家单位与公职人员，且由政府或者政府部门进行管理。尽管目前缺乏相应行政复议程序，但司法实践中已出现复议判例，如汪小申因桂林市政府下属事业单位信息公开而不服市政府行政复议案，陈世清因北京大学、清华大学信息公开而不服教育部行政复议案，[③] 都责令被告作出行政复议决定，为今后行政复议的立法与修法提供了范例。公用企业因主管部门级别差异大、不具有复议审查能力等，不宜设定行政复议程序。

三、漏洞填补：单位信息公开之裁判方式

单位信息公开所遭遇的瓶颈除传统行政主体论对行政主体单一认同外，还包括过分简单解释已有立法技术与规范。因此，裁判需要考虑“参照”的适用与“具体办法”的缺失。

（一）参照但不得拒绝：“前36条”规定仍可普遍适用

1. “第37条”属性为限制性任意规范

按照强制属性标准，法律规范可分为任意性规范与强行性规范。任意性规范具有非限制性与绝对性特征，但因“参照”而致的法律规范，是一种特殊任意规范即“限制性任意规范”，是指对任意性规范附加了严格限制条件的规范。在相关规范的运用和实施中，法律主体必须严守这些条件的制约，

---

① 天津市二中级人民法院（2015）二中行终字第243号行政裁定书。

② 张昊天：《论公共企业的信息公开主体资格》，载《交大法学》2016年第2期。

③ 三案案号分别为：广西壮族自治区桂林市中级人民法院（2014）桂市行初字第8号；北京市第一中级人民法院（2015）一中行初字第871、873号。

否则，行为不但无效，而且应承担相应的违法责任。一般说来，和自由裁量权相关的法律规范就属于限制性任意规范。[①] 依此定义，给予了执法者、司法者甚至责任者以自由裁量权，规定了“参照”内容的“第37条”就属于限制性任意规范。这种裁量并非没有限制，裁量的行使，并非不受任何拘束之自由裁量，除应遵守一般法律原则，也应符合法令授权之目的，并不得逾越法定之裁量范围。[②] 笔者以为，“第37条”的限制条件，是公共企事业单位在信息公开上必须总括式参照政府信息公开模式，仅为规章及具体规则制定者在“如何参照”与“如何适用”留下一些制度空间，为信息公开义务主体在信息公开具体内容与方式上留下一些操作选择。

2. “参照执行”含义本质为“应当适用权”

从词源意义上，“参照”本义为“参考并仿照”。《行政诉讼法》第53条“参照规章”之规定，隐含了司法对规章适用的审查权即隐性合法性审查，即对不符合上位法规定、精神、原则的规章，有拒绝适用权。“第37条”并非一个单独立法授权或者解释，而是“前36条”的整体延伸，且就参照的范围而言，参照的不是一个具体条文，而是整个《条例》，是整体参照性条款存在于所有信息公开制度中。但是参照的作用不仅在于下位阶法的制定，也包括公共企事业单位的信息公开行为标准的规范。参照性法条相对于标准性法条而存在，基本含义是该条文本身提供了一定的行为准则，但当其提供这些准则时又为其他行政法条文的存在留下了空隙。[③] 该空隙具体到单位信息公开，就是“具体办法”的制定。“参照”除具有避免法律用语的重复、冗长外，主要功能在于通过隐含的解释方法弥补立法者意识不足而造成法律规范难以或者不能适用于现实的问题。

3. 多源性信息公开须应用“最少存留适用规则”[④]

信息有时具有多源性。公共企事业单位公共服务信息也可能为政府管理公共事务时所掌握，而成为政府信息，基于政府公开的直接性与最强法定性，

① 谢晖：《“应当参照”否议》，载《现代法学》2014年第2期。

② 翁岳生：《行政法》（上册），中国法制出版社2000年版，第246页。

③ 潘慕元：《公共企事业单位“参照执行”条款的解读——分析政府信息公开条例第37条》，浙江大学2013年硕士专业学术论文。

④ 所谓最少存留适用规则，是指首先在可能涉及适用“第37条”的事项时，尽可能将有关信息解释至“前36条”的适用范围之中去。其次，在解释思路上已经无法排除“第37条”的适用范围时，才以该条为根据判断相关信息是否应该予以公开。

应要求申请人优先向政府申请公开。对此，申请人同时申请公开时，公共企事业单位有免于答复之权利；只向公共企事业单位申请公开的，公共企事业单位只告知其向掌握信息的具体行政部门申请即可，以维持《条例》中政府信息公开制度的统一性与有效性。从法条适用角度来讲，也存在一个法条优先适用的问题，“第37条”是“前36条”在适用范围上的延伸，如有重叠应优先适用“前36条”，这也是有的学者所主张的“最少留存适用原则”。

（二）具体办法缺失补救：司法审查非以具体办法为必要

“第37条”授权国务院主管部门或有关机构制定“具体办法”，但具有开放性的公共服务行业不能为“第37条”所全部列举，致使相当部分的“具体办法”缺失不可避免。

1. 细化作用的“具体办法”限于解释法规

从法源效力等级来看，“具体办法”是《条例》下的行政规章及规范性文件，被授权对《条例》细化与解释，规制的范围只限于《条例》第二章与第三章中对象、范围、方式、程序以及第四章中的监督内容，而第四章中的司法保障规定，不应视为《条例》对其进行当然授权，[①] 不宜也无权限设定司法保障救济内容。所以，“参照”意义下“具体办法”的缺失，不影响信息公开基本范式与司法救济。

2. 司法隐性审查效力及于“具体办法”

对“第37条”进行释法的“具体办法”，在其解释不周全、不正当甚至缺失下，不影响上位阶法律、法规的效力施行。且“具体办法”的细化与解释作用，不得违背“公开为原则、不公开为例外”的信息公开基本原则，不能创制申请公开新门槛而加重申请人负担。

（三）审理确定裁判基础：请求权与事实基础的审查

1. 确定请求权基础：满足申请人信息知情权为信息主体之职责

公民享有信息知情权，该权利既源于其特定需要（the need to know），即申请人自身生产、生活、科研需要，也源于信息获取权（the right to know）即信息知情权。当然，《条例》并没有规定知情权概念，也未规定公开为原

---

① 彭丁云：《供电等公共企事业单位的信息公开属于司法审查范围》，载《行政执法与行政审判》2013年第3集，中国法制出版社2013年版，第141页。

则、不公开为例外，导致信息公开制度的基本定位不够明确，信息公开究竟只是发挥第1条规定的“服务作用”还是保障公众的知情权，公开与不公开的原则及边界应该怎么把握，认识上一直存在很大的分歧。[①] 不过，“知情权”一词在《条例》中付之阙如，并不意味着该条例不以保护知情权为目的，但显而易见，“保障公民、法人和其他组织依法获取政府信息”被置于立法宗旨的首要位置，可以认为，“获取政府信息”权利正是该条例所隐含和保护的权利。[②] 并且，单位公开信息有必要性与正当性：（1）具有最优经济性。非信息源的政府公开此类信息，必然需要向公共企事业单位索取与辨识信息，从而耽误信息公开的效率。对公共企事业单位寻求信息公开和获得司法救济渠道，是出于公民对涉及自身利益行为的知情权和降低社会交易成本的客观需要。[③] （2）有利于归责处理。如仍由政府对此类信息公开，信息的有无、真伪以及信息符合申请特定要求性方面均存在问题，且哪怕由政府承担法律公开责任，仍难以杜绝类似问题产生，不利于信息公开工作的长期开展。（3）实现权责统一。作为国家巨大投入与服务购买的公共企事业单位，享有相关政策照顾，由其公开所产生的信息，实现权责一致与统一。

2. 确定请求事实基础：信息为申请人特殊需要的公共服务信息

请求公开的事实基础应该包括：（1）信息具有特殊用途。《条例》第13条有明确规定。当然也有学者指出，《条例》第13条明确采取“知的需要”作为文本表达和立法原旨，背离了信息公开立法作为客观法之制度目标的定位，[④] 从而加重申请人用途举证责任之负担，且让信息公开主体拥有对抗公开的豁免。但基于立法文本与原意，政府信息申请公开尚且受制于此，在目前阶段，笔者赞同公共企事业单位信息申请的“特殊用途论”。（2）信息为公共服务信息。基于政府让与和特殊经营公共服务的多领域与非闭合性，司法审查不应局限于“第37条”的9项公共服务类型之规定。根据最高法院的

---

① 周汉华：《打造升级版政务公开制度——论〈政府信息公开条例〉修改的基本定位》，载《行政法学研究》2016年第3期。

② 杨伟东：《政府信息公开主要问题研究》，法律出版社2013年版，第208页。

③ 张建：《事业单位信息公开制度初探》，载《上海政法学院学报（法治论丛）》2012年第4期。

④ 蒋红珍：《从“知的需要”到“知的权利”：政府信息依申请公开制度的困境及其超越》，载《政法论坛》2012年第6期。

规范性要求，[①] 不需采取出自起步阶段考虑而进行谨慎解释态度的“等内说”，凡是符合公共服务实质判断的主体的信息公开即“等外说”，都可进行司法审查。(3) 信息不具有限制公开条件。信息公开受限范围有：①信息不符合“三安一稳定”要求。[②] ②信息需主体制作、搜集、汇总、分析、加工。③信息属于国家与商业秘密、个人隐私，或涉及第三人权益。④信息已为政府管理部门所掌握获取。

四、结语

信息公开无论从“知的需要”还是从“知的权利”角度，均突破了“民可使由之，不可使知之”的传统文化糟粕，具有遏制通过信息寻租的腐败基因。为维护信息公开申请人权益，让信息获取成为自由，在承认单位信息公开的既有立法格局基础上，需要阐明权利救济以及司法裁判的漏洞填补。尽管如此，仍然存在与政府信息公开模式系列冲突的问题，但伴随着公务分权与公务法人理论的研究引入，要求公共企事业单位的公共服务（行政）信息类同政府信息公开具有理论合理性。根据权利义务理论，“第 37 条”在课以单位信息公开义务的同时，公众申请信息公开的权利也随之产生，权利的救济也成为必然。[③] 未来时日里的公共服务类信息流必定为国家、社会、公民所充分知情利用，为回应“信息伴随着创新”的时代要求，单独立法《公共企事业单位信息公开条例》或《公共服务信息自由法》将会是解决这一问题的最优选择。

（作者单位：湖南省长沙市天心区人民法院）

---

① 最高人民法院 2004 年印发的《关于审理行政案件适用法律规范问题的座谈会纪要》规定：法律规范在列举其适用的典型事项后，又以“等”“其他”等词语进行表述的，属于不完全列举的例示性规定。以“等”“其他”等概括性用语表示的事项，均为明文列举的事项以外的事项，且其所概括的情形应为与列举事项类似的事项。由此，该规范文件对有事项列举又含有“等”字的，采用“等”以外也可包含的“等外说”。

② 《政府信息公开条例》第 8 条规定：行政机关公开政府信息，不得危及国家安全、公共安全、经济安全和社会稳定。

③ 潘佳玲：《公共企事业单位信息公开诉讼研究——兼及〈政府信息公开条例〉第 37 条的分析》，载《宁波广播电视大学学报》2015 年第 2 期。

类案研究

城乡居民医疗保险整合后特殊诊疗项目保险待遇支付的认定

师延锋

【裁判要旨】

新型农村合作医疗保险和城镇居民基本医疗保险制度，统一整合为城镇居民基本医疗保险制度后，应当保障被保险人的整体保险待遇不降低。在此前提下，社会保险行政主管部门还应根据社会发展和医疗水平进步，综合考虑参保人员群体的现实医疗需求，对医疗保险诊疗项目目录及时作必要的补充和更新。否则，参保人员申请社会保险经办部门对符合《中华人民共和国社会保险法》（以下简称《社会保险法》）一般规定和立法精神的诊疗项目费用进行支付的，人民法院应予支持。

【案情】

原告张牧谣于2015年4月出生，系德州经济技术开发区居民，已参加该区2016年居民医疗保险。2016年1月，因患双侧重度感音神经性耳聋，原告在北京同仁医院耳鼻喉头颈外科进行人工耳蜗植入手术，在此期间花费治疗检查费用26590.9元、人工耳蜗设备费496000元，共计人民币522590.9元。后原告之父持有关住院诊断治疗证明及相关结算资料，向被告开发区人社局申请报销前述费用，未获准许。2016年3月23日，原告再次向被告提出申请，要求被告对前述费用予以报销并作出书面答复、提供相关依据。被告开发区人社局于2016年3月28日对原告作出书面告知，以原告提供的人工耳蜗发票为非医院住院发票以及手术所购人工耳蜗费用未纳入居民基本医疗保险统筹基金（结算平台）报销系统为由，不予报销并将原告材料退回。原告张牧谣不服，提起本案行政诉讼。

【裁判】

法院认为：依照《社会保险法》第二十六条“职工基本医疗保险、新型农村合作医疗和城镇居民基本医疗保险的待遇标准按照国家规定执行”、第二十八条“符合基本医疗保险药品目录、诊疗项目、医疗服务设施标准以及急诊、抢救的医疗费用，按照国家规定从基本医疗保险基金中支付”及第二十九条第一款“参保人员医疗费用中应当由基本医疗保险基金支付的部分，由社会保险经办机构与医疗机构、药品经营单位直接结算”之规定，参保人员医疗费用符合上述法律规定的，应当由基本医疗保险基金支付。另外，根据《国务院关于整合城乡居民基本医疗保险制度的意见》（国发〔2016〕3号）“二、整合基本制度政策……（四）统一医保目录。……各省（区、市）要按照国家基本医保用药管理和基本药物制度有关规定，遵循临床必需、安全有效、价格合理、技术适宜、基金可承受的原则，在现有城镇居民医保和新农合目录的基础上，适当考虑参保人员需求变化进行调整，有增有减、有控有扩，做到种类基本齐全、结构总体合理。完善医保目录管理办法，实行分级管理、动态调整”的要求，城乡居民基本医疗保险整合后，对于城乡居民医保药品目录和医疗服务项目目录，应当在原城镇居民医保和新农合目录的基础上，适当考虑参保人员需求变化进行调整。

德州市居民基本医疗保险执行的基本医疗保险药品目录、诊疗项目目录和医疗服务设施项目范围，均是按照山东省统一要求参照职工基本医疗保险有关规定执行的。与《山东省新型农村合作医疗诊疗项目（试行）》（鲁卫农卫发〔2009〕10号）规定对比可见，在城乡居民基本医疗保险工作整合前，新型农村合作医疗基金补偿部分费用的诊疗项目是包含小儿人工耳蜗的。在山东省城乡居民基本医疗保险工作整合后，对于诊疗项目目录和医疗服务设施项目范围是参照了职工基本医疗保险的有关规定。而职工基本医疗保险是为保障城镇职工的基本医疗需求而建立，其诊疗项目目录等也是针对职工这一群体而设定，其保障的对象并未包含类似本案被上诉人张牧谣这样的未成年人或者其他非职工群体。随着医疗保险制度改革的不断深入，在城乡居民医疗保险工作整合后，医疗保险的保障对象进一步扩大到除城镇职工外的其他所有参保城乡居民（包括未成年人），再以职工基本医疗保险的规定来适用于所有参保城乡居民，显然已不能满足现实的医疗保险需求。具体到本案，被上诉人张牧谣属于参保的婴幼儿，适用职工基本医疗保险的诊疗项目范围，显然不能满足其作为婴幼儿群体的特殊医疗需求，在其按时缴纳医疗保险费用参加居民基本医疗保险后，上诉人开发区人社局对其医疗保险待遇支付的请求以不属于医疗保险报销范围不予支付的理由，不符合《社会保险法》立法目的，对被上诉人张牧谣不具有公平性。原新型农村合作医疗的诊疗项目范围考虑了婴幼儿的特殊医疗需求，医疗保障范围更具合理性和公平性，在整合后的城乡居民基本医疗保险诊疗范围未做进一步科学调整前，上诉人开发区人社局可以参照原新型农村合作医疗的诊疗项目范围对被上诉人张牧谣的支付请求作出合法处理，做到在保障基本医疗保险基金安全的同时，依法保障参保人员的合法权益。

山东省德州市陵城区人民法院于2016年11月8日作出（2016）鲁1403行初18号行政判决：责令被告开发区人社局于本判决生效之日起30日内按规定核准支付原告张牧谣医疗费及人工耳蜗设备费。宣判后，开发区人社局向山东省德州市中级人民法院提起上诉。德州市中级人民法院于2017年6月27日以同样的理由作出（2017）鲁14行终15号行政判决，判决驳回上诉、维持原判。

【评析】

该案例涉及原有新型农村合作医疗保险与城镇居民基本医疗保险统一整合为城乡居民基本医疗保险后，在相应的诊疗项目范围未做适当调整的情况下，对于参保人员主张的特定医疗保险待遇，是否应予支持的问题。

一、社会保险法的立法目的

《社会保险法》第一条规定：“为了规范社会保险关系，维护公民参加社会保险和享受社会保险待遇的合法权益，使公民共享发展成果，促进社会和谐稳定，根据宪法，制定本法。”该条规定的是社会保险法的立法宗旨。我国宪法规定，公民在年老、疾病或者丧失劳动能力的情况下，有从国家和社会获得物质帮助的权利。社会保险是社会保障体系的重要组成部分，在整个社会保障体系中居于核心地位，其强调使人民群众能够平等、广泛地参与经济发展并从中受益，从而满足人民群众对社会发展的期待、拥有更多获得感，是我国构建和谐社会的重要内容。

二、城乡居民基本医疗保险政策改革背景

作为社会保险重要内容之一的基本医疗保险，是为补偿参保人因疾病风险造成的经济损失而建立的一项社会保险制度。2013 年起，山东省开始探索实施城乡居民基本医疗保险整合工作，并先后出台《山东省人民政府办公厅关于印发山东省整合城乡居民基本医疗保险工作实施方案的通知》（鲁政办发〔2014〕2 号)、《山东省人力资源和社会保障厅关于居民基本医疗保险药品目录诊疗项目目录医疗服务设施项目范围有关事项的通知》（鲁人社字〔2014〕567 号）等一系列规范性文件，对城乡居民医疗保险制度整合后的医疗保险药品目录、诊疗项目目录和医疗服务设施项目范围等内容作出相应规定。一直以来，对于居民基本医疗保险的管理，特别是诊疗项目目录和医疗服务设施项目范围均是参照执行了职工基本医疗保险的有关规定。

2016 年 1 月，国务院发布《国务院关于整合城乡居民基本医疗保险制度的意见》(国发〔2016〕3 号)，在总结城镇居民医保和新农合运行情况以及地方探索实践经验的基础上，就整合建立城乡居民医保制度提出具体意见。意见要求城乡居民医保制度覆盖除职工基本医疗保险应参保人员以外的其他所有城乡居民，包括现有城镇居民医保和新农合所有应参保（合）人员，要求统一城乡居民医保药品目录和医疗服务项目目录，并在现有城镇居民医保和新农合目录的基础上，适当考虑参保人员需求变化进行调整，有增有减、有控有扩，做到种类基本齐全、结构总体合理。

三、医疗诊疗项目范围适当调整的必要

山东省现行城镇职工基本医疗保险诊疗项目目录，是 2003 年根据劳动和社会保障部等五部门于 1999 年发布的《国家基本医疗保险诊疗项目范围》而制定，历经十余年未作相应修改。其中的诊疗项目均是根据城镇职工的医疗需求而制定，并未考虑到婴幼儿、学生、老人以及其他无工作群体的医疗需求，特别是在城乡居民基本医疗保险整合后，基本医疗保险的参保人员范围进一步扩大，基本医疗需求也出现新的变化，再以原城镇职工的诊疗项目范围来应对所有城乡居民的基本医疗保障需求，显然已经无法满足现实需要。

按照国务院国发〔2016〕3号意见的要求，统一后的城乡居民医保药品目录和医疗服务项目目录，应当在现有城镇居民医保和新农合目录的基础上，适当考虑参保人员需求变化进行调整，这是符合时代发展要求的。现实中，虽然部分地方考虑了社会发展的需要，在原有城镇职工医疗服务项目的范围上有所突破，但因为国家尚未制定新的统一标准，更多的地方仍然沿用原有标准来核准相应的医疗保险待遇，不利于参保人员合法医疗保障权益的保护，亟须进一步调整规范。

四、参照适用本案例时应注意的问题

（一）围绕社会保险法立法目的进行判断

目前，我国关于社会保险方面的立法还不够完善，社会保险工作的诸多方面还是依靠政策性的规范性文件来落实。在法律法规没有明确规定的情况下，如何判断当事人的医疗保险支付诉求是否合法，就要基于社会保险的立法目的来进行。对此，既不能任意做扩大解释，也不应严格拘于字面含义，而不考虑特殊情况的现实医疗需求。比较合理的是，人民法院基于立法目的，在确保参保人员总体医疗待遇不降低的原则下，结合新旧诊疗项目的互补情况作出具体判断。

（二）认真审核地方医疗诊疗项目范围

城乡居民基本医疗保险制度的政策性、专业性比较强，特别是随着医疗卫生体制改革的深入推进，受限于地方经济发展水平，各地掌握的支付范围和支付标准存在一定差距。除基本医疗保险药品目录外，多数地方的诊疗项目目录和医疗服务设施范围尚没有随着经济和医疗水平的提高而及时进行调整。在审理此类案件时，务必认真审核实际适用的医疗诊疗项目范围，其对参保人的基本医疗保障已有明确界定且符合社会保险立法目的的，人民法院裁判时不宜直接突破。

（三）注意把握好司法审查范围

居民基本医疗保险等社会保险支付类案件，因其涉及项目繁多、内容专业，且标准确定具有一定政策灵活性，人民法院应依据法律法规对社会保险经办机构的行为作出合法性评价，而不宜直接代替行政机关对具体诊疗项目的支付标准作出裁判，充分尊重行政机关在其行政权裁量范围内对相关事项的专业判断。

（四）注意平衡基金安全保障和参保人员合法权益保护

居民基本医疗保险基金参保人员多、覆盖面广，基金的安全使用对于降低广大参保人员的疾病风险十分重要。在审理此类案件时，人民法院要综合考虑参保人员的病种、病情以及治疗情况等多种因素，严格按照社会保险法的立法目的和具体规定作出判断，在保障参保人员合法医疗权益的同时，兼顾医疗保险基金的安全，避免因过多强调个体权益，不当扩大医疗保险的支付范围，而影响基金持续支付的安全性。

（作者单位：山东省德州市中级人民法院）

挂靠人通过特定关系人聘用的人员因工伤亡由被挂靠单位承担工伤保险责任

——重庆全浩汽车运输有限公司诉重庆市长寿区人力资源和社会保障局工伤行政确认案[①]

尹洁 王乐

【裁判要旨】

个人挂靠其他单位对外经营，若无证据证明挂靠人明确反对其特定关系人聘用人员驾驶挂靠车辆，其特定关系人聘用的人员因工伤亡的，被挂靠单位为承担工伤保险责任的单位。

【案情】

再审申请人（原审第三人）：张才良。

被申请人（一审被告、二审被上诉人）：重庆市长寿区人力资源和社会保障局。

被申请人（一审原告、二审上诉人）：重庆全浩汽车运输有限公司。

被申请人（原审第三人）：罗永文。

2011年1月27日，重庆全浩汽车运输有限公司（以下简称全浩公司）与罗永文签订《普通货车挂靠经营合同》，该合同约定：罗永文提供渝A7S882号货车一辆挂靠于全浩公司经营，挂靠经营期限从2011年1月27日至该车按国家规定报废时止；罗永文在挂靠经营期间自主经营，自负盈亏，

① 一审：重庆市长寿区人民法院（2016）渝0115行初49号行政判决；二审：重庆市第一中级人民法院（2016）渝01行终580号行政判决；再审：重庆市高级人民法院（2017）渝行再5号行政判决。

享有劳动用工权，等等。罗太余系重庆市永川区朱沱镇农贸市场个体经营户，经营范围为农副产品销售、饮食、粮食收购，系罗永文之父。2014 年 11 月 25 日 17 时 05 分，张才良受罗永文之父罗太余聘请驾驶该车运粮，由泸州往永川方向行驶，行驶至永川区永泸路龙羽大道路口发生交通事故，致使其全身多处受伤，经重庆医科大学附属永川医院诊断为：闭合性腹部损伤、脑挫伤、右眼视网膜震荡伤、双肺肺挫伤、双侧肋骨骨折、尾椎骨折等。2015 年 3 月 20 日，重庆市永川区公安局交通巡逻警察支队出具的《道路交通事故认定书》载明：渝 A7S882 号货车所有人为重庆全浩汽车运输有限公司，张才良承担此次交通事故的同等责任。2015 年 10 月 26 日，重庆市长寿区人力资源和社会保障局（以下简称长寿区人社局）受理张才良工伤认定申请，同日作出工伤认定举证通知书，并送达全浩公司。同年 12 月 10 日，长寿区人社局作出长寿人社伤险认决字〔2015〕906 号《认定工伤决定书》，该决定书载明：张才良受到的事故伤害属于工伤认定范围，予以认定为工伤。全浩公司于同月 14 日签收该决定书，不服其决定遂向法院提起行政诉讼。

【裁判】

重庆市长寿区人民法院一审经审理认为，罗永文提供渝 A7S882 号货车一辆挂靠于全浩公司，该车所有人登记为全浩公司。虽然罗永文未聘请张才良驾驶该车，但罗永文对该车自主经营，有管理权和控制权，且罗太余系罗永文之父，罗太余聘请张才良驾驶该车运货，其形成的聘用关系应视为罗永文与张才良形成聘用关系，故张才良在运输中发生交通事故受伤，应当适用《最高人民法院关于审理工伤保险行政案件若干问题的规定》第三条第一款第（五）项规定，判决驳回全浩公司的诉讼请求。

重庆市第一中级人民法院二审经审理认为，张才良系受罗太余聘请驾驶渝 A7S882 号货车运输粮食的过程中发生交通事故受伤，罗太余是具有用工主体资格的个体工商户，经营范围为农副产品销售、饮食、粮食收购。故罗太余聘请张才良驾驶其提供的车辆运粮，系安排张才良从事其经营范围内的工作，此时张才良属于个体工商户罗太余的雇工。张才良受伤时是在为罗太余工作，并非为全浩公司从事对外营运业务，且没有证据证明事发前挂靠人罗永文明知或默许罗太余聘请张才良驾驶渝 A7S882 号货车，长寿区人社局以全浩公司为用人单位，认定张才良受到的事故伤害为工伤属于认定事实不清，判决：一、撤销重庆市长寿区人民法院（2016）渝0115行初49号行政判决；二、撤销长寿区人社局于2015年12月10日作出的长寿人社伤险认决字〔2015〕906号《认定工伤决定书》；三、责令长寿区人社局于本判决生效之日起60日内重新作出行政行为。

张才良不服，申请再审。

重庆市高级人民法院经审理认为，在案证据材料能够锁定的事实是发生交通事故当日张才良由罗太余出面聘请驾驶罗永文的渝A7S882号货车，张才良在驾驶该货车运输粮食的过程中发生交通事故受伤。综合全案现有证据材料，在没有证据证明罗永文明确反对其父亲罗太余出面聘请张才良驾驶挂靠车辆渝A7S882号货车进行粮食运输的情况下，宜推定罗太余系经过罗永文同意后聘请张才良，该行为的法律效果宜判定视为张才良与罗永文之间形成聘用关系，长寿区人社局作出张才良受伤属于工伤的工伤认定决定，从结果上看并无不当。判决：一、撤销重庆市第一中级人民法院（2016）渝01行终580号行政判决；二、驳回重庆全浩汽车运输有限公司的诉讼请求。

【评析】

一、背景情况介绍

《最高人民法院关于审理工伤保险行政案件若干问题的规定》第三条第一款第（五）项规定，个人挂靠其他单位对外经营，其聘用的人员因工伤亡的，被挂靠单位为承担工伤保险责任的单位。本案在案证据证明，发生交通事故当日，张才良系由罗太余出面聘请驾驶罗永文的挂靠货车渝A7S882号车辆运输粮食，在运输粮食的过程中发生交通事故受伤。当事各方对该事实均无异议。本案的争议焦点是全浩公司是否为承担张才良工伤保险责任的单位。这涉及两个问题的裁量：其一，如何认定罗太余出面聘请张才良驾驶罗永文挂靠货车行为的法律效果；其二，非由挂靠人直接聘用的人员能否适用《最高人民法院关于审理工伤保险行政案件若干问题的规定》第三条第一款第（五）项的规定。

二、确立裁判要旨的理由

对于该焦点问题，存在三种观点：

第一种观点认为，罗太余系罗永文之父，罗太余聘请张才良驾驶该车运货，其形成的聘用关系应当视为罗永文与张才良形成聘用关系。

第二种观点认为，罗太余是具有用工主体资格的个体工商户，经营范围为农副产品销售、饮食、粮食收购，罗太余聘请张才良驾驶其提供的车辆运粮系安排张才良从事其经营范围内的工作，且没有证据证明事发前挂靠人罗永文明知或默许罗太余聘请张才良驾驶渝 A7S882 号货车，故张才良属于个体工商户罗太余的雇工。

第三种观点认为，罗太余系具有用工主体资格个体工商户的事实不能成为绝对排除罗永文与张才良之间可能形成聘用关系的客观阻却因素。罗太余出面聘请张才良驾驶渝 A7S882 号车进行粮食运输是经罗永文授意、经罗永文同意或其擅自使用车辆的客观事实，因罗太余在事故发生时不幸离世，依据本案现有证据材料已经无法查明。基于罗太余与罗永文存在父子关系，在特定关系背景下若无相反证据，对罗太余出面聘请张才良驾驶渝 A7S882 号货车的行为宜推定为经罗永文同意。

本案判决采纳了第三种观点。在客观事实具有不可还原性时，需要法官通过证据规则和自由心证以更好地结合案件具体情况来形成法律事实，而司法自由裁量权的行使，应当注重司法裁判与自由裁量权行使过程和结果符合社会常识和普通人的伦理观念，通过个案正义实现司法公正。本案中，罗太余个体工商户的经营范围为农副产品销售，饮食、粮食收购，并不包括货车运输，罗太余个体工商户不具有聘请张才良驾驶货车进行货车运输的用工主体资格。罗永文自述其在父亲罗太余家洗澡时不慎将车钥匙遗落，罗太余是私自拿走车钥匙聘请张才良开车进行粮食运输。该陈述系罗永文一人所言，并无其他证据材料能够支撑。相反，罗永文系渝 A7S882 号车的实际所有人，应当对其所有的货车进行管理，包括聘请驾驶员。因此，本案判决从以下五个基点进行司法裁量，认为在无证据证明罗永文反对其父亲罗太余出面聘请张才良驾驶挂靠车辆渝 A7S882 号货车进行粮食运输的情况下，应推定罗太余系经过罗永文同意后聘请张才良，该行为的法律效果应判定为张才良与罗永文之间形成聘用关系，适用《最高人民法院关于审理工伤保险行政案件若干问题的规定》第三条第一款第（五）项的规定，由全浩公司对张才良承担工伤保险责任。

第一，被挂靠单位的管理责任。《中华人民共和国道路运输条例》第三十四条规定，道路运输车辆应当随车携带车辆营运证，不得转让、出租。无论从事客运经营还是货运经营，都要求具备一定的条件，向道路运输管理机构提出申请以取得道路运输经营许可证，鉴于行政许可的性质，道路运输经营许可证不得转让、出租。所谓机动车的挂靠是指为了满足车辆运营管理上的需要，个人将自己出资购买的机动车挂靠于某个具有运输权的公司，向该公司缴纳或不缴纳一定的管理费用，由该公司为挂靠人代为办理各种法律手续，并以该公司的名义对外进行运输经营。因此，机动车挂靠的实质是具有道路运输经营许可证的被挂靠单位向不具备道路运输经营资格的挂靠人非法转让、出租道路运输经营许可证的行为。该行为违背行政许可、规避国家有关行业准入制度，法律上对此持否定评价。对于不合法的行为本应禁止，但是鉴于社会现状无法完全禁止，因而要求被挂靠单位承担更多的法律责任。同时，被挂靠单位通过挂靠车辆的运行获得利益，其获得的利益不限于收取管理费，也不限于经济利益。被挂靠单位通过挂靠车辆获益，就要对挂靠人的经营管理行为负责，就要承担挂靠车辆及其驾驶员的监督管理职责，若其疏于履行监督管理职责，就要承担法律责任，工伤补偿责任的承担就是用经济手段促使被挂靠单位加强挂靠车辆监督管理的重要法律手段。本案中，全浩公司作为渝 A7S882 号货车的被挂靠单位，在法律上负有管理挂靠车辆、控制营运风险的义务、能力和可能性，若因其疏于对挂靠车辆的管理，任由他人随意使用或随意聘请驾驶员驾驶渝 A7S882 号货车从事道路运输，应当承担由此可能产生的法律责任。

第二，挂靠人的管理义务。车主对其所有的车辆负有管理义务，相较于一般小汽车，作为从事道路运输的货车危险更大、风险更高，货车车主的管理义务应相应增大。挂靠车辆的实际所有人，对于挂靠车辆的运营、使用、驾驶人员的聘用等事项应当尽到必要的管理义务，在进行货车运营、使用、借用、租赁等活动时对使用人的状况及如何使用的行为都应尽到必要的注意义务，如果未尽上述管理义务，则必然在一定程度上构成危险的来源。本案中，罗永文是渝 A7S882 号货车的实际所有人，是该货车实际、直接的运营使用者，负有对渝 A7S882 号货车的管理义务，罗永文应当将渝 A7S882 号货车置于其有效的控制范围，在聘用他人驾驶挂靠车辆时应做到严格审查，若因其疏于对渝 A7S882 号货车的有效控制，任由他人随意使用渝 A7S882 号货车或者任由他人随意聘请驾驶员驾驶渝 A7S882 号货车从事道路运输，应当承担由此可能产生的法律责任。

第三，特定关系背景下意思表示的推定。未经允许使用他人车辆，如果是在存在特定关系的当事人（如家人、亲戚）之间发生的擅自驾驶车辆或擅自聘请驾驶员驾驶车辆，此种情形下，他人的驾驶行为或他人擅自聘请驾驶员驾驶的行为虽然事先没有经过所有人的同意，但一般情况下并不违背所有人可得知或可推知的意思表示，即是说若使用人向所有人请求，可以推知所有人没有拒绝。本案中，罗太余系罗永文之父，结合罗永文陈述本案事故发生之前亦有罗太余在罗永文知情的情况下多次自行聘请驾驶员驾驶渝 A7S882 号货车进行粮食运输的先例，可以推知罗太余聘请张才良驾驶渝 A7S882 号货车的行为并不会违背罗永文的意愿，即是说，在罗太余与罗永文存在父子关系的特定关系背景下，在没有证据证明罗永文明确反对罗太余聘请驾驶员的情况下，对罗太余出面聘请张才良驾驶渝 A7S882 号货车的行为宜推定为罗永文同意。

第四，工伤认定中举证责任的分配。在工伤认定程序中，负主要举证责任的是用人单位，职工也要承担一定的举证责任。根据《工伤保险条例》第十四条、第十五条和第十八条的规定，职工承担的举证责任具体来说一般包括：提供证明与用人单位之间存在劳动关系的证据；提供证明职工在事故中受到了伤害的证据；提供证明工伤事故是工作原因造成的，或者其伤害属于法律行政法规规定的工伤情形等的证据；提供劳动者的医疗诊断证明或者职业病诊断证明书。在挂靠经营关系中，聘用的人员与被挂靠单位之间形成拟制劳动关系，这是对《工伤保险条例》将劳动关系作为工伤认定前提的一般规则之外的特殊情形处理。根据《工伤保险条例》第十九条的规定，职工或者其近亲属认为是工伤，用人单位不认为是工伤的，由用人单位承担举证责任。即是说，社会保险部门在进行工伤认定时，如果用人单位否认工伤的，应由用人单位承担举证责任，如果用人单位拒绝举证或者所举证据不能否定工伤事实，将承担对己不利的后果。本案中，张才良在工伤认定行政程序中向长寿区人社局提交了工伤认定申请表、身份证、驾驶证、从业资格证、全浩公司基本情况、道路交通事故认定书、证人证言、普通货车挂靠经营合同、住院病案、入院证、出入院记录等证据，上述证据能够证明渝 A7S882 号货车系罗永文挂靠在全浩公司的挂靠车辆、张才良在驾驶渝 A7S882 号货车进行粮食运输的过程中发生交通事故受伤的事实，已经尽到了《工伤保险条例》所规定的职工应当承担的举证责任。全浩公司在工伤认定程序中则提交了道路交通事故认定书、普通货车挂靠经营合同、(2015）永法民初字第03706号民事判决、(2015）永法民初字第02551号民事判决、(2015）渝五中法民终字第05414号民事判决、情况说明和营业执照复印件，拟证明张才良与全浩公司不存在劳动关系且张才良也不是罗永文聘请或雇用的驾驶员。全浩公司的上述证据，如前所述，仅能证明事故当日张才良系由罗太余出面聘请开车运粮，并不能排除罗太余的行为是经罗永文授意或同意的可能性，不能排除罗永文与张才良之间形成聘用关系的可能性，不能排除张才良的驾驶行为系以全浩公司的名义从事货物（粮食）运输业务的可能性。因此，在张才良已经尽到其应当承担的举证义务的基础上，全浩公司否认张才良受伤系工伤，而其出示的证据不能推翻或否定张才良工伤的事实，此时应由全浩公司承担举证不能的不利后果。

第五，劳动者权益的保护。《工伤保险条例》以“保护劳动者的合法权益”作为立法宗旨，其立法精神在于最大可能地保护主观无恶意的劳动者因工作或与工作相关活动遭受事故伤害或者患职业病后能够获得医疗救治、经济补偿和职业康复的权利，在工伤认定中，对于事实认定和法律适用方面存在争议的案件，在作出最终抉择时，应当以对劳动者的倾斜保护作为选择的出发点。本案中，罗太余与罗永文是一家人，罗太余出面聘请张才良驾驶罗永文的渝A7S882号货车进行粮食运输，对张才良而言，其无法区分谁是货车实际所有人、谁是他的实际聘用人，在依据现有证据材料仍然存在事实争议的情况下，应当从有效保护受伤劳动者合法权益的角度进行考虑和判断。同时，挂靠关系中由被挂靠单位承担工伤保险责任，其立论基础之一即是有效保护弱者职工的权益，因为在此类案件中车主所雇的司机与被挂靠单位、车主相比较，是处于弱势的地位，如果车主所雇的司机在工作中受到伤害，不能认定其为工伤，在车主没有足够的财产赔偿其损失的情况下，该司机的利益就不能得到充分有效的保障。推而延之，如果车主允许他人聘用的司机驾驶挂靠车辆，司机因工伤亡，该“他人”聘用的司机与车主直接聘用的司机相比，更加处于弱势地位，其合法权益应当得到法律更大程度的保护。

三、运用裁判要旨应当注意的问题

本案将《最高人民法院关于审理工伤保险行政案件若干问题的规定》第三条第一款第（五）项的适用范围进行了适度扩充，涵盖了挂靠人通过特定关系人（如家人、亲戚）聘用的人员，不仅是从常情常理的角度所进行的司法判断，更是在司法判决引导树立社会价值观方面有所考量。如果将特定关系人聘用的人员排除在工伤保护的范围之外，那么这部分经由特定关系人聘用的人员若因工伤亡，只能向特定关系人寻求民事赔偿救济，被挂靠单位与挂靠人则完全不用承担任何法律责任。若法律允许此种情况的存在，那么将会形成不利的社会导向。本案确立“个人挂靠其他单位对外经营，若无证据证明挂靠人明确反对其特定关系人聘用人员驾驶挂靠车辆，其特定关系人聘用的人员因工伤亡的，被挂靠单位为承担工伤保险责任的单位”的裁判要旨，可以有效阻绝挂靠人试图通过特定关系人聘用驾驶员以逃避承担工伤保险责任的法律规避行为，在无法完全禁止挂靠关系的社会现状下尽可能地敦促规范挂靠关系。

运用本裁判要旨需要注意两个问题：第一，有证据表明挂靠人明确反对其特定关系人聘用人员的不能适用；第二，如果是非家人、亲戚等特定关系人聘用人员的，应严格把握案件证据标准，在有证据表明经挂靠人同意聘用的情形下方能适用《最高人民法院关于审理工伤保险行政案件若干问题的规定》第三条第一款第（五）项的规定。

（作者单位：重庆市高级人民法院）

用人单位遗失工伤职工医疗发票原件，能否依法寻求救济并申请工伤保险待遇支付

——兼论行政判决对行政行为的介入程度

郑金坤

【裁判要旨】

工伤保险法律关系由劳动者、用人单位及工伤保险经办机构三方组成，用人单位依照《工伤保险条例》第四条规定为工伤职工垫付医疗费后，有权申请工伤保险待遇支付，是本案适格原告人。保护公民、法人和其他组织合法权益，监督行政机关依法行使职权，是行政诉讼法的立法目的。财政部规范性文件《会计基础工作规范》第五十五条为遗失原始会计凭证规定了补救措施，采取补救措施后，可以代作原始凭证。本案被告忽视上述规定，直接拒绝原告的申请，剥夺了原告采取补救措施后申请工伤保险待遇的权利，其拒绝行为是违法的，并且是侵犯原告合法权益的可诉行政行为，依法应当予以纠正。工伤保险待遇的核算是较为专业的行政行为，法院应当就行政行为的合法性进行审查，对其不作为判决其履行，但不宜代替其作出核算，法院既没有这个专业能力，也超越了司法机关与行政机关的职权划分。

【案情】

第三人王杨明于2011年到原告晋城市华凯实业有限公司阳陵化工厂工作，原告为其缴纳有工伤保险。2011年10月14日第三人因工受伤，花费医疗费用共计64906.6元，由原告垫付。2011年12月26日，晋城市人力资源和社会保障局认定第三人受伤为工伤。2016年8月9日，山西省劳动能力鉴

定委员会对第三人伤情鉴定为六级伤残。事故发生后，第三人将本案原告作为被申请人就工伤补偿劳动争议向陵川县劳动人事争议仲裁委员会申请仲裁，陵川县劳动人事争议仲裁委员会于2017年3月15日作出（2016）陵劳人仲裁字第043号仲裁裁决书，根据第三人请求，裁决解除第三人与原告劳动关系，并要求本案原告向第三人进行相关补偿。第三人于2017年8月4日就裁决书裁决补偿部分向陵川县人民法院申请执行。原告自称，原告将第三人在晋城煤业集团总医院的住院医药费统一收据原件丢失，就医疗费收据原件丢失向被告进行询问，被告陵川县社保所答复要求必须提供住院医药费统一收据原件。原告随后在晋城煤业集团总医院复印住院医药费统一收据（记账联）并加盖该院公章，阳城县医疗保险管理服务中心、晋城市职工大病医疗互助中心阳城县代办处出具证明，证明第三人未进行过医疗费用的报销，该三份证据验明在案。二被告当庭坚称，没有医疗费用票据原件，不能为原告办理工伤保险待遇核算，其材料也不能接收。

【裁判】

山西省高平市人民法院一审认为：

社会保险法法律规定，县级以上地方人民政府社会保险行政部门负责本行政区域的社会保险管理工作，县级以上地方人民政府其他有关部门在各自的职责范围内负责有关的社会保险工作。本案中两被告系依法履行社会保险行政职责的社会保险经办机构，是本案适格的被告。原告作为第三人的用人单位，在第三人受工伤后，经第三人确认原告积极为其采取措施救治并垫付医疗费用的事实，符合《工伤保险条例》第四条第三款规定“职工发生工伤时，用人单位应当采取措施使工伤职工得到及时救治”的情形，原告垫付医疗费后，要求被告支付医疗费用符合社会保险法的规定，被告主张原告的诉讼主体不适格的反驳意见不成立，于法无据，不予支持。本案中原告因丢失原始医疗费结算单据，于被告处了解后得到答复必须提供发票原始凭证，根据《中华人民共和国会计法》的规定，经济业务事项办理会计核算，必须填制或者取得原始凭证，原告经医疗机构复印记账联，并加盖公章确认，且与第三人的住院治疗诊断证明、工伤认定的事实相吻合，以及第三人户籍所在地的阳城县医疗保险管理服务中心、晋城市职工大病医疗互助中心阳城县代办处出具证明，证明第三人未进行医疗费用的报销，以上事实充分证明原告支付医疗费用没有在相关社会保险机构获得报销，其提供的医疗机构加盖公章确认的复印票据应当采信，两被告应当依此凭证为原告核算记账支付医疗费用。第三人主张原告没有履行（2016）陵劳人仲裁字第043号仲裁裁决书确定的义务，因其已在陵川县人民法院申请执行，对其请求已经获得法律保护，本案不再审理。综上，原告的诉讼请求于法有据，应当支持。依照《中华人民共和国行政诉讼法》第七十三条及《最高人民法院关于适用〈中华人民共和国行政诉讼法〉若干问题的解释》第二十三条之规定，判决：一、原告晋城市华凯实业有限公司阳陵化工厂提供晋城煤业集团总医院出具的王杨明住院医疗费0280714号单据记账联加盖公章确认的复印件及其他办理工伤保险待遇的相关材料，在判决生效后五日内交付被告陵川县社会劳动保险事业所、晋城市工伤保险管理服务中心。二、被告陵川县社会劳动保险事业所、晋城市工伤保险管理服务中心在原告晋城市华凯实业有限公司阳陵化工厂履行上款义务后四十日内，支付原告晋城市华凯实业有限公司阳陵化工厂医疗费64906.6元。

陵川县社会劳动保险事业所、晋城市工伤保险管理服务中心不服一审判决，以晋城市华凯实业有限公司阳陵化工厂为被上诉人向山西省晋城市中级人民法院提起上诉。其理由为：一、被上诉人已经与第三人解除劳动关系，不能以用人单位的名义请求给付工伤保险待遇。二、被上诉人请求给付的对象是第三人，而原判决判定给付的对象为被上诉人，不适当。三、被上诉人请求给付的金额为64900元，而原判决判定给付的金额为64906.6元，超出起诉请求，缺乏依据。四、原判决为被上诉人设定提交文件的义务，缺乏依据。五、行政给付的前提条件是行政相对人向行政机关提出申请，被上诉人在诉前并未向上诉人提交过符合法律规定的申请，仅仅口头问询。六、原判决剥夺上诉人的行政审核权，而径直判决上诉人依照票据超出诉请向被上诉人进行支付，超越审判职权范围。请求二审法院依法改判或发回重审。

山西省晋城市中级人民法院二审认为：一、被上诉人晋城市华凯实业有限公司阳陵化工厂主体问题。工伤保险法律关系由劳动者、用人单位、工伤保险经办机构劳动社会保障行政机关三方组成，用人单位为劳动者缴纳工伤保险费用，同时《工伤保险条例》第四条还为用人单位设定采取措施使工伤职工得到及时救治的义务，被上诉人为工伤第三人垫付了医疗费用，其具有请求工伤保险待遇的主体资格。二、上诉人对被上诉人咨询进行答复是否可诉的问题。被上诉人就工伤保险支付问题向上诉人口头询问，上诉人口头答复称，没有医院医药费统一收据原件，不能报销。二上诉人在庭审中依然坚称，没有收据原件，不能接受被上诉人的申请材料，这是一种对被上诉人请求工伤保险待遇的拒绝行为，对被上诉人的权益造成影响，是可诉的行政行为。三、被上诉人的证据“经医疗机构盖章确认的住院医药费统一收据记账联复印件”能否作为工伤保险待遇报销凭证的问题。根据《会计基础工作规范》（财会字〔1996〕19号文）第五十五条的规定：“会计机构、会计人员要妥善保管会计凭证。……（五）从外单位取得的原始凭证如有遗失，应当取得原开出单位盖有公章的证明，并注明原来凭证的号码、金额和内容等，由经办单位会计机构负责人、会计主管人员和单位领导人批准后，才能代作原始凭证……”原始凭证并非仅指原始票据，原始凭证丢失，依据该条规定，进行补救之后，可以作为原始凭证。被上诉人提交的“经医疗机构盖章确认的住院医药费统一收据记账联复印件”不符合《会计基础工作规范》的上述要求，尚不能作为原始凭证，但是其可以依照规定进行完善，作为原始凭证丢失的补救措施。四、上诉人对被上诉人咨询进行的答复是否合法的问题。上诉人根据《中华人民共和国会计法》第十条、第十四条的规定，认为基金的增减，必须取得原始凭证，对此，上诉人的陈述并无错误，但是上诉人把原始票据作为原始凭证的唯一形式，系对该两条的错误理解，也违反《会计基础工作规范》的上述规定，从而拒绝为被上诉人核算工伤保险待遇违法，属于行政不作为。因此上诉人的答复是违法的，其应当答复要求被上诉人依照规定提供补救措施后，进行工伤保险待遇申请。五、关于原判决主文是否适当的问题。被上诉人仅仅口头询问上诉人原始收据遗失后能否报销，被上诉人进行了错误答复，原判决就依照被上诉人提供的“经医疗机构盖章确认的住院医药费统一收据记账联复印件”证据，判定上诉人直接对被上诉人依照票据面额进行支付，忽视了工伤保险待遇的申请—审核—核算—支付的专业作业过程，剥夺了行政机关的相关行政职权。六、原审第三人王杨明的诉求已经另案处理，不属于本案的审理范围，其诉求本院不予审理。综上，被上诉人虽然相关原始凭证遗失，但是可以依照《会计基础工作规范》第五十五条第（五）项的规定采取补救措施，有权依照工伤保险和劳动社会保障法律法规的规定，向上诉人提出工伤保险待遇的申请，鉴于其未提交符合上述规定的证明文件，尚未提交正式申请，其诉讼请求不能支持。上诉人答复被上诉人因为遗失原始票据，拒绝为其办理工伤保险待遇核算，剥夺了被上诉人依照规定采取补救措施并取得工伤保险待遇的权利，侵犯了被上诉人的合法权利，属违法行为。原判决判定上诉人直接向被上诉人进行支付，剥夺了上诉人的行政职权，缺乏法律依据，应当予以撤销。依照《中华人民共和国行政诉讼法》第八十九条第一款第（二）项的规定，判决如下：一、撤销山西省高平市人民法院（2017）晋 0581 行初 20 号行政判决。二、确认上诉人晋城市工伤保险管理服务中心、陵川县社会劳动保险事业所答复被上诉人晋城市华凯实业有限公司阳陵化工厂不为其办理工伤保险核算的行政行为违法。三、驳回晋城市华凯实业有限公司阳陵化工厂的其他诉讼请求。

【评析】

本案涉及数个较为重要的法律问题：工伤保险法律关系中用人单位原告资格问题，行政机关对咨询口头答复的行为是否可诉的问题，原始会计凭证丢失是否可以补救及如何补救的问题，行政判决对行政行为的介入程度问题。对此，二审判决均进行了正面回答并进行了论证，笔者认为二审论理和判决符合法律规定和法律精神，具有一定的示范意义，笔者对这些问题作进一步扩充和分析。

（一）社会保险法律关系中用人单位的原告资格问题。本案涉及的工伤保险法律关系可以扩充到整个社会保险法律关系，《中华人民共和国社会保险法》（以下简称《社会保险法》）规定的基本养老保险、基本医疗保险、工伤保险、失业保险、生育保险，即我们通常所说的“五险”，具有共性。《社会保险法》对应“五险”的各章第一条均规定职工应当参加，保险费用由用人单位和职工或单独由用人单位缴纳。[①]《社会保险法》规定社会保险行政部门负责社会保险管理工作，社会保险经办机构提供社会保险服务，负责社会保险登记、个人权益记录、社会保险待遇支付等工作。[②] 以上法律规定说明，社会保险法律关系是一种由用人单位、职工和社会保险经办机构（社会保险行政部门）三方构成的强制法律关系，该种法律关系具有特殊性，其混杂了公

① 详见《社会保险法》第十条、第二十三条、第三十三条、第四十四条、第五十三条。

② 详见《社会保险法》第七条、第八条。

法的强制性——强制缴纳社会保险费和私法的平等主体关系——职工和用人单位的劳动关系。"为此，社会保险法律关系既不同于传统的公法、私法调整下所形成的单一法律关系，也有别于私人商业保险法调整下所形成的法律关系。"① 用人单位在该法律关系中具有特殊地位，其既是公法义务承担者——社会保险费的缴纳者，又是劳动合同法律关系中劳动者的相对方，但却在劳动者与社会保险经办机构的社会保险诉讼中处于模糊的法律地位。笔者认为，根据权利义务对等的基本法律理念，用人单位承担了缴纳社会保险费的义务，也应当在社会保险诉讼中具有相应的权利，对此应当进行明确。用人单位缴纳社会保险费，是出于法律的强制，基本的法理是其应当承担的社会责任以及分散因用工产生的风险。因此当劳动者与社会保险经办机构产生社会保险纠纷的时候，用人单位是利害关系人，由此产生的诉讼，用人单位应当是诉讼当事人。当用人单位认为社会保险经办机构或社会保险行政部门的行政行为侵犯其合法权益，比如应当认定工伤而不认定、应当支付社会保险待遇而不支付等，侵犯了用人单位的投保预期权益——承担社会责任和分散用工风险的，应当具有提起社会保险纠纷行政诉讼的原告资格。结合本案，工伤保险法律关系不仅完全符合上述社会保险法律关系的共同特征，而且《工伤保险条例》第四条第三款还为用人单位设定了特殊义务"工伤职工的先行救治义务"，本案中用人单位依照该规定为第三人先行垫付了医疗费，更补强了其作为请求工伤保险待遇诉讼的原告资格。

（二）行政机关的口头答复行为是否可诉的问题。首先考察口头答复行为是否属于行政行为。行政诉讼法规定的审理对象均是行政行为，但是行政诉讼法律法规均没有对行政行为直接进行定义。法律几乎是放弃了对"行政行为"的定义，而是将由有权机关或人员作出的，与行政职权相关的行为均纳入行政诉讼法中"行政行为"的范畴，以满足行政诉讼审理实际案件的需要。② 行政诉讼法消解掉"具体行政行为"概念后，行为是否属于"行政行为"几乎不再是构成诉讼障碍的概念，其关键之处在该行为是否产生外部法

① 杨士林：《论社会保险法律关系的特点》，载《工会论坛》2010 年 3 月第 16 卷第 2 期。

② 这是部分学者的观点，笔者赞同。参见章志远：《新〈行政诉讼法〉实施对行政行为理论的发展》第一部分，载《政治与法律》2016 年第 1 期。此外，对"行政行为"进行定义，在学术界也是一件远没有达成统一的事，详见闫尔宝：《论作为行政诉讼法基础概念的"行政行为"第一部分》，载《华东政法大学学报》2015 年第 2 期。

律效力或对相对人权利义务造成实际影响，[①] 若答案是肯定的，则是可诉的。因此我们可以总结，若是行政主体，包括行政机关、法律授权的组织或行政机关委托的机关或人员作出的，行使行政职权的，产生对外法律效力或对公民、法人或其他组织权利义务造成实际影响的行为，不论其是正式的行政行为，还是口头行为，如果符合行政诉讼法律的其他规定，则该行为是可诉的。本案中，社会保险经办机构对原告“原始医疗发票丢失能否进行报销”的咨询进行答复，其答复为不能报销，在庭上依然坚持没有原始票据，申请材料都不能接受。其一，该答复是被告行使“社会保险待遇支付”职权的表现；其二，该答复内容是错误的，不符合相关规范性文件规定；其三，该答复剥夺了原告依法采取救济的权利，侵害了原告依法申请社会保险待遇的权利，对原告的权利产生实际影响，是具有法律评价意义的可诉行为。

（三）医疗票据原件丢失是否可以救济的问题。我国《会计法》第十条、第十四条规定，在办理“款项和有价证券的收付”“资本、基金的增减”等七项经济业务事项时，“应当办理会计手续，进行会计核算”，并“必须填制或者取得原始凭证并及时送交会计机构”。现实中不乏遗失原始票据的例子，对此，有人认为，发票就如同现金一样重要，丢了只能自负其责。笔者认为，原始会计凭证本质上是一种凭证，是证明交易、款向、物品流转等发生的证据，起证明作用。如果机械理解其遗失无任何救济手段，对持票人的风险过高，有时候对遗失人的过错与责任是不对称的，此外对经济正常运转、健康发展也不一定是有利的。对此，《会计基础工作规范》第五十五条对原始会计凭证遗失已经有了明确的规定。该规范性文件虽然效力位阶不高，但是并未违反《会计法》的规定，也符合财会工作的实践。即使如此，行政机关依然不愿意依照《会计基础工作规范》为原告核算工伤保险待遇。行政机关的理由为原始票据丢了还可以报销，容易危及工伤保险基金账户的安全，也会给行政机关造成极大的审核成本。笔者认为，行政机关不能以增加行政成本为由来对抗现行有效法律法规及规范性文件的规定，既然规范性文件已经出台，其成本则也已经考虑到，行政机关以增加成本为由，拒不履行，则属于违规的行政不作为，是一种懒政，理当纠正。需要说明的是，本案原告尚未

---

① 参见《最高人民法院关于适用〈中华人民共和国行政诉讼法〉的解释》第一条第二款第（五）项、第（十）项。

依照法律采取补救措施，因此其请求进行核算的诉讼请求法院也没有进行支持。

（四）行政判决对行政行为的介入程度问题。本案一审法院直接判决行政机关依照发票数额对原告进行支付，笔者认为不妥。原告并未依照规定采取补救措施，其加盖医院印章的记账联发票复印件尚不能“代作原始凭证”，因此被告还不能对其进行核算。如果原告条件齐备，法院是否就可以直接判决支付具体数额呢？对此，最高人民法院郭修江法官观点明确：“对于行政赔偿、行政补偿及社会保障金支付类等金钱给付案件，无论原告是对行政机关作出的金钱给付决定数额不服提起诉讼，还是对行政机关拒绝支付或者不予答复行为提起诉讼，人民法院在审理后认为行政机关负有金钱给付义务的，均应当查明事实后，依法判决被告限期支付特定数额的金钱，而不能不就具体给付数额作出认定，简单判决被告限期履行给付义务。之所以如此，一是金钱数额的认定人民法院具有相应的审判职权，二是只有判决具体数额，行政诉讼才能够切实解决行政争议。”① 笔者对郭修江法官以行政诉讼法立法目的为导向的行政审判思路非常赞同，司法权与行政权的分野在理论上要求明确，在实践中却难以做到泾渭分明，出于减轻当事人诉累，实质化解行政争议的目的，“司法兼理行政”几乎是难以避免的。② 但是具体到给付判决和支付判决是否应当内容具体明确的审判实践，则还需要具体分析案情。笔者认为，能够实质化解行政争议，以能够正确判决为前提，在履行判决和给付判决中，判决内容是否应当具体明确，一是考虑行政机关的行政职权，二是考虑法院的能力。在履行判决和给付判决中，如果存在履行行为和给付行为，法院经过审查该行为和行政机关提供的依据，可以确定履行的具体内容和给付的具体数额的，可以直接明确判决内容，因为行政机关已经行使过行政职权了。在不作为诉讼中，行政机关尚未作出行政行为，则法院可以依法判决履行和给付，但是其具体内容和数额应当由行政机关优先确定，这是行政权与司法权职责分工的体现。在比较专业的行政领域，即使已经存在行政行为，法院对是否明确具体履行或给付判决的内容，也当“量力而行”。本案中工

① 郭修江：《监督权力　保护权利　实质化解行政争议——以行政诉讼法立法目的为导向的行政案件审判思路》，载《法律适用》2017 年第 23 期。

② 参见喻中：《从“行政兼理司法”到“司法兼理行政”——我国“司法—行政”关系模式的变迁》，载《清华法学》2012 年第 5 期。

伤保险待遇的核算与支付，需要比照相关报销目录和药品目录，依照报销比例逐项核算。这些工作对于法院来说是超出法院能力范围的，一审法院完全依照发票面额判决支付，缺乏依据。这些专业的工作，应当由专门负责的行政机关完成，法院不能越俎代庖，因为法院不能确保正确，公正和实质解决行政争议，也就无从谈起。

（作者单位：山西省晋城市中级人民法院）

工伤认定中不确定法律概念的司法判断

——以“途中工伤”类型化案例为样本

谷昔伟

“上下班途中”作为描述性不确定法律概念具有模糊性和多义性，行政机关对《工伤保险条例》第十四条第一款第（六）项的解释适用并非自由裁量权的范畴，不享有判断余地，司法机关应予全面审查。综合运用语义学、社会学等解释方法，对绕道、未按规定时间上下班、未认定事故责任等特殊情形，结合时间、空间、目的三因素，采取“实质合理性”判断标准，除“显失合理”外，一般应认定为工伤。对合理性认定有疑义时，适用疑义判断规则，作出有利于劳动者的解释，以激励和督促更多的企业积极购买工伤保险，实现工伤保险广覆盖的价值目标。同时，注重社会学解释方法，尊重立法文本，避免造成反向不公，对“上下班途中”非交通事故伤害不予参照适用，避免过度保护个体劳动者而不当增加用人单位的负担，对用人单位和普遍意义上的劳动者造成不公平对待。

《工伤保险条例》第十四条第一款第（六）项规定，职工在上下班途中，受到非本人主要责任的交通事故或者城市轨道交通、客运轮渡、火车事故伤害的，应当认定为工伤。但由于“上下班途中”概念的不确定性，引发诸多争议，本文结合司法实践中有关“途中工伤”的典型案例，结合《工伤保险条例》《社会保险法》及最高人民法院相关司法解释、答复，探讨工伤认定中不确定法律概念具体化的判断标准。

一、“上下班途中”作为行政法问题的文本解读

法律通过语言表达相应的概念，由于语言本身的多义性、模糊性，同一个语词在不同的语境下，具有多种含义。正如“上下班途中”作为日常生活

用语，其概念较为宽泛，普通人对该概念的理解较为确定。但“上下班途中”规定于法律法规时，其概念内涵受到目的性、合理性等价值因素的制约，对该概念的理解具有不确定性。法律词语常常会有一个“含义空间”。正确地界定法律用语的含义，乃是法律解释的主要任务。①

（一）“上下班途中”限定条件的变迁

2003年发布的《工伤保险条例》第十四条第一款第（六）项规定，职工上下班途中，受到机动车事故伤害的，应当认定为工伤。该条将途中工伤的条件限定为“机动车事故”。随着我国电动车的普及，大量交通事故由电动车所导致，但电动车难以归入道路交通安全法定义的机动车之列。行政机关认定工伤时亦将电动车排除在外，但部分法院对机动车的概念进行目的性扩张，将电动车亦涵盖到机动车概念中。② 同时，通过个案的裁判将火车认定为《工伤保险条例》中的机动车。③ 由于司法个案的突破和社会发展的需要，国务院于2010年修改《工伤保险条例》，删除了限定条件“机动车”，对“途中工伤”的限制条件变为“非本人主要责任的交通事故”，同时，明确了火车、轨道交通等造成事故应当认定为工伤。

（二）司法解释中的“上下班途中”

职工未按规定时间上下班、上下班绕道接送孩子等情形，能否认定为“途中”，备受争议。2014年，《最高人民法院关于审理工伤保险行政案件若干问题的规定》发布，第六条规定了职工在合理的时间、合理的路线以上下班为目的，应当认定为“上下班途中”。该条将“途中工伤”认定的范围予以适度扩大，但对何为“合理”并不确定，需要行政机关、司法机关在个案中予以判断。

（三）最高院答复、纪要中的“上下班途中”

概念的不确定性和现实生活的复杂性，导致“途中工伤”认定的复杂性，对于疑难复杂案件，最高人民法院以纪要或个案答复形式对下指导适用。如《最高人民法院关于审理与低温雨雪冰冻灾害有关的行政案件若干问题座

① ［德］齐佩利乌斯：《法学方法论》，金振豹译，法律出版社2009年版，第30页。

② 高鸿、殷勤：《电动车事故伤害应否认定工伤》，载《法律适用》2009年第4期。

③ “再审人高荣梅诉被申请人南京市劳动和社会保障局工伤认定纠纷案”，该案一审、二审法院认定火车不属于机动车，后江苏省高级人民法院再审认定，在工伤保险条例中，火车属于机动车。

谈会纪要》（法〔2008〕139号）认为，低温雨雪冰冻灾害期间，上下班的路线，不宜只严格掌握为工作地点和居住地点之间特定的、固定的路线。只要路线没有显失合理且方向正确，一般应予认定。对于职工在上下班途中因无证驾驶机动车、驾驶无牌机动车或者饮酒后驾驶机动车发生事故导致伤亡应否认定工伤的，最高人民法院先后作出两份答复。[①] 此外，还有关于超过法定退休年龄的进城务工农民工，在工作时间内、因工作原因伤亡的，适用《工伤保险条例》认定工伤的答复。[②]

工伤保险系法律课以用人单位的强制性义务，主要目的在于保护劳动者受到工伤时从国家和社会获得物质帮助，是我国社会保险的重要险种之一，根据《社会保险法》第三条的规定，社会保险制度坚持广覆盖、保基本、多层次、可持续的方针，社会保险水平应当与经济社会发展水平相适应。“上下班途中”作为劳动者工作范围的合理延伸，纳入工伤保障的范围符合国际劳动标准，也是多数国家的政策选择。[③] 限于我国经济社会发展水平，对于职工“上下班途中”受到伤害不加区分地认定工伤，社会保险显然无法承受。同时，由于现实中个案的复杂性，尽管最高人民法院对“途中工伤”予以具体化解释，但依然争议不断。

二、基于案例的类型化梳理：司法实践中“途中工伤”的认定现状

笔者通过中国裁判文书网检索“途中工伤”案件，截至2016年7月3日，共5405件，其中，涉及交通事故的3816件。由于我国工伤由行政机关先行认定，职工或用人单位对于认定工伤不服的可以提起诉讼，即进入法院实体审理的案件只是其中一部分。可见，当前，涉及职工“途中工伤”认定问题，法院、行政机关、当事人、用人单位的认识存在较大差别。

---

① 《最高人民法院行政审判庭关于职工在上下班途中因无证驾驶机动车导致伤亡的，应否认定为工伤问题的答复》（〔2010〕行他字第182号）：“职工在上下班途中因无证驾驶机动车、驾驶无牌机动车或者饮酒后驾驶机动车发生事故导致伤亡的，不应认定为工伤。”《最高人民法院行政审判庭关于职工无照驾驶无证车辆在上班途中受到机动车伤害死亡能否认定工伤请示的答复》（〔2011〕行他字第50号）：“在《工伤保险条例（修订）》施行前（即2011年1月1日前），工伤保险部门对职工无照或者无证驾驶车辆在上班途中受到机动车伤害死亡，不认定为工伤的，不宜认为适用法律、法规错误。”

② 《最高人民法院行政审判庭关于超过法定退休年龄的进城务工农民因工伤亡的，应否适用〈工伤保险条例〉请示的答复》（〔2010〕行他字第10号）。

③ 梁三利：《取消职工上下班途中事故伤害工伤认定应慎行》，载《法学》2009年第11期。

（一）上下班途中绕道

案例1：在“杜国菊诉枝江市人社局工伤行政确认案”中，一审、二审法院认为，周某发生交通事故时离上班时间还有80分钟，且在家到宿舍途中，并非上下班途中。但再审法院认为，周某以上班为目的，从周湖村的家中出发，在单位宿舍放车、换衣服，稍作休息之后再去上班，是出于日常生活的需要，符合工人们的上班习惯，属于《工伤保险条例》中所指的“上下班途中”。[①]

（二）上下班途中存在违法行为

案例2：在“再审人高荣梅诉被申请人南京市劳动和社会保障局工伤认定纠纷案”中，再审法院认为，吕某在下班途中穿越铁路线回家的行为虽然违反了《中华人民共和国铁路法》的相关规定，但其行为目的是抄近道回家，仍属于“在上下班途中”。另被申请人也无证据证明该事故发生具有《工伤保险条例》第十六条规定的不得认定为工伤或者视为工伤的情形。[②]

案例3：在“桂阳县鸿达能源有限责任公司因人力资源和社会保障行政确认案”中，法院认为，虽然李某属于无牌、无证驾驶两轮摩托车，但并不是不予认定工伤的法定情形。[③]

（三）未按规定时间上下班

案例4：在“莱州市柞村西朱宋茂石采石矿诉烟台市人社局行政确认案”中，二审法院认为，《工伤保险条例》及相关规定并没有对“上下班途中”的概念作出明确解释，更没有将“上下班途中”限定为“正常上下班途中”“完成工作后的上下班途中”。应从《工伤保险条例》的立法目的出发，作出有利于受伤职工的解释。[④]

案例5：在“杨国平、张海清诉重庆市奉节县人社局不予认定工伤决定纠纷案”中，法院认为，杨某于法定休息日从奉节县老家返回其位于奉节县

---

① 详见湖北省高级人民法院（2015）鄂行再终字第16号行政判决书，与该案类似的有“广西合丰能源开发有限公司与被申请人来宾市人社局及原审第三人李祖权工伤行政认定纠纷案”［（2016）桂行申149号］。

② 详见江苏省高级人民法院（2010）苏行再提字第3号行政判决书。

③ 详见湖南省郴州市中级人民法院（2015）郴行终字第69号行政判决书。

④ 详见山东省高级人民法院（2015）鲁行终字第96号行政判决书。

县城的非固定居所，系探亲休假之后返回奉节县县城，其目的是为次日正常上班作准备，而不是直接返回奉节县县城其工作场所上班，故其不符合上述法律规定，不应认定在“上班途中”发生交通事故。①

案例6：在“吕某诉城固县人社局、第三人城固县供电分公司工伤认定纠纷案”中，冯某于2013年9月2日至8日轮休，9日上午十点上班，其家离单位300多公里，因晕车，冯某通常骑摩托车上班。2013年9月7日、8日，汉中大范围小到中雨，冯某于9月7日冒雨返回城固县，在途经210国道时发生交通事故，对方负主要责任。法院认为，上下班途中的合理时间，不能简单理解为用人单位考勤规定的上下班时间。上下班有一个时间区域，可能早一点，也可能晚一点，这“一点”是否合理，必须具有正当性，应结合距离、路况条件、交通工具的类型和季节气候的变化等作出客观、合理、全面的判断，遂撤销人社局不予认定工伤决定书，责令重新作出决定。②

案例7：在“申请人赵艳雷诉被申请人沛县人社局工伤行政确认案”中，法院认为，窦某虽然与其所在单位的领导宁连盛共同与外单位人员用餐，但该用餐行为并非为单位利益而付出劳动；在用餐过程中，窦某离席返回家中的行为亦不属于《工伤保险条例》第十四条第（六）项中所规定的上下班通勤行为。③

（四）未认定事故责任

案例8：在“施建新诉南通市人社局不予认定工伤纠纷案”中，法院认为，在道路交通事故一方逃逸，公安交通管理部门对交通事故责任没有明确认定的情形下，社会保险行政部门应当在调查核实的基础上，对交通事故是否属于非劳动者本人主要责任作出判断，不能以事故责任无法认定为由，不予认定工伤。④

就上述案例，绝大多数采取有利于劳动者的认定标准，对于存在疑义的，

---

① 详见重庆市高级人民法院（2015）渝高法行申字第456号行政裁定书。

② 张革胜、熊迎春：《上下班途中的合理时间确定》，载《人民司法（案例）》2015年第24期，案号：（2015）汉中行终字第8号判决。类似案件：“贵州建工集团第七建筑工程有限责任公司与黔南州人社局（以下简称黔南州人社局）、第三人陆锦兵工伤认定行政争议一案”［（2016）黔行再字4号］，该案再审法院认为，陆某周五下班后骑摩托车走高速回家团聚，具备时间合理性和行程路线合理性。

③ 详见江苏省高级人民法院（2015）苏行申字第607号行政裁定书。

④ 详见江苏省南通市港闸区人民法院（2013）港行初字第70号行政判决书。

均肯定“上下班途中”的合理性，进一步加剧了对工伤认定的扩大化和趋同化。一方面，对劳动者的倾斜保护，符合工伤保险作为社会保险的定位；另一方面，囿于我国现阶段的经济发展现状，过度保护个案中的劳动者势必损害企业的正当利益和作为普遍意义上劳动者的权利。就此，如何判断“合理性”成为当前“途中工伤”认定的难题。

三、基于不确定法律概念的解读：“上下班途中”的解释方法和判断规则

（一）何为经验性不确定法律概念

1. 法律概念分为确定性法律概念和不确定性法律概念，前者是指意思确定具有一义性的法律概念，通常只有数字时间等属于此类，而后者则是指意思不确定具有多义性的法律概念。[①] 在法律中，绝对确定的概念是罕见的。法律概念的“不确定性”可能基于概念语词的多义性。[②] 不确定性法律概念包括经验（描述性）概念和规范（价值性）概念。经验性不确定法律概念，又被称为描述性、事实性不确定法律概念，是指纯粹以现实世界中原则上可以用感官或其他方式经验化的客体作为指称的对象，如黑暗、夜间、黄昏、噪声等这种不确定法律概念通常被认为可以通过经验法则一义性解决。价值性不确定法律概念，又被称为规范性不确定法律概念，是指需要法律适用者补充评价的概念，例如，不可信赖性、公共利益、重大过失等。[③] “上下班途中”属于描述性法律概念，核心要素为上下班，外延具有不确定性。近代行政法学或行政法实务关于行政裁量与不确定法律概念的讨论上，渐有判断余地的观点被提出，认为行政机关就存在于构成要件中的不确定的法律概念之了解，有时例外地享有判断余地。对于行政机关的见解在判断余地范围内，法院对之不得审查。[④] 一般而言，对于描述性法律概念，行政机关不享有判断余地，司法机关有完全的审查权。司法审查权究其本质，在于对不确定性法律概念的价值补充，即社会学解释。

---

① 王贵松：《行政法上不确定法律概念的具体化》，载《政治与法律》2016 年第 1 期。

② ［德］卡尔·恩吉施：《法律思维导论》，郑永流译，法律出版社 2014 年版，第 133 页。

③ 王贵松：《行政法上不确定法律概念的具体化》，载《政治与法律》2016 年第 1 期。

④ 参见黄茂荣：《法学方法与现代民法》，法律出版社 2007 年版，第 269 页。

2. 经验性概念与价值性概念的区分并非泾渭分明。"人""黑暗"等"描述性概念"在根本上也当是"规范性概念"。[①] 而非纯粹的经验描述，只是对于该价值评判，是建立在社会人普遍的生活经验之上。对于可欲结果的探求，在于确定个案中符合立法目的的相对合理化结果。不确定法律概念的具体化不存在"唯一正确答案"，但不确定法律概念适用于具体个案事实时，形成唯一正确的事实判断；不确定法律概念具体化不存在"唯一正确答案"，但经由法律论证，甚至是加上裁判者的推理和想象后，使得个案的裁判结果有了"唯一正确答案"。[②]

（二）"上下班途中"的解释

法律条款的适用，最终依赖于法官的解释。赛尔修斯认为"法律解释不是拘泥于文字，而是要实现其意义和目的"。[③] 法官对行政机关具体行政行为的程序正当性和实体合法性进行审查。实体合法性审查的关键是对所涵摄条款的合理解释，将不确定法律概念的价值判断适用于个案裁判之中。法官将不确定的法律概念具体化，并非为同类案件厘定一个具体的标准，而是应"case by case"，随各个具体案件，依照法律的精神、立法目的，针对社会的情形和需要，予以具体化。[④] 综合运用多种解释方法对"上下班途中"内涵予以诠释。

1. 语义学解释。所谓语义学解释，在于从词汇的日常意义上解读，即按照普通大众对法律概念的理解。对于任何解释而言，最低限度的前提都是去澄清法条的语言意义。为了达成这一目标，就需要使用根据语文方法来进行的语义学解释。[⑤] 法律概念在不同的语境和法律关系中，其内涵并非当然一致，首先应当按照通常意义去理解。不确定法律概念首先着眼于概念的语义，以社会通用的语言规则来确定。[⑥]

2. 社会学解释。社会学解释系以文义解释为基础，当文义解释的结果，

---

① [德] 卡尔·恩吉施：《法律思维导论》，郑永流译，法律出版社 2014 年版，第 135 页。

② 尹建国：《不确定法律概念具体化的模式构建——从"唯一正确答案"标准到"商谈理性"诠释模式》，载《法学评论》2010 年第 5 期。

③ [德] 伯恩·魏德士：《法理学》，丁晓春、吴越译，法律出版社 2013 年版，第 277 页。

④ 杨仁寿：《法学方法论》，中国政法大学出版社 2013 年版，第 186 页。

⑤ [德] 乌尔里希·克卢格：《法律逻辑》，雷磊译，法律出版社 2016 年版，第 207 页。

⑥ 参见王天华：《行政法上的不确定法律概念》，载《中国法学》2016 年第 3 期。

有复数解释的可能出现时，苟不超出文义，均为合法之解释。究以何者为当，非属理论认识的问题，而系政策性之问题，偏重于社会效果的预测及其目的之考量。[①] 工伤认定向劳动者适度倾斜的社会政策和司法向前看的特质，有利于释放对社会有益的价值信号，激励企业购买工伤保险以降低经营风险。但同时，也应当考虑我国当前的经济社会发展现状，不应过度扩大"途中工伤"认定范围，不当损害企业的合法权益。

3. 目的解释。目的是内在的生活和被掩盖的灵魂，但它却是一切权利的源泉。[②] 法律制定于现在而适用于未来，其间，政治、经济和社会情况可能会发生很大变化。社会状况和价值观的改变，必然产生旧的法律规范如何适应新的现实的问题。[③] 如前文所述，我国工伤保险立法目的是"使公民共享发展成果，促进社会和谐稳定"。申言之，由于我国经济发展水平的制约，国家对职工的社会保障有限，工伤保险要尽量维护职工的合法权益，将"上下班途中"作为工作的合理延伸。

4. 历史解释。又称法意解释，指探求立法者制定法律时所作的价值判断及其所欲实践的目的。探求法律在今日法秩序的标准意义（即今日的规范性意义），同时考虑历史上的立法者的规定意向及其具体的规范想法，而不是完全忽视它，才能确定法律在法秩序上的标准意义。[④] 在一定程度上，每个法律解释都有其时代性。法律解释意义上的"正确"，不是指永恒不变的真理，而是指此法秩序于此时的正确性。[⑤]《工伤保险条例》修改后，取消了"机动车"这一限制性条件，将"途中工伤"认定情形予以扩大适用，符合立法者的本意，但是，也不应当超越立法时的时代背景，不当扩大工伤认定范围，将"途中工伤"扩大到非交通事故伤害情形。

（三）"上下班途中"的判断标准

给予决定的理由是正常人的正义感所要求的。这也是所有对他人行使权力的人一条健康的戒律。[⑥] "上下班途中"概念的核心为"上下班"，对于途

① 参见杨仁寿：《法学方法论》，中国政法大学出版社2013年版，第180页。
② ［美］本杰明·卡多佐：《司法过程的性质》，苏力译，商务印书馆2000年版，第88页。
③ 伍劲松：《行政法上不确定法律概念之解释》，载《广东行政学院学报》2010年第6期。
④ ［德］卡尔·拉伦茨：《法学方法论》，陈爱娥译，商务印书馆2003年版，第219页。
⑤ 参见［德］卡尔·拉伦茨：《法学方法论》，陈爱娥译，商务印书馆2003年版，第196页。
⑥ ［英］威廉·韦德：《行政法》，徐炳等译，中国大百科全书出版社1997年版，第193页。

中受到伤害能否认定工伤，属于价值判断问题，在个案中，应确定案件事实是否落入概念范围。

1. 实质合理性标准。所谓实质合理性，就是在判断合理性时，考量是否属于明显不合理即明显有违生活常理，如案例7。就“途中工伤”而言，行政机关根据法律法规的规定，作出评判后，由司法机关对其形式合理性和实质合理性进行全面审查。根据最高人民法院公布的34个典型工伤认定案例的实证分析，法院在认定工伤案件的裁判中，按照“恪守立法意图”“合乎生活情理”和“适应社会需要”三项进行审查和阐释说理，较好地处理司法独立审查、尊重行政判断和有效保障私权三重关系。[①] 该三项即实质合理性标准的具体内容。

2. 疑义判断规则。在保险法领域，对保险格式条款存在两种理解时，作出不利于保险公司的解释，该规则为保险法中的不利解释规则，也称为疑义利益规则。如此规定，在于保险人系保险合同的制定方，相对于保险人而言，被保险人无论在话语权还是对保险条款的专业判断上均处于弱势。在“上下班途中”理解存在不确定性时，一般而言，相对于用人单位和行政机关，职工处于弱势地位，且工伤保险作为社会保险，对职工的适度倾斜符合《工伤保险条例》的立法目的，有必要借鉴“不利解释规则”，构建工伤认定中的“疑义判断规则”，即对“上下班途中”有两种不同解释，且两种解释均具有相当合理性时，作出对职工有利的判断。

3. 避免反向不公原则。在社会中，劳动者处于相对弱势地位，故在工伤认定时，对劳动者适度倾斜以彰显公平，但过度倾斜会导致对用人单位的实质不公平，即反向不公。当前，我国工伤保险缴费率偏高，覆盖率尚未达到理想状态。一旦在司法实践中过度保护劳动者，将导致行政机关或一审法院出于趋利避害的本能，对本不应当认定工伤的也会“违心”予以认定，造成工伤保险基金的不当使用，对用人单位不公，进而导致部分小企业难以生存，影响社会底层劳动者的就业，增加社会不稳定因素，有悖《社会保险法》的立法初衷。且我国工伤保险所保护的劳动者，并非个案中的个别劳动者，而是普遍意义上的劳动者，对个案中不具备工伤认定条件的劳动者认定工伤，损害的是社会整体利益和普遍意义上劳动者的权益。

---

① 参见章志远：《工伤认定行政法规范解释的司法审查》，载《清华法学》2011年第5期。

四、基于案例的延伸解读："途中工伤"类型化的具体分析

说到底，"确定性"和"自主性"都不是法律和司法固有的性质，而是公众对法律和司法的一种要求。[①]"上下班途中"作为不确定性法律概念，应当结合个案予以判断，既要考虑立法时的时代背景，也要考量社会发展因素导致的概念变迁。比如，临时性加班途中，在劳动者提出初步合理性证据后，用人单位没有证据推翻的情形下，应当认定为"途中工伤"。[②]

1. 上下班途中的绕道行为。考察合理性时，根据目的解释，即是否主要目的为上下班，绕道是否基于生活需要，如果在上下班途中接送孩子、配偶或者买菜，一般认定为日常生活所需，符合人之常情，对于该类情形一般认定为工伤。但需要把握的是方向性问题，即接送或者买菜与上下班在同一方向或不过分偏离，除非有证据证明该类绕道显非合理，否则都应当认定为"途中工伤"。[③] 但如果是绕道接送同事或者与他人拼车绕道，则应当严格界定，对于距离较近的绕道，即便是办私事，如去100米外的银行取款或书店还书等，属于德国法中的"微不足道的中断"，亦应认定以上下班为主要目的。

2. 上下班途中的违法行为。尽管最高人民法院行政庭曾两次答复职工无证驾驶等违法行为不予认定工伤，但案例3的结论截然相反。实际上，结论相反并不代表必然有一个错误。英国思想家柏林认为，价值一元论的思想根源在于它所谓的"爱奥尼亚谬误"，这一术语表示了一种为千差万别的事物寻找统一尺度的无望的努力。其核心观念是所有问题都必然有唯一正确的答案，并且正确与错误之间的区别原则上是清晰可辨的。[④] 最高人民法院行政庭的两份答复基于修订前的《工伤保险条例》作出。2003年的《工伤保险条例》将违反治安管理规定为工伤认定的除外情形，无证驾驶涵盖其中，而

---

① 桑本谦：《理论法学的迷雾——以轰动案例为素材》，法律出版社2015年版，第80页。

② 顾建兵、曹俊：《因公外出遇车祸身亡 未被人社局认定为工伤——法院：撤销不予认定工伤决定书》，载《人民法院报》2015年1月1日第03版。

③ "南通博杨汽车配件有限公司因劳动、社会保障行政确认案"，江苏省南通市中级人民法院（2016）苏06行终9号。法院认为，赵某下班途中有城东菜场，但其选择绕道前往海产品比较新鲜，种类齐全的通源市场买菜，合乎日常生活常情。

④ 参见甘阳：《柏林与后"自由主义"》，载《读书》1998年第4期。

2010 年修订后的《工伤保险条例》明确了犯罪、醉酒等几类情形不予认定工伤，删除了“违反治安管理”。所以，2011 年之后，无证驾驶等违法行为应当受到相应的行政处罚，但不影响工伤认定。正如案例 2，吕某穿越铁路回家违反了铁路法的规定，该违法行为不属于工伤认定的除外情形，与工伤认定系不同的法律关系。

3. 上下班“合理时间”的判断。有观点认为，提前上下班如果履行了请假手续，可以认定工伤，但擅自迟到早退，不应当认定工伤。对此，应当立足于体系解释，我国《社会保险法》第三十七条、《工伤保险条例》第十六条规定，故意犯罪的、醉酒或者吸毒的、自残或者自杀以及法律法规规定的其他情形不予认定或视同工伤。《工伤保险条例》中的“上下班途中”并没有“正常的”等限定性词汇，理应包括职工加班加点后上下班途中时间以及因合理事由引起变动的上下班时间等情形，如上班期间擅自外出看病、提前回家等提前离岗途中发生事故。① 基于《工伤保险条例》中用人单位单方责任和无过错责任的立法原则，原该类提前上下班情形不影响工伤认定，除非用人单位或工伤认定机构有证据证明提前上下班显非合理。同时，一般的违法行为尚可认定工伤，举重以明轻，对于仅仅违反公司规章制度的行为不应当成为工伤认定的障碍，用人单位亦不得通过合同约定的形式对该权利予以排除。案例 5、案例 6 情形相似但结论不同，但案例 5 中，之所以没有认定工伤，主要是提前上班的合理性因素没有案例 6 充分，即案例 5 与案例 6 实际上是有区别的。对于下班后与工作无关的聚会，偏离了“上下班途中”的立法目的，不属于工伤认定的范围。但对于为了工作的应酬，如陪同客户吃饭等行为，只要其从聚会地点到家具有连续一致性，属于“上下班途中”。

4. 交通事故责任无法认定。“途中工伤”认定的前提为非本人主要责任，对于部分交警部门无法认定事故责任的情形，行政机关不应当一律驳回职工的工伤认定申请。《工伤保险条例》第十九条第二款规定：“职工或者其近亲属认为是工伤，用人单位不认为是工伤的，由用人单位承担举证责任。”案例 8 中，肇事者逃逸致使事故责任无法认定，但并无证据证明受害人负事故的主要责任，行政机关不予认定工伤，显然将逃逸者的过错强加给受害人，因

① “孔宪俊诉镇江市丹徒区人力资源和社会保障局劳动和社会保障行政确认再审案”，江苏省高级人民法院（2012）苏行再提字第 2 号。

为导致事故责任无法认定的原因不在于受害人，劳动保障部门应当予以调查核实，如没有证据证明劳动者负有重大过错承担主要责任时，应当认定工伤。据此，“上下班途中”限定条件由机动车扩展到所有的车辆和行人，在职工上下班途中被狗撞、撞树、掉坑等意外事故、单方事故中，也不应当当然否定工伤认定。

不确定法律概念之功能，在于使法院能适应社会经济及伦理道德价值之变迁，而使法律能与时俱进，以实践其规范功能。① 但是，“途中工伤”认定标准的降低，并不意味着“上下班途中”非交通事故如飞机失事、遭人殴打等造成的伤害也应当纳入工伤认定的范畴。有观点认为，随着社会经济的发展，对于该类情形应当参照认定工伤。但该观点显然超越了“途中工伤”认定的语义范围，仅仅考虑到工伤保险目的解释的一个方面，而无视我国经济社会发展现状，违背体系解释、历史解释原则。法律适用者必须检验他面临的“问题”是否并且怎样在法律秩序的某一领域中得到规定。他的目光将在事实与法律秩序的相关部分之间来回穿梭。② 《工伤保险条例》第十四条第（六）项规定明确，即交通事故以及城市轨道交通、客运轮渡、火车事故，对于其他情形的类推适用，尽管与工伤保险的立法目的不悖，却超越了司法机关的职权，破坏了实证法的安定性。

正如拉德布鲁赫公式所言，“透过立法和权力所确立的实证法，即便其内容不正义或不合目的，仍然具有优先性，除非实证法和正义之间的冲突达到不可忍受的程度，以至于实证法成为‘不正确的法’而必须向正义让步”。③ 至于已经达到退休年龄的进城务工农民工，最高人民法院的答复认为在工作时间、工作地点受到伤害的，可以认定工伤，亦应包括“上下班途中”。原因在于我国退休制度适用于机关、企事业单位的职工，而农民工并无退休待遇，以退休年龄限制农民工享受工伤待遇，属于不当的体系解释。进城务工农民工在上下班途中受到伤害，应当适用《工伤保险条例》第十四条第（六）项认定工伤，不属于类推适用。

---

① 杨仁寿：《法学方法论》，中国政法大学出版社2013年版，第185页。

② ［德］伯恩·魏德士：《法理学》，丁晓春、吴越译，法律出版社2013年版，第285页。

③ ［德］罗伯特·阿列克西：《法概念与法效力》，王鹏翔译，商务印书馆2015年版，第28页、第29页。

五、结语

综上，对于“上下班途中”，应当以时间、空间、目的三要素为核心，立足于法律法规的具体规定，综合运用法律解释方法，作出符合文本和立法目的的解读，在不超越当前经济社会发展现状的基础上，保障劳动者的合法权益，谨慎适用类推或目的性扩张，避免过分扩大工伤认定的范围。对行政机关工伤认定的审查，既要注意司法与行政的合理分工，对行政机关在自由裁量范围内的工伤认定予以充分尊重，又要以“实质合理性”标准和疑义判断规则，兼顾避免反向不公原则作出符合社会公众期待的司法裁判。

当前，对“上下班途中”的宽松认定逐渐得到行政机关和司法机关的认同，其深层次的价值目标在于激励和督促更多的企业购买工伤保险，实现工伤保险广覆盖。但是，我国工伤保险费率过高、企业负担较重，不当扩大工伤认定范围，过度保护个体劳动者，将导致部分小企业不堪重负，造成对企业和普遍意义上劳动者的不公平对待，缺乏正当性，不利于社会整体的和谐稳定。国家应根据社会经济的发展逐步降低工伤保险费率，减轻企业的用工成本和风险，充分发挥工伤保险的社会保障功能。

（作者单位：江苏省南通市中级人民法院）

行政执法

实施“以公开为常态、不公开为例外”中遇到的瓶颈和路径

张庆广

对于公开来说，“以公开为常态、不公开为例外”已是当下人们常用的词汇之一。立足于推进政府信息公开、政务公开，党务公开、政府数据开放共享，沿着各自不同的语境和逻辑理解“以公开为常态、不公开为例外”，其结果可能是对公开范围和程度的莫衷一是，这极易导致社会多方产生误解，以致严重影响公开发展的进程，使得公开欲达到的目的大大打折，还会导致“沉默的大多数人”对政府公信力产生怀疑、失望，严重影响公开发展的进程。如何认识和理解这句话是影响和制约信息公开范围和程度的关键因素。笔者认为，如果对这个“纲”的问题解决好了，就能起到“纲举目张”的作用。

一、“以公开为常态、不公开为例外”的渊源

《中华人民共和国政府信息公开条例》（以下简称《条例》）的颁布是我国政府法制建设进程中具有里程碑意义的一件大事，作为第一部有关信息公开的行政法规，其作用有目共睹，但《条例》中并没有“以公开为常态、不公开为例外”的表述。在我国，“以公开为常态、不公开为例外”最早见于中共中央办公厅、国务院办公厅印发的《关于深化政务公开加强政务服务的意见》，该意见明确政务公开的方式、手段、流程等应当“以公开为原则，

不公开为例外”。不过，在世界范围内，“以公开为常态、不公开为例外”源于美国。从美国的信息公开制度发展脉络来看，是一个逐步推进的过程。最早规范的是《管家法》，文件是否公开，在没有其他法律规定时，由行政机关长官自行决定，公开的模式完全是行政权主导。随着民主的进步发展，1946年制定的《行政程序法》规定，公众有权得到政府文件，但同时要有限制，政府可以采取“公众利益”“国家安全”等理由拒绝公开文件，这时信息公开制度已从行政权控制的非民主的理念模式转变为一种信息应该公开的模式，与现代民主、法治的理念相吻合。1966年制定的《信息自由法》在规范上已有了质的飞跃。其明确政府信息“以公开为常态、不公开为例外”的原则，取消了“公众利益”“正当理由”等模糊概念，规定国防和外交政策信息等九项明确列举的不公开事项。九类例外信息有：保密文件，机关内部人事规则与制度，根据其他法律作为例外的信息，商业秘密与商业、财务信息，政府的内部联系，个人隐私，执法文件，金融制度和地质信息。

很多国家及地区政府信息公开的立法，基本上都受到美国《信息自由法》的影响，多是以列举方式规定不公开信息的内容，主要涉及国家秘密、部分个人信息、商业秘密、可能损害国际关系的信息、可能损害行政或者刑事执法的信息、处于审议过程中公开可能影响正常决策或者造成社会不必要混乱的信息等，一般不规定主动公开的范围。但政府机关负有举证责任，证明不公开的材料属于例外。英国共列举了23项不公开信息，其中包括无条件的不公开信息和有条件不公开信息。所谓无条件的不公开信息是指无须行政机关进行利益衡量而绝对地免除其公开义务的信息；所谓有条件不公开的信息则是在决定不提供之前，必须进行公共利益检验程序，只有当不公开所获得的利益大于公开所获得的利益时，才可以不提供。

二、“以公开为常态、不公开为例外”在《条例》中的体现

目前，《条例》和政府信息公开工作中有没有秉承或者体现“以公开为常态、不公开为例外”原则，学者的观点亦不一致，主要有三种说法。第一种说法主张和认为《条例》实行政府信息公开范围的原则，是“以公开为常态、不公开为例外”原则。《条例》虽然没有像国外政府信息公开立法明文规定“以公开为常态、不公开为例外”原则，却从两个方面保证和体现了这

一原则。一方面，《条例》规定了主动公开的基本要求和公开的内容，规定了各级政府主动公开政府信息的重点，还规定了公民、法人和其他组织可以依法申请公开的信息。另一方面，规定了政府信息涉及国家秘密、商业秘密和个人隐私的不能公开，除此之外，都可以公开。持这种说法的人不在少数。第二种说法认为，政府信息公开范围的原则是依法公开原则，不是“以公开为常态、不公开为例外”。《条例》并没有规定“以公开为常态、不公开为例外”。无论从文字、逻辑还是从精神、发展阶段等方面看，都没有确立以公开为原则的内容。第三种说法认为，当代各国在信息公开制度上，通常将“以公开为常态、不公开为例外”作为一项默认原则。我国政府信息公开制度，从制度设计、法律逻辑到例外信息的明确性以及举证责任的分配上，都与作为原则的“以公开为常态、不公开为例外”在内容上存在冲突，在逻辑上存在不一致的情形。

第一，“以公开为常态、不公开为例外”原则与《条例》中的法律逻辑不吻合。就我国政府信息公开范围来说，列举法是指行政机关在界定信息公开例外范围时，详细列举出哪些信息是信息公开的例外事项。列举法分为肯定列举法和否定列举法。概括法是指法律对政府信息公开例外范围进行简单的概括，划定大致的范围，概括法也分为肯定法和否定法。

对于我国政府信息公开范围，《条例》采取肯定列举方法，第九条规定，下列信息应主动公开：涉及公民、法人或者其他组织切身利益的；需要社会公众广泛知晓或者参与的；反映本行政机关机构设置、职能、办事程序等情况的；其他依照法律、法规和国家有关规定应当主动公开的。这是列举行政机关应主动公开的四个方面。第十条至第十三条是列举了政府及其部门应重点公开的23类范围。而对于不公开范围，《条例》采取的是否定概括方法。第八条规定：“行政机关公开政府信息，不得危及国家安全、公共安全、经济安全和社会稳定。”第十四条第四款规定：“行政机关不得公开涉及国家秘密、商业秘密、个人隐私的政府信息。但是，经权利人同意公开或者行政机关认为不公开可能对公共利益造成重大影响的涉及商业秘密、个人隐私的政府信息，可以予以公开。”《条例》对公开范围采取肯定列举法，而对不予公开范围采取否定概括法。按照“以公开为常态、不公开为例外”的原则进行推理，对不予公开的信息必须采取明确列举的方式，不能采取概括的方式，否则会背离“所有的政府信息都应公开”这一前提，公开的前提是不能有任何限制的，也不需要采取列举或概括的方式来公开有关内容或范围，除非有例外事项。可见，《条例》的制度设计和“以公开为常态、不公开为例外”的原则在法律逻辑上有不吻合、欠周延的地方。

第二，《条例》中“例外信息”不明确、不具操作性。“以公开为常态、不公开为例外”原则是现代信息公开制度普遍的理念，也就是说，信息公开的范围是所有的信息，那些免予公开的例外。从方法论的角度来说，这一原则的落实，必须解决好“不公开为例外”。如果作为例外的不公开信息的范围“模糊不清”，则“公开为原则”很大程度上将受制于飘忽不定的“不公开为例外”，而无法具有操作性和实效性。如果“不公开为例外”的信息不清晰、不确定、模棱两可，那么“公开为常态”信息的广度和深度则无法确定。《条例》中的“例外信息”有国家秘密、商业秘密、个人隐私，行政机关不得公开涉及这三方面的政府信息，同时，《条例》第八条规定：行政机关公开政府信息，不得危及国家安全、公共安全、经济安全和社会稳定。这是要求行政机关在推行政府信息公开时，要防止因公开不当，对行政机关管理工作产生不良影响，也要防止为不法分子利用。商业秘密和个人隐私如需公开，是须当事人同意公开，或行政机关认为不公开可能对公共利益造成重大影响才可公开。如果这三种“例外信息”和“三安全和一稳定”信息有明确法律界定，则便于行政机关在实践中掌握和操作，但是目前这三种“例外信息”和“三安全和一稳定”信息的现状是：新修订的《保守国家秘密法》已于2010年10月1日施行，但现实中如何把握保密范围、工作人员定密权的规范化、解密的及时性等问题还需完善，有的文件虽未解密，但相关文件纪要已公布，使行政机关在公开工作中感到尴尬。虽然人民法院对于商业秘密、个人隐私有最终的裁定权，但是关于商业秘密有很多规定，也多是在《刑法》《反不正当竞争法》和《关于禁止侵犯商业秘密行为的若干规定》等与信息公开没有直接关系的法律规范中予以体现，我国至今还没有一部具有权威性的法律对商业秘密作统一规范。由于个人隐私的界定还没有相关的法律依据，无论是行政机关还是司法系统也都没有统一的、明确的法律依据可以适用或解释。由于“三安全和一稳定”的信息不是确定的法律概念，所涵盖的信息范围又过于宽泛，同时与国家保密制度之间又有竞合之处，这给判断的行政机关和判定的司法机关都带来麻烦。

第三，举证责任的分配不便于行政机关操作和法院判决。包括政府信息公开在内的行政诉讼，被告负担举证责任是一项基本原则，因为申请人不知道所申请的信息的性质内容，只有具有主导权的行政机关才有责任、有义务判断信息是否公开、谁来公开、何时公开、公开到什么范围和程度、以什么形式公开等问题。因此，行政机关也应当承担不予公开的证明和举证责任。美国《信息自由法》对举证责任规定为，"行政机关拒绝提供文件时，必须举证证明拒绝的正当性质"。即使对于裁量性政府信息，原则上都要公开，如果政府不公开，必须举证证明公开信息将产生的危害，说明不公开的理由，在无法判别政府信息是否应当公开时，推定这些信息属于必须公开的范围。如果政府不能作出令人信服的解释或举证，法院则可裁定信息予以公开。根据日本《行政机关拥有信息公开法》的立法精神，举证责任也是由行政机关承担。

《最高人民法院关于审理政府信息公开行政案件若干问题的规定》第五条第六款规定："被告以政府信息与申请人自身生产、生活、科研等特殊需要无关为由不予提供的，人民法院可以要求原告对特殊需要事由作出说明"，目的是，"为遏制和避免已经出现的滥诉现象，依照《行政诉讼法》的规定将原告资格限定为权益受到侵害的人或者利害关系人。资源和司法资源的过度浪费，在我国现阶段需对申请特殊需要作出说明或进行限制的规定；对于《条例》所规定的'公开为原则，不公开为例外'，司法解释对于不予公开的情形也作了适度限定"。有的政策文件要求："行政机关对申请人申请公开与本人生产、生活、科研等特殊需要无关的政府信息，可以不予提供。"有些国家高级保密信息，标题和内容融为一体，如果行政机关答复申请人时，简单回答有没有、存在不存在，都可能造成泄密，为防止高级保密信息泄露，这种要求也是《条例》实施初期的有效办法。但从举证责任分配来看，把由原告或行政机关举证的责任交由被告或由于保密原因作出"不予提供"的办法，显然与现阶段举证责任分配的做法和"以公开为常态、不公开为例外"原则的内在要求是有出入的。

三、"以公开为常态、不公开为例外"在实践中的困境

首先，"灰色信息"无所适从。现实中，有学者把三种"例外信息"作为禁止公开信息，称之为"黑色信息"，把23类必须公开的信息称之为"白

色信息”。政府信息并不是“非黑即白”，这中间还有一大部分既不属于禁止公开信息，也不属于必须公开的信息，被称为“灰色信息”，如行政机关正在讨论、研究或者审查过程中的信息，有些涉及宗教、民族方面等的信息。按照“以公开为常态、不公开为例外”原则的制度模式推理，除国家秘密、商业秘密和个人隐私这几类“黑色信息”外，没有列出不公开事项的“灰色信息”势必也要公开，实践中这些信息还没有梳理规范，更没有颁布相关例外事项的判定标准和司法救济规定，如简单作公开或不公开处理，会出现不宜公开的“灰色信息”与法定公开的“白色信息”混淆、公开的范围扩大化的乱象。

其次，单一做法会给社会多方带来误解，容易产生纠纷。如果简单理解“以公开为常态、不公开为例外”原则，除国家秘密、商业秘密和个人隐私的信息都公开的话，在现有的情况下，申请人会按照各自对《条例》的理解向行政机关提出各种各样的申请，出现“一千个读者就有一千个哈姆雷特”的现象。例如，对“灰色信息”的申请，行政机关也容易出现“左”或“右”的情况：一是不顾及保密法等法律法规规定，认为公开高于保密而过度公开；二是将大量不好辨别、难以处理的复杂信息进行简单化，常见的理由有“信息不存在”“影响社会稳定”“涉及国家秘密”等语焉不详的说法。现有很多行政机关在信息形成之前确定属性时，把不好把握的信息放到依申请公开的类别中，信息属性的确定可从公开性质的角度划分为必须公开、禁止公开和待定公开。主动公开和依申请公开是《条例》规定的两种公开的方式，主动公开是行政机关对不特定的大多数人的公开，可谓“点对面”的公开，依申请公开是行政机关对特定人的公开，可谓“点对点”的公开，属性的确定和公开的方式不是一个划分维度。由于理解的错位，导致把握例外信息的偏差，这也给行政机关处理依申请公开带来后续的麻烦和诉讼争执纠纷。长期如此，申请人的需求超过《条例》立法本意，而行政机关又无法满足这些需求，导致行政、司法资源的进一步浪费，成本不断加大，申请的“需求”和答复机关的“供给”之间形成的“压差”也会越来越大，纠纷越来越多，尤其是在政府信息公开初期阶段，绝大多数行政机关或单位还没有对《条例》实施前的历史信息进行清理，缺少对“家底”的掌握，在政策上对历史信息和可公开时间段的理解也缺乏相对统一的认识和规定。在没有对历史文件进行解密时，公开就没有依据，如何处理1988年《保守国家秘密法》

施行前尚未清理的政府信息和解密公开从何时起算，更是令行政机关和司法机关“头痛”和难解的问题。

最后，法律法规之间的冲突，以及依据的不足使行政执法和司法审判遇到瓶颈。按照立法的一般规律，应先修改位阶高的保密法、档案法，然后再制定《条例》，由于种种原因，当下是在相关法律尚未修订的前提下，先制定和实施了《条例》，而后按照信息公开精神修订保密法，目前新修订的《保守国家秘密法》及实施办法在公开内容上已和《条例》衔接，但现有的档案法及其实施办法等法律法规尚未在内容上和《条例》衔接。内容上的冲突最明显的表现就是《档案法》与《条例》之间的矛盾。例如，《档案法》第一条明确规定：“为了加强对档案的管理和收集、整理工作，有效地保护和利用档案……”它传递的意思就是，《档案法》的首要作用是对档案的保护和管理，而不是档案的利用。在《条例》“单兵突进”时，其他法律法规在内容上还没有很好地与之衔接，如果简单机械理解“依法公开”就会在上位法中找不到相应的法条，在未修订的法律法规中找到的法条或是过时条文，或是无法解释《条例》实施后出现的新情况。

无论是在行政执法还是在司法审判的过程中，都出现了许多需要进一步明确和规范的地方。一方面，从司法角度看，我国与信息公开有关的法律法规和规范性文件较多，且规定较为原则，法官选择裁判依据时存在一定困难，加之法院内部对政府信息公开相关概念的认识不一，有时出现“同案不同判、同法不同解”的现象。而司法裁判对信息公开的发展具有重要影响，裁判的不统一又容易使行政机关在执法时无所适从。另一方面，从执法角度看，行政机关始终处于被动、防御的角色，对公民、法人或者其他组织的公开申请，行政机关必须“有问必答”，否则构成“不作为”。在执法依据不明确，行政自由裁量权不确定的情况下，答复时常面临政治、法律、舆论的风险。

四、真正实现“以公开为常态、不公开为例外”原则的可能路径

第一，现阶段既要把“以公开为常态、不公开为例外”作为原则加以具体要求，更要作为理念加以倡导，按照指导思想去引领，作为目标努力推进。随着《条例》实施的深入，政务公开的全面推进，“以公开为常态、不公开为例外”的理念正在逐步代替“不公开是常态，公开是例外”，也越来越为

公众所接受，这也是世界趋势。按照这个目标设计思路，做好顶层设计、中层考虑、基层安排，向着一个可持续发展的路径发展，争取早日让原则在现实中实现，这应该是众望所归的事情。毫无疑问，根据这种理念，行政机关需要先转变传统观念，对属于《条例》规定公开的信息采取积极公开的态度，对已具备公开条件的还没有开展信息公开的单位尤为提倡，对暂不具备条件的单位，可采取创造条件的办法。

第二，按照现有国情积极推进。三权分立体制下的联邦政府所负责的事务是有限的，如外交、国防、邮政、货币政策和州与州、邦与邦之间的事务等。我国政府职责是由承担无限责任转向有限责任。目前，政府履行职责的定位是经济发展、市场监管、社会管理和公共服务，这里面包括经济、社会管理、文化等多方面，所制作或获取的政府信息要比三权分立体制下的联邦政府信息范围广泛得多，复杂得多。“以公开为常态、不公开为例外”作为一种原则和现有的制度设计不吻合，现有国情还未达到“以公开为常态、不公开为例外”原则所应具备的条件。笔者认为，政府信息公开范围和程度是随着经济社会的发展而逐步推进的过程，是一个系统工程，目前最重要的是要修正简单理解“以公开为常态、不公开为例外”的原则，回归到其是一种理念或目标加原则的思路上来。现阶段要充分考虑我国社会主义初级阶段所面临的政治和社会发展现状，不可脱离中国实际情况，超越现有阶段去做将来之事，更不宜完全照搬西方模式。在观念上牢固树立公开为原则的指导思想。目前，影响、制约行政机关的因素有社会多方，如司法系统、立法机关、学界、媒体和申请人等。而主导和推进公开的主体则是各级人民政府办公厅（《条例》第三条、第四条的规定），如何使应公开的信息最大化公开并得以充分公开，不公开信息最小化，并防止过分扩大不公开的信息范围，是政府信息主管部门下一步重点思考的课题。

第三，根据我国现阶段政府信息公开现状，建议分三个阶段进行稳妥推进。第一阶段，行政机关应加大夯实基础力度。对逐步公开的范围制定推进时间表，当务之急是对历史信息进行解密公开的清理工作，对新制作信息要制定规范公开流程。现阶段原则可为：对有明确要求的涉及民生的应主动公开的政府信息，要大力推进。对依申请公开中涉及历史的、政治的信息或模糊、暂时没有厘清的概念不作宽泛的解释和认定，采取狭义的理解方式。行政机关在适用法律法规时，可作限制性解释。第二阶段，立法机关在条件成熟时及时修订与政府信息公开内容相冲突的相关法律法规。尽快将《档案法》《统计法》《国家安全法》《保守国家秘密法实施条例》等法律及相关的实施办法重新修订后，形成合纵连横、互相配合的政府信息公开法律体系，使立法、司法、执法在制度设计中形成运作有效的解释、统一协调机制。随着十八大四中全会对政务公开工作作出了新的部署，国务院对政务公开提出了新要求，政务公开面临由单一公开转变为公开、解读、回应、应用等多位联动的公开，从政府信息的结果公开扩展为行政行为的决策、执行、管理、服务、结果全过程公开，政务公开已成为一项贯穿整个行政运行过程的具体工作。第三阶段，在各方面条件成熟时，将政府信息公开提升为法律位阶，并把“以公开为常态、不公开为例外”作为原则加以具体要求，真正实现作为原则内在要求“以公开为常态、不公开为例外”。

解决在政府信息公开中实施“以公开为常态、不公开为例外”遇到的瓶颈，也会为党务公开、政务公开、政务服务和政府数据开放与共享等相关公开中遇到的相似问题提供借鉴和帮助。

（作者单位：国务院办公厅政府信息与政务公开办公室）

域外撷英

法国行政法判例对法规范的影响：创造、解释抑或破坏?[①]

Jacques PETIT 著[②] 陈天昊译[③]

在法国，判例长期以来都是行政法规范的最主要创造者，而且由判例创造的行政法规范也被普遍认为拥有良好的品质，至少在行政法学者眼中如此。这一判断显然以某种对于行政法规范之良好品质的特定理解为前提，对此将在下文进一步解释。在今天，判例作为法规范创造者的地位虽未完全消失，却也日益弱化：由于行政法领域内成文法的发展，判例日益表现为对成文法规范的解释。此种地位的转变似乎与对于何为良好品质之行政法规范的理解的转变相勾连。而对于判例对法规范的破坏性影响，笔者认为此点无法与判例的创造性影响及解释性影响相分离。

下文将依次分析这三种影响：

I

判例对法规范的创造性影响应该是最为人们所熟知的：如 Pierre Legendre

---

① 本文源于2014年11月13日在波尔多大学召开的“判例与法规范品质”研讨会上的发言。作者感谢研讨会的组织者授权本文的发表。

② 雅克·博迪（Jacques PETIT），法国巴黎二大公法学教授，雷恩一大公法学与政治学研究中心成员。

③ 陈天昊，湖北荆州人，法国波尔多大学公法博士研究生，本文的写作获得了教育部国家留学基金的支持。

所言[①]，历史地来看，法国行政法表现为一种“罗马式的探索”，换言之，其属于判例法。本质而言，法国行政法正是以最高行政法院的判例为基础构建起来的。行政法的所有根本性概念都由最高行政法院的判例所确定（比如，行政合同概念、公共服务概念、公产的概念、公务员的概念等）；与这些概念相关的法律制度，至少它们的根本原则，也同样是由最高行政法院的判例所规定（比如，行政合同的一般理论、行政损害赔偿的基本原则等）。与行政法一样，行政诉讼法的每个章节也都是由最高行政法院锻造而成：如果我们将民事诉讼法视为“教授法”[②]，行政诉讼法就是“法官法”[③]。这虽不意味着成文法（特别是法律）在行政法中完全缺席，但长期以来成文法并未调整行政法的主体部分，而只是对个别的特殊情况进行规范。可见，行政法的判例法属性源于它的结构，在该结构中“一般法由判例创造，立法仅制定特殊法”[④]。

最高行政法院的判例在行政法构建中占据核心地位，这一点并非出于偶然：它的核心地位是由行政法的内在本质所决定的。如 François Burdeau 所言[⑤]，行政法在本质上源于当政者的小盘算：他们很明白让行政机关服从某种规则的约束符合自身的利益，因为没有约束就会导致行政权的滥用，而行政权的滥用则会最终导致行政相对人难以忍受。可见，行政法之初衷其实在于让行政权更为审慎地实施：其以公共利益之名将行政特权神圣化，同时又对其施以约束以防止权力越界并保障个人权利。因此，行政法必须由参与该权力的实施从而非常了解其需求的机构来制定。最高行政法院就是这样的机构。既是政府的顾问，又身兼法官角色，最高行政法院其实是“深浸入行政事务的专家”[⑥]，因而一直被视为比任何人（特别是比立法者）都更了解应该如何对行政事务的实体及程序问题进行裁判。质言之，鉴于行政法所被赋予

---

① p. Legendre, *Histoire de l'administration française de* 1750 *à nos jours*, Presses universitaires de France, 1968, p. 456.

② B. Beigner,《Le nouveau Code de procédure civile : un droit de professeurs ?》, in *De la commémoration d'un code à l'autre : deux cent ans de procédure civile en France*, Litec, 2006, p. 35 et s.

③ C. Broyelle, *Contentieux administratif*, LGDJ, 2ème éd. 2013, p. 10.

④ G. Vedel,《Le droit administratif peut-il être indéfiniment jurisprudentiel ?》, Etudes et documents du Conseil d'Etat 1979-1980, n° 31, p. 31.

⑤ *Histoire de l'administration française du 18ème au 20ème siècle*, Montchrestien,《Domat droit public》, 2ème éd. 1994, p. 299 et s.

⑥ C. Broyelle, *Contentieux administratif*, préc., p. 10.

的最终目标，良好品质的行政法规范就只能由最高行政法院制定。由此亦可窥见，法规范的品质是根据其能够在多大程度上满足这一领域的最终目标来衡量的，即如何找到行政特权与个人权利的恰当平衡，确定二者之间的最佳比例。这也体现出关于何为良好品质之行政法规范的本质主义的理解，依据该理解，判断何种行政法规范具有良好品质，只需要考虑该规范的内容，及该内容与这一领域的最终目标是否契合。

需要补充的是，长期以来学界普遍接受了上述关于何为良好品质之行政法规范的理解，也普遍认为最高行政法院所处的位置最有利于制定良好品质的行政法规范，主流观点甚至还认为，如果当初行政法交由立法者来制定，那么它一定不如今天的行政法拥有如此良好的品质，换言之，不如今天的行政法能够如此恰当地平衡行政活动的高效性与对个人权利的保护。[①]

Ⅱ

成文法在行政法中地位的提升改变了上述传统态度。其地位提升首先表现在数量上：简言之，立法与条例的数量膨胀在影响各个部门法的同时也影响了行政法。地位的提升还表现在质量上，成文法不再仅限于调整个别的特殊情况。首先，许多重要的改革已经通过立法得以实现（即便在部分情况下也会选择通过判例推动重要的改革）。比如，在行政诉讼领域：1995 年 2 月 8 日，法律授予行政法官发布命令以要求行政机关履行生效裁判的权力，2000 年 6 月 30 日，法律也发展了行政紧急诉讼制度。其次，在部分领域不仅规范文本被逐步法典化，而且由判例确定的概念和原则也被法典化。最突出的例子是 2006 年发布的《公法人财产基本法典》。最后需要强调的是，即便在那些成文法仅调整特殊情况的领域，成文法的增殖也导致在实际适用中判例法规范仅具有补充地位。这一现象在行政合同领域表现得非常明显：现在法官并不经常以判例法为依据作出裁判，相反更经常地直接适用对不同类型的行政合同进行调整的成文法（比如《政府采购法典》和调整公私合作合同的 2004 年 6 月 17 日特别法令）。这都导致判例日益表现为对成文法规范的解释。关于公产的法规范在过去也是由判例所锻造，但现在法官则直接解释和适用

① Voir notamment, dans ce sens, G. Vedel, 《Le droit administratif français peut - il rester indéfiniment jurisprudentiel? 》, art. préc., spéc. pp. 33 - 34.

《公法人财产基本法典》。

有两点细节需要补充。首先，从最高行政法院对行政法规范生产的统治性来看，成文法地位的提升并不必然改变其统治性地位，因为成文法往往也是在最高行政法院的权威之下制定的（行政诉讼领域尤其如此）。其次，如果说成文法的发展会在客观上束缚行政审判机关的创造力，但这并未导致其创造力的消失：2000 年《行政诉讼法典》的发布并未阻碍最近十余年来最高行政法院通过判例发展出极具创新性的制度（比如允许法官对撤销判决的法律后果进行调适，以及在行政合同领域开辟新的救济渠道）。

判例地位的上述转变似乎或多或少地与另一种对行政法规范品质的理解有关。

对行政法规范品质的本质主义理解——确定何为良好规范只需要考虑该规范的内容与行政法领域的最终目标是否契合——的转变，更确切地看，是因为行政法领域的最终目标发生了改变。概言之，在欧洲法和宪法委员会判例的影响下，行政法的重心由行政特权逐步转向行政相对人的权利。首先，寻找二者之间的恰当平衡时，行政相对人的权利所拥有的权重越来越大。其次，行政机关行使权力及开展活动被越来越多地视为以实现个人基本权利为正当性基石及最终目标。比如，医疗公共服务及涉及健康领域的行政管制权的行使都被视为保障个人健康权实现的工具。由此，公共利益与个人权利之间的经典对立正趋向于被相互冲突的不同基本权利之间的调和所替代。从行政法规范品质的角度切入，上述转变会提出两点追问。

首先，我们可以追问，上述转变，特别是行政特权与行政相对人权利二者的平衡逐步向后者倾斜，这是否应该被视作行政法规范之根本品质的提升？显然，此问题的答案有赖于某种政治判断。但可以确定的是，此种转变已经使我们开始质疑那些由判例法建立的对行政特权予以特别优待的古老制度（特别是开始质疑公共工程的不可侵犯原则，根据该原则违法建立于私有财产之上的公共工程也被禁止拆除或搬迁）。

其次，上述转变也让我们开始重新审视最高行政法院的判例在创造行政法规范过程中所起的作用，这表现为下面三点：第一，行政法规范越来越多地来源于保障基本权利的欧洲法与宪法；第二，最高行政法院对这些成文法进行解释时也必须与欧洲法院及宪法委员会的判例相协调；第三，在行政领域对基本权利的具体保障一般由法律来规定。由此可见，行政法之最终目标的改变似乎动摇了最高行政法院作为高品质行政法规范的唯一创造者的正当性基石。不过，此种传统观念至少仍然掌控着部分领域。行政程序规范的法典化工程尚未完成也佐证了此点，该工程的进展迟缓正是因为最高行政法院相信该领域就其本质而言应该是由判例来规定的（这意味着最高行政法院认为自己所处的位置才最适合制定此领域的规范）。

行政法规范中成文法地位的提升也导致对法规范的技术性品质越来越重视。传统而言，行政法并不在乎判例规范的技术品质是否存在缺陷，这点广为人知。简言之，这是因为不同于立法规范，判例规范都产生于由法官裁判的具体案件争议，因此判例规范必然都会溯及既往地实施①，并且由于最高行政法院传统而言都会以简短甚至隐晦的方式撰写裁判理由，所以判例规范不会如同立法文本那样得到清晰的表述。学界甚至从该撰写技术的缺陷中发现了其所蕴含的政治优势。这与前文提到的行政法的内在本质有关：在将行政法之首要目的定位于训诫行政活动的情况下，最高行政法院的判例首先是讲给行政机关听的，后者是最高行政法院判例最主要的传达对象。因此，判例规范的技术性品质缺陷相比于立法规范就表现出一种政治优势：行政机关会更容易接受判例规范，因为行政法官（而且他是作为行政机关的“自己人”）不会公开地、因而带有挑衅性地要求行政机关服从一条新的规则，而立法规范却常常如此②。不过自 20 世纪 60 年代末期以来，学界也开始逐步改变这一观点。在 Jean RIVERO 的一篇经典论文中，其从法安定性的角度指出了判例法规范之溯及既往属性的危害③；在一篇同样著名的论文中，G. vedel 院长指出判例规范会产生过高的理解门槛，进而主张将最高行政法院作出的最为成熟的判例成果法典化④。今天，通过立法推动重要的改革以及如同《公法人财产基本法典》这样类型的法典化工作都部分地回应了对法规范之技术性品质的担忧，此外，这一担忧在今天也已转变为法律义务：法安定性

① 译者注：传统而言，行政法官在审理案件时发展出来的新规则会直接适用于该案件本身，进而对该案当事人发生效力，即便当事人作出涉案行为时该新规则尚未被行政法官发掘，因而构成溯及既往地实施。

② Dans ce sens, voir notamment, G. Vedel,《Le droit administratif français peut - il rester indéfiniment jurisprudentiel?》, art. préc., spéc. p. 35.

③ J. Rivero,《Sur la rétroactivité de la règle jurisprudentielle》, AJDA 1968, p. 15 et s.

④ G. Vedel,《Le droit administratif français peut - il rester indéfiniment jurisprudentiel?》, art. préc.

已经被确定为法的基本原则[①]；宪法委员会的判例也将法规范的可理解性确定为宪法性目标。不过同样需要指出的是，成文法的发展也远远没有全面提升法规范之文本质量：立法文本常常也撰写得很糟糕，行文复杂而混乱[②]。由此，法官仍然保留着阐明行政法规范，进而维持其内部协调的关键性角色。

还需要指出的是，降低行政相对人理解行政法规范的门槛的努力明显与行政法领域最终目标的改变有关，即逐渐趋向于以行政相对人的权利为起点来构建行政法。而且在今天，最高行政法院的听众逐渐转变为全社会。这也是为什么对法安定性及法规范的可理解性的担忧也逐渐改变了判例规范的创造（即便其带来的改变仍然有限）及适用方法。对于最后这一点，最高行政法院内设的“行政裁判撰写方式工作组”最近（2012 年 4 月）发布的报告建议详细撰写裁判理由，特别是建议明确标出案件适用的判例法规范所渊源的具体判决。虽然这些建议尚未在实践中贯彻，但可以确定的是，今天那些提出新的判例法规范的判决都在努力以尽可能完整且足够清晰的方式表达其所蕴含的新的判例法规范。

Ⅲ

判例对法规范的破坏性影响既可与其创造性影响构成一体两面，也可以表现为对法规范的特别解释技术。第一点是显而易见的：一个新的判例会破坏过往的判例，对此我们称之为判例的转向。这里只需要指出的是，对于判例法规范的技术品质缺陷，即其所带有的溯及既往的属性，最高行政法院的判例已经考虑到了这一点，其确认行政法官有权在案件中调整该案判例所创建的新的诉讼程序规则的生效时间，以避免对救济权利或法安定性造成伤害。[③] 第二点则涉及被称为“恶意提纯”的经典技术，这也可以被称为中立化解释技术，指为了保证一份法规范文本符合上位法原则而从该文本中生发出其本未包含的意思。Dame Lamotte 案[④]就是一个经典例证。该案中，一部法

① CE，ass. 24 mars 2006，Société KPMG，Rec. 154.（译者注：法的基本原则具有低于法律却高于抽象行政行为的法效力，因而对行政权具有约束力。）

② Sur ce point，v. F. Melleray，《Le droit administratif doit - il redevenir jurisprudentiel ? Remarques sur le caractère paradoxal du déclin de son caractère jurisprudentiel》，AJDA 2005，p. 637 et s.

③ CE，ass. 16 juil. 2007，Société Tropic travaux signalisations，Rec. 360，concl. Casas.

④ CE 17 févr. 1950，Dame Lamotte，Rec. 110.

律规定如果对涉案行政行为不满相对人无任何救济途径，但最高行政法院对该法律文本的解释认为，根据合法性原则，该条款并不阻止行政法院对该行政行为通过越权之诉进行审查。当行政法院面对其无权审查的文本——比如法律——时，这项技术就特别有效。当然，就此而言，确认行政法院有权审查法律的合条约性以及“合宪性问题优先审查程序”的发展也一定程度上削减了这一解释技术的用处。

征稿启事

《行政执法与行政审判》是最高人民法院针对行政审判工作出版发行的唯一的指导性综合刊物。丛书自出版以来，深受全国各地法院行政审判法官、行政执法人员和专家学者的普遍欢迎和好评。对各级法院行政审判工作具有权威的指导作用，对各级各部门行政机关依法行政和行政法、行政管理专业的专家学者具有较强的参考作用。

本丛书及时刊登行政审判的最新司法解释、司法文件、司法政策及解读，具有典型和指导意义的审判案例及分析，行政执法和行政审判的调研信息及成果等内容，设有“最新司法文件”“最新司法解释”“司法解释理解与适用”“新问题探究”“行政诉讼理论”“行政审判实务”“调查与研究”“行政执法”“以案释法”“疑难案例评析”“行政审判动态”“域外撷英”等栏目。现编委会竭诚向全国的行政执法和行政审判理论和实务工作者征稿。来稿要求：

一、稿件应属未公开发表的作品。请勿一稿两投。

二、优先发表在本书所涉领域有创见的、高水平的文章，来稿采用与否以理论和实务价值为标准。

三、稿件引文应当注明出处，注释体例参见本书“写作体例说明”。

四、稿件最好为附打印稿的 word 文件电子版。

五、稿件一经发表，文责自负，但编者保留对来稿进行技术性加工处理的权利。文章一经采用，由本编辑部统一付给稿酬。

六、来稿请按以下联系方式寄送：

地址：北京市东城区东交民巷 27 号

最高人民法院行政审判庭　梁凤云

邮编：100745

请在信封正面注明“《行政执法与行政审判》来稿”字样。

E－mail：zgfyxzt@ sohu. com

《行政执法与行政审判》编委会

写作体例说明

一、交付稿件要求

（一）总体要求

齐（不缺页、不缺件）、清（稿面清楚）、定（已定稿的稿件）。提供稿件电子版，并附打印清样，出版社视清样为最终定稿。

（二）具体要求

纸样用 A4 纸，单面打印。

电子版内容一定要与提供的清样内容相同。

二、编辑体例

正文编码顺序按：一、（一）1.（1）① 第一，其一，等来编排。

三、技术规范

数字用法：

统计数字、时间、物理量等均用阿拉伯数字（如：100kg　45.8 万元　11 个月　4.9 万册　12.4 亿人）；法条号尊重原文，即原文是汉字的用汉字，原文是阿拉伯数字的用阿拉伯数字。

注释方法：

1. 一般原则

（1）注释采取页下注，注释号每页重新起算；

（2）引注作品的，注释应完整；

（3）作者为三人或三人以上的，首次引用时应显示全部作者，重复出现时可在第一作者之后加“等”字样。

2. 著作引文注释范例

一般格式：作者/书名/出版社/出版年代/页码

如：×××著/主编：《×××》，××出版社××年版，第××页。

3. 文章引文注释范例

一般格式：作者/文章题目/引自何种出版物/出版时间/页码

（1）著作中文章

××：“文章名”，见：××主编：《书名》，××出版社××年版，第××页。

（2）期刊中的文章

××：“文章名”，载《期刊名》××年第×期。

（3）报纸上的文章

××：“文章名”，载《报纸名》××年××月××日，第×版。